NASRDIN

Nasrdin Dchar

Nasrdin

HOLLANDS DIEP
AMSTERDAM
2023

Omslagontwerp: Margo Togni
Typografie: Crius Group, Hulshout

ISBN 978 90 488 6360 0
ISBN 978 90 488 6361 7 (e-book)
NUR 320

www.hollandsdiep.nl
www.overamstel.com

OVERAMSTEL
uitgevers

Hollands Diep is een imprint van Overamstel Uitgevers bv

Inhoud

Rustig ademen, Nas

Al heel lang ben ik gefascineerd door de speeches tijdens de Oscars. Hoe de een vol emotie een gouden beeldje in ontvangst neemt, terwijl de ander relaxed naar het podium loopt, alsof zo'n prijs niks voorstelt.

Ik herinner me de speelse, bijna kinderlijke manier waarop Roberto Benigni reageerde toen hij hoorde dat hij de Academy Award had gewonnen voor zijn prachtige hoofdrol in *La vita è bella*. Hoe hij letterlijk over de stoelen liep en springend het podium betrad om daar Sophia Loren in de armen te vliegen. Dee emotie die losbarstte in de zaal en die zelfs voelbaar is door het scherm heen. Het raakt me omdat ik voel wat eraan vooraf is gegaan. Het harde werken aan een verhaal dat verteld moest worden.

Of neem de onophoudelijke tranen van Halle Berry die de Oscar voor haar rol in *Monster's Ball* opdroeg 'aan alle actrices van kleur'. Omdat zij als eerste zwarte vrouw won in de categorie beste actrice was dat een historisch moment.

Natuurlijk blijven het lange avonden met veel van dezelfde soort speeches. Toch maken ze er in Amerika een feest van. Daar wordt de cinema vol overgave geëerd. In Nederland doen we het een stuk kalmer aan. Maar niet altijd.

Op de avond dat de Gouden Kalveren worden uitgereikt in de Stadsschouwburg van Utrecht zie ik korte toespraakjes in alle soorten en maten. Een enkeling loopt kalm en vol zelfvertrouwen naar de katheder en bedankt keurig de jury, het filmfestival, zijn of haar agent, producent, moeder en dramacoach. Dan gaan ze weer net zo kalm naar hun stoel in de zaal met een beeldje voor op de schoorsteenmantel rijker.

De meeste prijswinnaars vliegen echter stuiterend van de emoties naar het podium en vergeten achter de microfoon alles wat ze wilden zeggen bij dit voorlopige hoogtepunt in hun carrière. Wat kan het ook schelen, ze hebben een Gouden Kalf in handen.

Gelukkig hoef ik me geen zorgen te maken. Natuurlijk, ik ben genomineerd in de categorie beste acteur voor mijn rol in de lowbudgetfilm *Rabat*. Daarom heb ik mijn ouders en mijn vriendin Amy ook meegenomen, omdat ik ontzettend trots ben. Alleen, ik win vanavond écht geen Gouden Kalf.

Misschien *Rabat* wel, in de categorie beste film. Volgens de wandelgangen maken we een kans. Maar voor de hoofdrol? Kijk eens naar de concurrentie: Frank Lammers, genomineerd voor zijn rol in het drama *De bende van Oss*, en Joris Smit voor zijn hoofdrol in het prachtige *Lotus*, een film waarin ik zelf ook nog een rol heb gespeeld. Daar kan ik nooit tegenop.

De envelop gaat open. Langzaam, zoals altijd. Er staat een camera op me gericht. Dat betekent niets, de andere kanshebbers kunnen vanavond niet komen. Van hen is alleen een foto in beeld. Het blijft gek dat we in Nederland de belangrijkste filmprijzen uitreiken op een vrijdag, wanneer de meeste acteurs op het toneel staan. Als je niet wint, zoals ik zo dadelijk, moet je vooral in de plooi blijven en applaudisseren. Chic verliezen is net zo belangrijk als goed winnen.

'En de winnaar van het Gouden Kalf 2011 is...'

Dan valt de traditionele pauze.

'... Nasrdin Dchar!'

Het is alsof ik zo van mijn stoel in het theater in het diepe val. Ergens in de verte hoor ik applaus, vrienden, collega's en anderen om me heen pakken mijn hand, alsof ze me op het droge willen trekken. Een paar momenten lang ben ik totaal gedesorienteerd. Mijn eerste reactie is om mijn gezicht te verbergen in mijn handen. Gewonnen? Ik? Een Gouden Kalf voor een jongen uit Steenbergen die tien jaar geleden nog bij het amateurtoneel speelde? Ik moet het podium op, realiseer ik me ineens. Een acceptatiespeech houden. Die ik niet heb voorbereid.

'Rustig ademen, Nas.'

Ik zeg het tot mijn eigen verbazing hardop, terwijl ik de katheder stevig vasthoud en voorzichtig een blik werp op het Gouden Kalf dat voor me staat. In de zaal moeten ze gniffelen om mijn zenuwen. Iedereen die wat voorstelt in de Nederlandse film- en televisiewereld zit vanavond hier. Belangrijker dan dat, ook mijn vader en moeder zitten in de zaal. Ik zie ze in de verte, tegen de felle lampen in. Ze hebben altijd in mij geloofd, deze prijs is ook voor hen. Allemaal wachten ze tot ik mijn gedachten heb verzameld.

Dus probeer ik de storm die binnen in mij woedt tot bedaren te brengen; nu ik hier toch sta, wil ik deze zaal, heel Nederland eigenlijk, iets belangrijks zeggen. Iets wat me al een tijdje van het hart moet. Over een onderwerp dat groter is dan ikzelf.

'Ik ga ook niet huilen,' spreek ik nog een bezwering uit, terwijl ik het jasje van mijn smoking dichtknoop. Alsof ik daarmee mijn emoties weg kan stoppen. Ineens begrijp ik al die collega's die overmand door het moment geen zinnig woord meer kunnen uitbrengen.

Als ik het Gouden Kalf oppak, blijkt het ding loodzwaar, het doet zijn naam eer aan.

'Ik wil tegen jonge mensen zeggen dat het heel belangrijk is om te dromen.'

Daar breekt mijn stem al. Want ik weet hoeveel ik als tiener en twintiger stiekem heb verlangd naar momenten als dit. Ook toen het leek alsof mijn dromen nooit zouden uitkomen. Misschien vooral toen.

Gelukkig kan ik mezelf herpakken, want ik heb meer te zeggen.

'Deze kalf staat ook voor het overwinnen van angsten, want die heb ik nogal.'

Terwijl ik de meest prestigieuze acteerprijs van Nederland in handen heb, bedwing ik mijn innerlijke demonen door ze met mij in de spotlights te zetten. Mijn oude metgezellen benauwdheid en beklemming, ik voel ze in mijn borst. Ze zullen me nooit kleinkrijgen.

Dit moet niet alleen over mij gaan en dus vertel ik in dezelfde adem dat ik niet de enige ben met vrees. Nederland is ook bang. Bang voor mensen als ik, met een ander kleurtje, een afwijkend accent, of een bepaald geloof.

Net daarvoor heeft Maxime Verhagen van het CDA gezegd dat hij zich kan voorstellen dat Nederlanders angst hebben voor mensen met een andere culturele achtergrond dan roomblank en christelijk. Dit is mijn gelegenheid om iets terug te zeggen. Tegen hem en al die anderen die onvrede voor eigen gewin aanwakkeren en dan als valse profeten klaarstaan met makkelijke oplossingen.

Ik gooi het er in één keer uit.

> Ik ben een Nederlander. Ik ben heel trots op mijn Marokkaanse bloed. Ik ben een moslim. En ik heb een fucking Gouden Kalf in mijn hand!

De woorden zijn niet gerepeteerd of overdacht; ze vloeien spontaan en recht uit het hart. Later zal ik nog vaak aan die paar zinnen worden herinnerd, want ze raken een gevoelige snaar. *De Filmkrant* noemt me 'een held', *de Volkskrant* vindt mijn speech 'een mijlpaal'. Anderen zien in mijn opmerkingen een oorlogsverklaring aan autochtoon Nederland. Of, via een heel ingewikkelde redenatie, juist een teken van onderdanigheid. Andere mensen vallen erover dat ik in alle opwinding 'deze' zeg, terwijl het 'dit Gouden Kalf' moet zijn. Zo gaat dat in het maaiveld.

Ik probeer in de paar seconden die over zijn nog veel meer te zeggen. Maar het publiek is los en joelt over mijn woorden heen. Ik wil iets in het Marokkaans tegen mijn ouders zeggen, ze hebben me van jongs af aan gesteund. De camera neemt ze in beeld.

'Enna ken moet alikoem.' Het betekent: ik hou zielsveel van jullie. Ze staan op uit hun stoelen en zwaaien naar me.

Verder roep ik iets over passie en liefde en steek mijn nichtje van zes een hart onder de riem, ze moet de dag daarop afzwemmen. Ik zal erbij zijn, want dat heb ik beloofd, roep ik. Dit is vluchtig, familie is alles.

Het maakt niet uit dat de helft van mijn speech verloren gaat in de kleine orkaan die in de zaal is opgestoken. Niet alleen heb ik kunnen zeggen wat ik wilde, eigenlijk vat deze avond mijn loopbaan aardig samen, bedenk ik later. Succes in de wereld van toneel en film leek lang buiten mijn bereik. Toch, via een hoop kleine stapjes, heb ik nu goud in handen. Bijna alles wat ik doe, gebeurt spontaan, met hartstocht en de beste bedoelingen.

Een hoop mensen kunnen dat waarderen. En de haters? Die hebben hun oordeel toch wel klaar. Deze speech is wie ik ben, als acteur en als mens.

Ik ben Nasrdin.

Habiba

Mijn naam, dat blijft een lastig verhaal. Veel mensen hebben moeite met al die medeklinkers achter elkaar.

Nasr betekent 'overwinnen' en *din,* uitgesproken als *dien,* is het geloof. Voor Arabieren is die naam gesneden koek: 'overwinning van het geloof'. Mensen die een andere taal spreken, struikelen nogal eens. Ik zie de twijfel of lichte paniek in hun gezicht als ze mijn naam moeten uitspreken. Een leraar op de middelbare school noemde me jarenlang consequent Nasdrin, omdat hij die volgorde van letters 'logischer' vond. Gek genoeg voel ik me vaak een beetje schuldig als het om mijn naam gaat. Waarom hebben mijn ouders niet iets gekozen wat iets makkelijker in de mond ligt?

Vandaar dat ik al heel lang roep: 'Zeg maar Nas.' Toen ik daar als tiener mee begon, was mijn vader ontstemd over die kortere versie. Nas betekent 'de helft' in Marokko. Hij schudde dan zijn wijze hoofd. 'Ben jij half?' Hij probeerde mij trots bij te brengen voor mijn naam en mijn achtergrond.

Die lessen heb ik in mijn oren geknoopt, al probeer ik ook pragmatisch te zijn. In de dagelijkse omgang maak ik het anderen een stuk makkelijker door de boel een beetje in te korten. Waarom ook niet, Adrianus wordt toch ook Ad? Zelfs mijn vrouw noemt me vanaf het begin van onze relatie Nas.

Het is ook een handreiking omdat mijn achternaam *Dchar* de zaak nog verder compliceert. En dan te bedenken dat die is gebaseerd op een misverstand. Het woord 'dchar' betekent 'regio' of 'streek' in het Berbers, een Marokkaans dialect. Mijn grootvader sprak alleen Berbers. Toen hij lang geleden in Marokko een officieel document moest opstellen vroeg de Arabischtalige ambtenaar hem naar zijn naam. Opa wilde zeker weten dat hij hem goed begreep en zei het woord 'Dchar'. Bedoelende: wil je weten uit welke regio ik kom? In plaats van te antwoorden schreef de ambtenaar zijn 'antwoord' keurig op, denkende dat dat zijn achternaam was. En daarmee verloor opa zijn achternaam 'Oum-Hemed'. Hij ging verder door het leven als meneer 'Regio' en ik kreeg een achternaam waar mensen soms een beetje tegenaan hikken. Letterlijk.

Toen ik als acteur mijn eerste successen behaalde, overwoog ik eventjes een artiestennaam te nemen. Misschien alleen Nasr? Voor de grap heb ik weleens gezegd Nasr Dean te kiezen, als hommage aan James Dean. Ik heb uiteindelijk besloten mijn naam te houden en met trots te dragen. Noem het een principekwestie, ik heet zoals ik heet en anderen moeten maar hun best doen om het correct uit te spreken.

Sterker nog, als iemand me vandaag de dag een uitnodiging stuurt en ze spellen mijn naam verkeerd, dan ga ik niet. Zoals de persoon die mij mailde met de aanhef 'beste Nardip'. Dat is geen verkeerde spelling, dat is het ritueel slachten van mijn naam.

Dat ik ben geboren in het Brabantse Steenbergen komt ook door een speling van het lot. Mijn ouders stammen uit het stadje Touissit aan de grens met Algerije. Mijn vader Mohand werkte daar als verkoper buiten de plaatselijke bioscoop, maar zijn ambities waren groter dan snoep en nootjes verkopen. Als oudste zoon voelde hij bovendien een grote verantwoordelijkheid om een leidende rol op zich te nemen in de familie.

Daarom wilde hij een echte winkel beginnen. Dan heb je een startkapitaal nodig, je moet immers een pand huren en voorraad inkopen. Maar dat had hij niet. Banen lagen niet voor het oprapen en tot overmaat van ramp was de enige grote werkgever in Touissit en omgeving een zinkertsmijn. En mijn vader wist één ding zeker: voor geen goud wilde hij ooit die enge donkere gangen in. 'God heeft mij niet boven de grond geschapen om mij onder de grond te laten werken,' zei hij.

Hoe kwam hij dan wel aan geld? In dit arme gebied kon je niet eventjes naar de bank voor een krediet, zeker niet als je een jongeman was zonder diploma. Het lukte mijn vader een miniwinkeltje te openen, van twee bij twee meter, met een ruimer assortiment dan de snoep en de nootjes die hij op straat verkocht. Maar of hij daarmee genoeg zou verdienen om de volgende stap te maken?

Die vraag werd nog belangrijker toen hij een oogje liet vallen op Habiba, een meisje dat hij weleens bij de dorpspomp tegenkwam. Mijn vader zat al een tijd achter haar aan en het was geregeld tot een gesprekje gekomen. Stiekem, om beide families niet te alarmeren. Hij gaf haar zelfs een mooie ketting, die Habiba gelijk stukmaakte door er met een steen op te slaan. Alleen op die manier kon ze ermee thuiskomen, door te beweren dat ze hem had gevonden. Samen met haar vader repareerde ze het sieraad en vanaf die dag droeg ze het altijd.

Het leverde mijn vader nog meer hoofdbrekens op; wat voor toekomst had hij haar te bieden?

Eén keer per jaar kwam een vriend van mijn vader terug naar zijn geboortegrond, gekleed in de mooiste broeken en overhemden met koffers vol cadeautjes voor familie en vrienden. Hij had geld genoeg, dat kon niemand ontgaan. Hoe hij daaraan kwam? Verdiend in een rijk land ver weg dat Nederland heette. Daar was werk genoeg als je bereid was de handen uit de mouwen te steken, dan kon je flink verdienen. Voor Marokkaanse begrippen was het dagloon een klein fortuin.

Mijn vader schraapte al zijn geld bij elkaar en reisde die vriend achterna. Hij zei niet alleen zijn vaderland en zijn winkeltje vaarwel, ook viel zijn droom in duigen. Hij was een goede keeper in het plaatselijke elftal en had altijd de hoop om misschien te worden ontdekt door een grote club. Zijn bijnaam in het team was 'de elastiek', omdat hij met grote flexibiliteit elke bal uit de goal kon houden. Ook riepen mensen op de club vaak 'ben Omar' tegen hem, 'zoon van Omar', naar de naam van zijn vader. Tragisch was alleen dat Omar nooit kwam kijken. Hij vond voetbal maar tijdverspilling.

Met de veerboot voer mijn vader naar Spanje om van daaruit met de trein door Frankrijk en België helemaal naar Nederland te reizen. Hij had behalve zijn moeder niemand verteld over zijn plannen; dat zou maar bezwaren en verwijten opleveren. In zijn koffer zaten een paar kleren en een eenvoudig plan: in Nederland goed verdienen, weinig uitgeven en dan met zijn spaarcenten terugkeren naar Marokko om alsnog zijn winkel te openen. En misschien kon hij dan ook dat meisje van de dorpspomp trouwen. Ze hadden afgesproken elkaar te schrijven.

Bij aankomst in Nederland ging mijn vader naar zijn vriend, die in Limburg woonde. Daar stonden ze te springen om mensen, in de kolenmijnen was namelijk meer werk dan de plaatselijke mannen aankonden. Voor mijn vader was dat het moment om zijn poot stijf te houden. Hij had niet het ene mijnwerkersplaatsje de rug toegekeerd om tweeduizend kilometer noordelijker alsnog mijnwerker te worden. Was er geen ander werk? Bij voorkeur op een plek waar je het daglicht kon zien?

De directeur van de mijn had sympathie voor die Marokkaan die niet de donkere gangen in wilde. Er was ook ander werk, vertelde hij. In Bergen op Zoom bijvoorbeeld, ook in zuidelijk Nederland, was eveneens een personeelstekort. In die hoek van Brabant was nogal wat textielindustrie; een arbeidsintensieve sector, zoals Enka, een bedrijf dat kunstvezels maakte. Daar ging mijn vader na een paar andere klussen aan de slag.

Twee jaar later trouwde hij tijdens een familiebezoek met zijn grote liefde, Habiba. Via de post en tijdens korte bezoekjes was er iets moois opgebloeid. Zij bleef na de bruiloft in Marokko bij mijn vaders familie. Mijn vader keerde terug naar Nederland en terwijl hij daar hard aan het werk was om geld te verdienen, werd mijn zus Hayat in Marokko geboren.

Het plan om geld te verdienen om daarmee een grote winkel te openen bleek moeilijker dan mijn vader aanvankelijk dacht. Je verdiende in Nederland weliswaar goed, tegelijk was het dagelijks leven behoorlijk duur. Bovendien ging veel van zijn geld naar zijn ouders in Marokko. Die waren ziek geworden en hadden prijzige medicijnen nodig. In Nederland krijg je die van de verzekering vergoed, in Marokko moet je ze zelf afrekenen. Ook stuurde hij geld naar zijn jongere broers en zussen. Dus ging het verblijf in Nederland veel langer duren dan mijn vader had bedacht.

Ondertussen groeide de heimwee, hij vond vooral die lange periodes zonder zijn vrouw en kind erg moeilijk. Mijn moeder dacht er net zo over. Ze was niet getrouwd om ver weg van haar man te zijn; dus als hij niet terug naar Marokko kwam, dan ging zij naar hem toe. Hoogzwanger van haar tweede kind, mijn broer Zakaria, stapte ze in het vliegtuig.

Samen betrokken ze een huis in Steenbergen, niet ver van mijn vaders werk. En daar, op dat westelijke puntje van Brabant, kwam niet lang daarna mijn broer ter wereld en ik bijna vijf jaar later. Mijn zusje Salima sloot de rij. We zijn compleet.

De eerste Nederlandse Dchars

We waren de tweede Marokkaanse familie in Steenbergen. Ondanks hun 'exotische' afkomst worden mijn ouders snel opgenomen in de gemeenschap. Mensen uit de buurt bellen spontaan aan om te vragen of ze mijn vader en moeder kunnen helpen met Nederlandse les of het invullen van formulieren. Een buurvrouw helpt bij het inrichten van een kinderkamer. Marokkanen zijn halverwege de jaren zeventig spannend en nieuw voor Nederlanders. Ondanks alle hulp en vriendelijkheid moeten mijn ouders aan alles wennen. In Marokko leefden ze rond de dorpspomp, hier wonen ze in een typische arbeiderswijk, stil en teruggetrokken achter de gesloten voordeur. Hier geen bergen en woestijnen, wel polders en industrieterreinen. De dichtstbijzijnde moskee is tien kilometer verderop, in Bergen op Zoom. Die ziet er, zonder minaret en betegeld voorportaal, eerder uit als een garage dan als wat zij kennen uit Marokko. Mijn vader is dan al een beetje gewend, voor mijn moeder is alles nieuw.

Ze vindt het vooral moeilijk om voor haar familie te koken. In Marokko kocht ze tomaten per kilo, in Nederland zijn ze zo duur dat ze slechts een paar exemplaren kan afrekenen. Bijna alle ingrediënten die ze nodig heeft voor een Marokkaanse maaltijd zijn in de plaatselijke supermarkt niet te vinden. Vlees is helemaal een probleem, want van halalvlees heeft dan nog niemand ooit gehoord in Nederland. Via via kennen mijn ouders een landgenoot die vlees in de aanbieding heeft dat volgens de islamitische traditie is geslacht en dus geschikt is voor consumptie.

Dat was alleen zo smerig dat mijn moeder het vermoeden had dat ze 'ezel aan het eten was'. Dus kneep ze een oogje dicht en kwam er geregeld kip uit de supermarkt op tafel. Officieel niet halal, alleen wel eetbaar.

Ondanks het gedoe met boodschappen is Nederland voor mijn moeder een bevrijding. In Marokko had ze bij mijn vaders familie gewoond, als een soort Assepoester onder de vleugels van mijn oma. De regels waaraan een jonge vrouw zich moest houden waren zo talrijk dat ze eigenlijk niets mocht. In Nederland is er geen sociale controle en begint ze moderne hippe kleding te dragen. Ze krijgt een fiets en wordt zo mobiel. Terwijl ze met mij in de kinderwagen aan het wandelen is, verdwaalt ze soms opzettelijk. Ze vindt het spannend om haar weg terug naar huis te vinden langs onbekende straten. Zo leert ze Steenbergen goed kennen.

Omdat mijn ouders het geld goed kunnen gebruiken, begint mijn moeder met schoonmaken, het enige werk dat ze als nieuwkomer makkelijk kan krijgen. Ze heeft er geen enkel probleem mee om poetsvrouw te zijn. Haar naam gaat al snel rond in Steenbergen en omgeving. Als het echt schoon moet zijn, dan moet je Habiba hebben.

Mijn vader, die arbeidsongeschikt raakt, schaamt zich dat zijn vrouw moet werken. Maar tegelijkertijd hebben ze het plan opgevat om een huis in Marokko te bouwen. Met alleen de uitkering van mijn vader gaat dat nooit lukken. Dus besluiten ze tegen niemand te zeggen dat mijn moeder poetsvrouw is geworden. Zelfs niet tegen ons. Mijn moeder brengt ons naar school en gaat daarna schoonmaken. Natuurlijk komt dit na verloop van tijd uit. Ik vind het stoer dat mijn moeder geld verdient; ze is een sterke vrouw met ongelooflijk veel geduld. Wij zijn alles voor haar, ze leeft voor ons. Want na het schoonmaken bij anderen gaat het werk thuis ook gewoon door, inclusief de zorg voor vier kinderen. Koken, wassen, poetsen, boodschappen doen: mijn moeder deed alles.

Een groot obstakel is in die jaren de taal, zelfs de simpelste boodschappen zijn moeilijk als je niet meer dan een paar woorden Nederlands spreekt. Net als veel andere gastarbeiders van de eerste generatie houdt mijn vader vast aan zijn plan om ooit opnieuw te beginnen in zijn vaderland – misschien wel tegen beter weten in. Daarom steekt hij ook geen tijd in het goed leren van de Nederlandse taal. Waarom zou hij al die moeite doen voor een taal die hij later toch nooit meer zal gebruiken?

Mijn moeder stort zich wel op het Nederlands, misschien omdat ze voorvoelt dat het verblijf in Steenbergen weleens lang zou kunnen duren. Samen met andere Marokkaanse vrouwen gaat ze op les en koopt ze leerboekjes. Omdat ze daarnaast bij Nederlandse mensen schoonmaakt, pikt ze de taal veel sneller op dan mijn vader. Hij blijft er zijn leven lang mee worstelen. Daardoor komt hij steeds meer in een isolement terecht, wat wordt verergerd door de mentale klachten waar hij steeds vaker onder te lijden heeft.

Mijn vader heeft als jongen al last van angsten en hyperventilatie. Hoe ouder hij wordt, hoe erger zijn angstgevoelens soms toeslaan. Dan trekt hij zich terug en ligt trillend op bed. Het klinkt misschien gek, maar mede vanwege die geestelijke onrust loop ik rond op deze wereld. Mijn ouders wilden heel graag nog een kind en mijn komst was ook bedoeld als afleiding voor hem. Mijn opvoeding zou hem iets te doen geven, misschien de demonen beteugelen die in zijn hoofd leefden.

Ik ben dan ook een echt vaderskindje.

Al vroeg in mijn leven is mijn vader volledig afgekeurd voor werk, waardoor hij zich helemaal op mij kan concentreren. Ik ga achter op de fiets met hem naar school. Een auto hebben we niet, mijn vader heeft nooit zijn rijbewijs gehaald. En zo fietsen we naar de winkels of later naar de voetbalclub.

Net als mijn vader blijk ik aanleg te hebben voor voetbal. Hij ondersteunt mij waar hij kan; hij brengt me naar trainingen, poetst mijn schoenen, legt mijn kleding klaar. Als ik speel, komt hij ook bijna altijd kijken. Op de fiets, want de wedstrijden van vv Steenbergen zijn gelukkig in de omgeving. Het is de tijd van Romario bij PSV, mijn grote voorbeeld. Romario is weliswaar spits en ik ben linksbuiten, maar ik probeer veel techniek in mijn spel te stoppen, net als de Braziliaan. Al die uren op het trainingsveld werpen hun vruchten af, ik word steeds beter in het passeren van verdedigers. Eenmaal voor de goal scoor ik makkelijk, vooral met het hoofd. Die rol in de voorste linie van het team vind ik heerlijk, ik probeer tijdens wedstrijden altijd te *shinen*. De grasmat was mijn eerste podium, heb ik later weleens bedacht. Al die aandacht vanaf de zijlijn vind ik geweldig; ik probeer het publiek een mooie wedstrijd voor te schotelen en belangrijk te zijn voor het team. In mijn hoofd hoor ik het karakteristieke commentaar van de bekende sportverslaggever Hugo Walker terwijl ik op doel schiet: Dchar kapt gemakkelijk zijn man uit, hij trekt naar binnen, komt dat schot!

Ik weet zeker dat er een carrière als profvoetballer in kan zitten. Een kwestie van mezelf verder ontwikkelen en keihard mijn best doen. Dan moet je natuurlijk wel opvallen en hopelijk in het boekje van een scout terechtkomen. Een van de manieren om mezelf in de kijker te spelen, is de penaltybokaal. Elk seizoen is er een competitie voor jeugdspelers om vanaf elf meter op doel te schieten. Dat doe ik bij vv Steenbergen zo goed dat ik tot de regionale finales doordring.

Die zijn in het stadion van de toenmalige profclub RBC Roosendaal, tijdens de pauze van een wedstrijd in het betaald voetbal. De finalisten mogen hun geluk beproeven tegen een keeper van de thuisclub. Dat het bij RBC is, maakt het voor mij nog specialer, bij die club speelt Pierre van Hooijdonk, die uit Steenbergen komt. Hij is voor mij een voorbeeld, iemand die aantoont dat je vanuit ons stadje helemaal naar de top kunt doorstoten. Tot de dag van vandaag herinner ik me hoe gespannen ik ben. In de catacomben hoor ik het publiek in het stadion brullen. Doodeng. De zenuwen zorgen dat ik pap in mijn benen krijg; het liefst keer ik om, om met mijn vader met de bus naar huis te gaan. Het is een gevoel dat ik later vaak heb gehad in de coulissen van het theater. Die laatste momenten voor je het toneel op moet zijn doodeng.

Waar ik in het theater de schroom van me afwerp zodra ik op de planken sta, ben ik op het veld in Roosendaal verlamd. Het strafschoppen schieten gaat belabberd. Waar ik ze eerder onhoudbaar in de hoek prikte, zijn mijn zwabberschoten nu een makkelijke prooi voor de keeper. Als er al een scout in het stadion zit, dan verdwijn ik na die elfmeters gelijk van zijn lijstje.

Heb ik het desondanks in me om mijn voetbal naar een hoger plan te brengen? Stiekem hoop ik van wel, maar naarmate ik ouder word, vervliegt die droom. Om mij heen worden mijn ploeggenoten groter, ze krijgen gespierde lijven. Ik blijf achter, mijn lichaam groeit alleen in de lengte, niet in de breedte. Ineens ben ik een sprietje in vergelijking met de anderen, mijn lijf een bron van grote schaamte. Ik heb 'geen benen', zoals ze dat in de voetballerij noemen, ik ben niet sterk genoeg.

Hshoema

Het is bij ons thuis een van de hoogtepunten van de week. Vrijdagavond gaat de televisie aan voor de *Surpriseshow* van Henny Huisman. Daarin zet hij bijzondere mensen in het zonnetje; een honderdjarige mag met een helikopter over de Deltawerken van zijn geliefde Zeeland vliegen; Henny herenigt een moeder met haar vijf kinderen die al jaren in het buitenland wonen. Allemaal voor de draaiende camera natuurlijk.

Vooral mijn vader vindt het prachtig, al dat geluk en die lang gekoesterde wensen die in vervulling gaan. Soms zie ik zijn kin trillen en de tranen over zijn wangen stromen. Als kind begrijp ik al waarom hij zo heftig reageert op het programma. In de *Surpriseshow* gaat het vaak over heimwee. Hij mist Marokko en natuurlijk zijn familie. Ook ik voel dat gemis, toen al. Na meer dan een decennium in Nederland is het duidelijk dat we niet op korte termijn teruggaan. Misschien zelfs nooit. Bovendien hebben we geen auto, waardoor we niet iedere zomer naar Marokko op vakantie kunnen, zoals veel andere families uit Noord-Afrika doen. Om dan te zien hoe mensen elkaar na lange tijd weer in de armen sluiten, raakt bij hem een gevoelige snaar.

En niet alleen bij mijn vader. Henny Huisman trekt met gemak drie miljoen kijkers met zijn show.

Televisie is voor ons gezin een venster op Nederland. Soms heeft de tv zelfs grote invloed op wat er in onze woonkamer gebeurt. Het fictionele ziekenhuis van *Medisch Centrum West* bezorgt mij zelfs een levenslange aandoening. In een van de afleveringen komt een jongetje voor met ernstige bloedneuzen. Ik heb daar ook vaak last van, het lijkt soms wel alsof je een kraan in mijn neus opendraait. Bij dit jongetje blijkt dat zijn bloedingen het gevolg zijn van leukemie.

Vanaf dat moment ben ik ervan overtuigd dat ik die dodelijke ziekte ook heb, het kan niet anders. Een hypochonder is geboren; tot de dag van vandaag denk ik dat ieder pijntje in mijn lijf duidt op een vreselijke ziekte.

Problematischer dan mijn overdreven reactie op een soap is de intimiteit die Nederlanders zonder enige terughoudendheid op de buis tonen. Mijn moeder en vader hebben niet altijd door of programma's voor onze jonge ogen geschikt zijn. Het levert in onze woonkamer geregeld blozende blikken op.

Neem de avond dat we met het hele gezin een aflevering van *Goede tijden, slechte tijden* aan het kijken zijn. Onschuldig vermaak, zou je zeggen, tot het moment dat Arnie (Reinout Oerlemans) hartstochtelijk Linda (Babette van Veen) begint te zoenen.

Van het ene moment op het andere is het totale chaos in de woonkamer van de familie Dchar.

Mijn oudste zus Hayat rent de kamer uit, mijn jongere zusje Salima maakt een snoekduik naar de afstandsbediening om zo snel mogelijk weg te zappen. Wat natuurlijk precies op zo'n moment niet lukt, het zijn ook onhandig kleine knopjes. Ondertussen staan Arnie en Linda nog steeds flink te tongen. Mijn moeder probeert in paniek de aandacht af te leiden door te vragen of ze een verse pot thee moet maken. En mijn vader prevelt zachtjes in zichzelf '*A 'ūdhu billāhi min ash-shaitāni r-rajīmi*', wat zoveel betekent als 'ik zoek mijn toevlucht bij Allah tegen de vervloekte' – oftewel de duivel.

Die grote paniek komt door een verschijnsel dat in het Marokkaans-Arabische dialect *hshoema* heet. Een cultureel fenomeen dat een grote rol speelt binnen de Marokkaanse gemeenschap. Vrij vertaald zou je het schaamte kunnen noemen, alleen gaat het verder en is het veel heftiger dan wat Nederlanders gewoonlijk onder gêne verstaan. Het bevat ook elementen van ernstig gezichtsverlies, preutsheid en remming.

Van alles kan hshoema zijn. Te weinig eten op tafel zetten als er gasten komen is hshoema, net als een oudere persoon aanspreken met jij in plaats van u. Je familie niet op je bruiloft uitnodigen ook. En uiteraard is alles wat met seks en intimiteit te maken heeft ontzettend hshoema.

Hshoema zit ook bij mij tot in mijn vezels, het hoort bij mijn opvoeding en identiteit. Op de gekste momenten voel ik het soms nog opkomen. Tegelijkertijd ben ik al mijn hele leven bezig om de grenzen op te zoeken; ik wil me niet door schaamte laten tegenhouden. Dat begint op die avond dat iedereen in paniek is vanwege die kus van Arnie en Linda. Terwijl een vlaag van paniek door de woonkamer trekt, vraag ik mij af wat het probleem nou eigenlijk is.

En dat gevoel wordt alleen maar sterker. Gelukkig, want anders had ik nooit acteur kunnen worden. Ik heb in allerlei films en series zoen- en seksscènes gedaan; zolang het functioneel is, heb ik er geen moeite mee. Schaamte is voor mij geen reden om een rol niet te spelen.

Waar ik wél rekening mee houd, is of ik mijn ouders mee kan nemen naar een première. Naar sommige van mijn films zijn ze niet geweest, omdat ik wist dat ze zich ongemakkelijk zouden voelen. Uit respect nodig ik ze dan niet uit.

Niet dat ik op die avond met een zoenende Linda en Arnie kon vermoeden dat ik later zelf ook op de televisie zou komen. Ik was gefascineerd door de verhalen van series en films, maar zelf op het scherm verschijnen leek mij net zo onbereikbaar als een trip maken naar de maan. Hoewel er toen af en toe al een glimp te zien was van de dingen die zouden komen. Wanneer mijn ouders een videocamera kopen, neem ik met mijn broer en zussen soms grappige sketches op, waarbij ik graag de hoofdrol speel.

Of neem de avond dat we met de familie naar *Al-risâlah* kijken: 'de boodschap'. Een film uit 1976, over de vroege islam en over de stichter van de islam, de profeet Mohammed, vrede zij met hem. Revolutionair voor die tijd, want je ziet hem nooit direct in beeld. Ik ben gefascineerd door de hoofdpersoon, Hamza, gespeeld door de beroemde Egyptische acteur Abdallah Gheith. Hamza vocht in de beginjaren van de islam drie belangrijke veldslagen uit met tegenstanders van het geloof. Daardoor kon het geloof verder groeien en uiteindelijk een groot deel van de wereldbevolking bereiken.

De vechtscènes van Hamza brengt de film zo meeslepend in beeld dat ik geïnspireerd raak en daarna hele delen naspeel. Met een sjaal rond mijn hoofd, de djellaba van mijn vader aan en daaromheen een riem voel ik me de grote strijder voor de islam. In mijn hand een liniaal, mijn zwaard, waarmee ik mijn denkbeeldige tegenstanders versla. Als ik later een zoon zou krijgen, zo nam ik me toen voor, zou ik hem zeker Hamza noemen.

Een bijzondere traktatie is het als mijn vader naar de videotheek in Bergen op Zoom gaat om Bollywoodfilms te huren. Zoals de film *Disco Dancer*, een klassieker in het genre die *Saturday Night Fever* er tam uit laat zien. Opmerkelijk aan Indiase films is dat er altijd scènes in zitten die nét niet hshoema zijn. Misschien huurt mijn vader om die reden dat soort films, er hoeft niet weggezapt te worden terwijl er wel liefdesverhaaltjes in zitten.

Al-risâlah en *Disco Dancer* zagen we nog samen, met het hele gezin. Maar naarmate ik ouder word, hebben we steeds minder avondjes met de familie voor de buis. Mijn ouders nemen een schotel, zodat ze Arabische zenders kunnen ontvangen. Met mijn broer en zussen kijk ik boven naar de Nederlandse televisie, terwijl mijn ouders beneden Turkse series kijken die in het Arabisch zijn nagesynchroniseerd. Daarmee sluit een venster op de Nederlandse samenleving voor ze.

‘Ga terug naar je eigen land’

Door verschijnselen als hshoema krijg ik al vroeg door dat het schipperen is voor mij in de Nederlandse maatschappij. Hoe nadrukkelijk anderen ook zeggen dat er geen verschil is tussen mij en mijn klasgenoten, ik voel dat ik anders ben. Terwijl ik constant manoeuvreer tussen twee werelden – zoals dat hoort bij opgroeien –, probeer ik ondertussen ook te ontdekken wie ik ben. Maar niet alleen ik.

Nederland verandert snel in mijn jeugd. De economie zit in het slop, de werkloosheid neemt toe. Sommigen geven de Turken en Marokkanen daarvan de schuld; die hebben alle banen ingepikt. Wanneer Hans Janmaat zich met zijn Centrumpartij begin jaren tachtig afzet tegen migranten, moeten veel mensen nog om die gekke man lachen. De partij haalt één zetel en verdwijnt daarna snel weer uit beeld. Niet dat we daar thuis veel over spraken, mijn ouders vonden politiek geen onderwerp om het over te hebben met hun kinderen.

Toch merk ik wel degelijk dat de maatschappij aan het verharden is. Op het schoolplein krijg ik geregeld te horen dat ik een ‘vieze buitenlander’ ben. In die periode begint mijn moeder ook een hoofddoek te dragen. Soms fietst ze langs een middelbare school, wat haar nog weleens op scheldpartijen en ‘grappige’ opmerkingen van de leerlingen komt te staan. ‘Carnaval is nog lang niet, haal dat gordijn van je hoofd.’

Op een dag kom ik terug van school en zie mijn vader druk bezig met het schoonmaken van onze achterdeur. Iemand heeft er met bruine viltstift op gekalkt: ‘Vieze stink Turken ga terug naar je eigen land.’

Degene die het heeft geschreven wist dat die deur bij ons huis hoorde, dit was heel bewust. Het moet haast wel een buurtgenoot zijn geweest. Wie? Dat is de grote vraag. In ieder geval iemand die snugger genoeg is om te weten dat we anders zijn, maar weer niet slim genoeg om te weten dat Turken en Marokkanen van twee compleet verschillende continenten komen. Wat ik dan nog niet kan vermoeden, is dat die verschillen tussen ons en de rest van Steenbergen ook een van de grote vriendschappen uit mijn jeugd zouden stukmaken.

Vanaf mijn vroegste jeugd heb ik drie vrienden: William, Eric en Emile. We wonen bij elkaar in de buurt, gaan naar dezelfde school en voetballen bij dezelfde club. Dat schept een sterke band. Met William ben ik bevriend vanaf de kleuterschool, we spelen vaak The A-Team in zijn garage, naar de populaire serie uit die tijd over vier ex-militairen die mensen in nood helpen. Ze bouwen hun eigen wapens en pantservoertuigen, dus dat doen wij ook. Iets later komen daar Eric en Emile bij. We zijn altijd bereid tot actie en vooral competitie. Of we nu voetballen, tafeltennissen of sjoelen, het is altijd een wedstrijd. Vaak wint Emile, die is ook een jaar ouder.

Na de lagere school gaan we gelukkig allemaal naar dezelfde middelbare school in Bergen op Zoom. Dat betekent iedere dag twaalf kilometer heen en terug fietsen. Drie kwartier peddelen door weer en wind, gelukkig doen we het samen.

In de brugklas beginnen zich verschillen af te tekenen. In de eerste plaats wat betreft het schooltype waar we terechtkomen. William is volks en heeft een grote mond. Daarnaast is hij ook charmant, avontuurlijk, nieuwsgierig en intelligent. Na de brugklas gaat hij naar het vwo, samen met Eric. Emile gaat zelfs gymnasium doen. Ik ga naar de havo, waar ik me net genoeg inspan om zesjes te halen, want dat is voldoende om naar de volgende klas te gaan. Gelukkig voetballen we nog wel samen.

Er komen tijdens die eerste twee jaren op de middelbare school ook andere verschillen tussen ons aan het licht. Het is de tijd dat de gabberscene opkomt, snoeiharde dansmuziek met absurd snelle beats. William vindt het geweldig. Gabber is een totaalbeleving; als je de muziek goed vindt, dan draag je trainingspakken naar feesten van het merk Australian en de bekende Nike Air Max, vaak met de nodige verdovende middelen, zodat je uren door kunt gaan.

Na een tijdje komt William in die kleding naar school en scheert hij zijn hoofd kaal, een ander kenmerk van de scene. Gabbers gaan eigenlijk alleen met elkaar om. Als je niet tot de subcultuur behoort, dan ben je een 'zwabber' en tel je niet mee. We spreken elkaar dus steeds minder. Ik zie hem langzamerhand veranderen in een jongen waarin ik mijn vriend William niet meer herken.

Dat komt vooral door die kale kop, ook een kenmerk van ultrarechtse subculturen. Nu is William zeker geen neonazi, maar hij zoekt zijn heil steeds meer in kringen die mij een onprettig gevoel geven. Vooral wanneer hij halverwege de middelbare school zijn trainingspak verruilt voor een zwart bomberjack waar een Nederlands vlaggetje op staat, met daaronder een spijkerbroek en kistjes. Andere jongeren die zich zo kleden hebben soms onfrisse ideeën over rassen, religies en 'vreemde' culturen.

Of William er ook zo over dacht, weet ik niet. We spreken elkaar namelijk steeds minder. De jongen waarmee ik ben opgegroeid, is in ieder geval definitief weg. William, die kon genieten van het Marokkaanse brood van mijn moeder en met mijn vader de grootste lol had. De jongen die ik zag als een broer stond opeens mijlenver van me vandaan. Diep vanbinnen voel ik me verraden.

Halverwege de middelbare school krijg ik op het schoolplein het gerucht te horen dat William gepakt zou worden door een paar Marokkanen. Ik ken die jongens niet, maar naar wat ik begrijp zou het slecht voor hem af kunnen lopen. Dus wil ik hem waarschuwen.

Wanneer ik het schoolplein verlaat om hem te zoeken, zie ik dat de confrontatie in de verte al is begonnen. De twee jongens hebben William met zijn brommer tegen de stoep klem gezet; met zijn ene hand houdt hij zijn brommer overeind, met zijn andere probeert hij zich te verdedigen, een van de aanvallers slaat op hem in met een fietspomp. Ik zie dat hij bang is. Terecht, want ze zijn hem flink aan het toetakelen. Ik doe het enige wat ik kan bedenken, ik ren erheen en spring ertussen. De jongens stoppen met slaan, William maakt gebruik van het moment en springt snel weer op zijn brommer. Terwijl hij wegrijdt, roepen de jongens hem nog wat na. Waarom zei hij niks tegen mij? Misschien had hij zelf ook last van hshoema, vond hij het gênant dat hij met zijn stoere kale kop gered moest worden. Door de persoon die ooit zijn beste vriend was, juist op het moment dat we beiden wisten dat onze vriendschap voorbij was.

Jaren later kom ik hem weleens tegen in Steenbergen. Bij een braderie, of als er een sporttoernooi is. We knikken dan altijd even naar elkaar, verder wisselen we geen woord. Totdat ik hem op een avond online zie komen op Hyves. Ik besluit hem aan te spreken. Vervolgens hebben we uren een gesprek. Over toen. Over ons. Over zijn kant van het verhaal. Hij vertelt me dat zijn kleding niks te maken heeft met nationalisme. Wel is hij heel erg trots dat de gabberscene in Nederland is ontstaan, en dat wilde hij uitdragen door het vlaggetje.

Ik nodig hem uit om een keer te komen kijken naar een voorstelling. Hij zegt dat hij graag wil, maar niet kan omdat hij pleinvrees heeft. Dat raakt me, vanwege mijn eigen waslijst aan fobieën. En omdat ik me realiseer hoe we op die bewuste middag na schooltijd afscheid nemen van onze tienertijd samen. Het is een mooi gesprek, een afsluitend gesprek, want daarna heb ik hem nooit meer gesproken.

Het kortste hoofdstuk van mijn leven

Ik ben op de lagere en middelbare school op talloze meisjes verliefd geweest. En eigenlijk is dat alles wat daarover te melden valt. Noem het maar het kortste hoofdstuk van mijn leven, want het is in die jaren nooit meer geworden dan een stille aanbidding op afstand. Ik vermoed dat de meeste van deze meisjes niet eens wisten dat ik verliefd was op ze. De hormonen gierden door mijn lijf en ik had geen idee wat ik daarmee moest.

Hoe spreek je een meisje eigenlijk aan? Hoe vraag je haar uit? Mijn vriend Eric raakt er gaandeweg de middelbare school steeds meer bedreven in, hij heeft altijd grote verhalen over hoe hij weer een dame aan de haak heeft geslagen. Het lijkt zo makkelijk, gewoon erop aflopen en een praatje maken. Waarover dan? Ik wist alleen dat mijn hart letterlijk op tilt sloeg als ik die ene schoonheid zag. Zeg maar eens wat zinnigs als je bloeddruk door het dak gaat. Ik durfde het gewoon niet aan om de volgende stap te nemen. Zo zeker als ik was in de klas tegenover mijn klasgenoten en leraren, zo onzeker was ik tegenover meisjes.

Ergens in de laatste jaren van de havo is er blijkbaar een meisje dat mij leuk vindt. Niet zomaar een meisje, misschien wel het knapste meisje van de klas. Ik weet niet wat te doen. Op vrijdagmiddag na schooltijd gaan we vaak naar het café. Dat mocht niet van mijn ouders, maar toch deed ik het. Als ik dan thuiskwam en naar sigaretten stonk, kwam ik ermee weg door te zeggen dat ik bij Eric was en zijn vader weer een sigaar aan het roken was.

Daar in het café had ik het kunnen doen: haar kussen. Maar ik vind het niet eerlijk, omdat ik niks voor haar voel. En natuurlijk durf ik het ook niet. De maandag erop verklaren een paar van mijn klasgenoten me voor gek en blijven me pesten. Dat maakt me zo boos dat ik een klap uitdeel, iets wat ik in mijn leven echt heel weinig heb gedaan.

Bijkomend probleem: thuis is het onderwerp verliefdheid of verkering taboe. Als mijn ouders het al over relaties hebben, dan gaat het gelijk over trouwen en kinderen krijgen. Van kleins af aan krijg ik mee dat als ik ooit zou trouwen, het een islamitisch meisje moet zijn, het liefst Marokkaans. En alle meisjes die ik in Steenbergen en op school tegenkom zijn Nederlands en zeker niet islamitisch. Misschien is mijn verliefdheid daarom nog heviger, omdat ik weet dat het niet mag. Het maakt alles nog spannender.

Lang ga ik ervan uit dat het bij fantasie zal blijven. Op mijn negentiende is daar een dame die ik Janneke zal noemen. Ze is mooi, blond en langer dan ik. Dat laatste vind ik niet leuk, maar wanneer zij mij zoent, is haar lengte ineens volstrekt onbelangrijk. Ik weet niet of Janneke weet dat ik nog nooit gezoend heb, al denk ik dat ze daar vrij snel achter komt op het moment dat we ons afzonderen achter in een kroeg in Bergen op Zoom. Zoenen is intens en raar tegelijk. Een intimiteit die ik nog nooit heb ervaren, alsof de tijd even stilstaat.

Het voelt als een bevrijding, een horde die ik heb genomen. Mijn vrienden hebben op hun twaalfde of dertiende voor het eerst gezoend, ik ben negentien. Eindelijk hoef ik niet meer naar hun eindeloze verhalen te luisteren, eindelijk heb ik ook iets te vertellen.

Het gedoe met meisjes is voor mij een van de vroegste aanwijzingen dat ik geen gewone Hollandse jongen ben voor wie het leven gesneden koek is. Ik zal steeds opnieuw moeten bepalen waar ik sta. Hoe ouder ik word, hoe duidelijker dat gevoel wordt.

(On)bescheiden

Uitgaan levert voor mij ook een van de eerste confrontaties op met mensen die ervoor kiezen je buiten te sluiten vanwege de kleur van je huid.

Met een hele groep vrienden besluiten we een busje te huren en naar Antwerpen te gaan. Daar staat de vetste club van dat moment: Zillion. Een avond waar ik al weken naar uitkijk; ik heb zelfs speciaal voor die avond een nieuwe outfit gekocht. We zijn met zeker twintig man, onder wie mijn beste vriend Eric. Ik ben, zoals altijd, de enige 'buitenlander' in de groep.

Het is gezellig in de bus. Iedereen heeft er zin in. Als we voor de club staan, is er al een behoorlijke rij en we sluiten netjes achteraan aan. Ik ga bewust in het midden staan, zodat ik hopelijk minder opval. In Bergen op Zoom heb ik al eens te maken gehad met een portier die me niet binnen wilde laten, dus ik weet hoe het is.

Bij de deur staat echter een grote kerel van Afrikaanse afkomst. Voor mij een opluchting, een buitenlandse uitsmijter kan in mijn voordeel werken, zo redeneer ik. Daarnaast ben ik met allemaal Nederlanders, ingekapseld in de groep.

Dan sta ik oog in oog met de uitsmijter. Eric is inmiddels binnen, hij roept nog: 'Ik zie je zo.' Dan verdwijnt hij achter de deur waar de muziek vandaan komt. Ook ik loop voorbij de uitsmijter, verrast door het feit dat er geen gedoe komt. Na het detectiepoortje wil ik verder, de club in. Ik hoor de muziek al. Nog even en ik kan helemaal losgaan op de dansvloer. Ik zie mijn vrienden Gert Jan, Brian, Marco en zijn vriendin voor mij uit de club binnenlopen.

Net als ik naar binnen wil gaan, word ik door een andere

uitsmijter via een andere deur de club uit geleid.

Ik hoor Robbie nog roepen: ‘Nas! Wat is er aan de hand?’

Geen idee! Opeens sta ik weer buiten. Ik mocht toch naar binnen? De uitsmijter had me goedgekeurd! Waarom zijn mijn vrienden wel toegelaten en ik niet? De grote zwarte uitsmijter bij de ingang ziet mij staan en vraagt wat er aan de hand is. Ik antwoord dat ik niet begrijp wat er is gebeurd; mijn vrienden zijn binnen, en ik ben eruit gegooid?

Hij zegt dat ik moet wachten. Dus ik wacht. En wacht. En wacht. Er gebeurt niks. Dan komt Eric naar buiten en vraagt wat er aan de hand is. Ik leg de situatie uit.

‘Waarom?’ vraagt hij.

‘Weet ik veel,’ zeg ik. Ik loop weer naar de uitsmijter en vraag om uitleg. Hij lijkt het niet te willen begrijpen.

‘Je praat te veel,’ zegt hij. ‘Ga naar huis.’

En dat is het. Ik mag naar huis. Mijn vrienden zijn solidair, ze komen ook weer naar buiten. Als ik niet mag dansen, dan zij ook niet. We besluiten naar Steenbergen terug te rijden. Wat moeten we anders?

Ik ga bewust achterin zitten. De stemming in de bus is gelaten. Niemand weet iets zinnigs te zeggen.

In dat busje wordt voor iedereen één ding heel duidelijk. Eric, die altijd riep ‘Nas is een van ons’, had het mis. Op de achterbank razen de emoties door mijn lijf. Ik schaam me. Voor wie ik ben. Dat mijn vrienden dit meemaken. Tegelijk ben ik boos en verdrietig. Want ik weet waarom ik niet naar binnen mocht. Omdat ik een Marokkaan ben. Terwijl ik echt enorm mijn best had gedaan om goedgekeurd te worden: ik draag mooie, nette schoenen, een nette broek en een nieuwe trui. Zodat het in ieder geval niet aan mijn outfit kon liggen. Aan mijn gezicht, mijn haar en mijn kleur kan ik weinig veranderen. Ik voel me minderwaardig, een emotie en pijn die mijn witte vrienden nooit zullen kennen.

Hoe ouder ik word, hoe vaker ik incidenten meemaak als die in Antwerpen. De overtreffende trap van de ruzies op het schoolplein. Hoe ik met de afwijzingen omga vormt me. Ik had een boze jongen kunnen worden. In de jaren daarna heb ik dat veel zien gebeuren. Jongens die als kakkerlakken werden behandeld gingen zich er soms naar gedragen. Dat is niet mijn manier. Met elke weigering en afwijzing voel ik mijn strijdlust groeien. Met mijn rug recht en hoofd omhoog probeer ik om te gaan met alle negatieve emoties. Trots op wie ik ben en waar ik vandaan kom.

Anders zijn betekent voor mij dat ik altijd extra mijn best doe en overdreven aardig ben. Ik heb geleerd dat ik heel netjes moet praten en mezelf bescheiden dien op te stellen. En vooral dat ik altijd dankbaar en nederig moet zijn. Zoals je je gedraagt als je bij iemand op bezoek bent. Om niet in de problemen te komen.

Ik weet zeker dat die aangeleerde ingetogen houding grotendeels komt doordat mijn ouders zich hier in Nederland altijd te gast hebben gevoeld en zich ook als gast zijn blijven gedragen. Dat heb ik gedeeltelijk van ze overgenomen.

En gedeeltelijk ook weer afgeworpen. Al vroeg voel ik ook een grote behoefte om zo nu en dan alle schroom van me af te gooien en de schijnwerpers op te zoeken.

In de laatste klas van de lagere school merk ik de kick die ik krijg van onbescheiden zijn. In groep 8 wordt het toneelstuk *De hitstompers* opgevoerd. Mijn vriend Eric speelt een van de hoofdrollen. Ik wil heel graag meedoen, alleen zijn alle rollen al verdeeld. Totdat op het laatst een rol wordt teruggegeven. Met een paar andere jongens moet ik ten overstaan van mijn klasgenoten auditie doen en ik kom als beste uit de test. Ik krijg de kans om de rol van dj Jack de Schijvenschieter te spelen. Mijn tekst ken ik tot de dag van vandaag uit mijn hoofd.

We spelen twee keer; in de middag voor alle leerlingen en in de avond voor familie en vrienden. Vooral op die laatste voorstelling heb ik mijn best gedaan. Want de belangrijkste mensen uit mijn leven komen kijken: mijn vader en mijn moeder. Voor het eerst zien zij mij spelen op een podium. Want dat ik graag toneelstukjes opvoer, daar zijn ze wel bekend mee.

Ik hoor nog het geroezemoes van het publiek dat binnenkomt. Nog een paar laatste voorbereidingen op het podium en achter de coulissen. Het geluid van het publiek neemt in volume toe. Nog een laatste keer alle 'acteurs' bij elkaar. Wat een energie krijg ik van die momenten.

Zaallicht uit, het publiek wordt stil en het doek wordt opengetrokken. Ik zit al op mijn plek achter de dj-booth, de muziek wordt gestart en terwijl ik begin met mijn tekst 'Hier radio Flierefluiter' zie ik mijn ouders zitten. Mijn moeder vol trots. Mijn vader met tranen in zijn ogen.

Die avond spelen we voor ons eigen gevoel de sterren van de hemel. Bij het applaus staan Eric en ik naast elkaar. We maken een buiging en krijgen bloemen. We gaan af. En op dat moment weten we allebei: dit gaan we nooit meer vergeten. De magie van het podium heeft me vanaf dat moment te pakken om nooit meer los te laten.

Als ik later op de middelbare school weer in een musical speel begint er iets te broeden. Zou het toneel iets voor mij zijn? Het idee verwerp ik zo snel als het opkomt. Het is vast niet voor me weggelegd. Die *fifteen minutes of fame* op het schooltoneel zijn leuk, alleen kun je daar geen toekomst op bouwen.

De grote vraag is wat ik dan wel met mijn leven ga doen. Ik heb geen flauw idee, zelfs niet als ik na vijf jaar middelbare school overga naar de eindexamenklas. Wat ik dan nog niet kan vermoeden, is dat er een noodlottig sterfgeval voor nodig is om de knoop door te hakken.

Tom

Wat wil je worden?

Piloot, brandweerman of profvoetballer, antwoord je als kind. Naarmate de middelbare school vordert, wordt die vraag serieuzer. Eerst moet je een diploma halen, uiteraard. En daarna? Voor sommige opleidingen moet je je zelfs al vroeg in je laatste jaar aanmelden. Het is een belangrijke beslissing, eentje die zelfs je leven kan gaan beheersen – dus geen druk.

Sommige kinderen weten heel zeker waar hun toekomst ligt en gaan vol voor die nieuwe fase in hun leven. Maar wat als je geen idee hebt?

Als het einde van mijn middelbareschooltijd in zicht is, begin ik heftig te twijfelen. Er is geen enkele serieuze opleiding die me wat lijkt. Dus los ik het heel creatief op: ik verpruts opzettelijk mijn eindexamen. Niet zodanig dat ik van school moet, wel genoeg om mijn papiertje niet te krijgen.

Het is een plan waar ik goed over heb nagedacht. Ten eerste ga ik een makkelijk jaar tegemoet, ik heb de laatste klas immers al eens gedaan. Dat wordt een makkie. Het betekent ook dat ik een extra jaar heb om na te denken over wat ik wil, én dat ik tijd overhoud om te werken. Ik help mee bij een boer om de oogst binnen te halen.

Daar werken meer jongeren van mijn middelbare school. Een daarvan ken ik al een beetje: Tom. Hij heeft sinds de basisschool bij mijn zusje Salima in de klas gezeten. Tom is een knappe, stoere jongen met een grote bos blonde krullen. Hij heeft altijd rode wangen en hij lacht veel en graag. Bovendien is hij heel creatief, hij kan goed tekenen en verzint zelf de grappigste stripverhalen. Kortom, iemand die volop in het leven staat.

In dat extra jaar middelbare school gaat hij tot mijn vriendengroep behoren. Hij is een van die zeldzame jongeren die al precies weten wat ze willen.

Die extra tien maanden helpen niet echt om te bepalen wat ik wil worden 'als ik later groot ben'. Natuurlijk vind ik het toneel interessant, hoewel het geen moment bij me opkomt om daar een opleiding in te doen.

Een echte studie kiezen is kiezen voor een carrière, maar acteren is een droom. Het is een bekend fenomeen dat kinderen van migranten vaak druk voelen om een flinke stap omhoog te maken op de maatschappelijke ladder. Hun ouders hebben de ultieme investering gedaan, ze hebben huis en haard verlaten om het beter te krijgen. Dus kiezen wij, hun kinderen, vaak voor serieuze studies, om die belofte in te lossen. Menig advocaat, tandarts en belastingconsulent van buitenlandse afkomst heeft die route afgelegd. Vaak met glunderende ouders aan de eindstreep, die weten dat het allemaal niet voor niets is geweest.

Als ik met een jaar vertraging alsnog de middelbare school afsluit, kies ik voor de opleiding commerciële economie aan de heao in Breda. Mijn zus Hayat heeft dat ook gedaan en ze vond het een interessante studie. Aan het einde wacht me een goudgerand diploma en liggen de goede banen als het goed is voor het oprapen. En is dat niet wat we allemaal willen?

Na de eerste week van mijn nieuwe opleiding willen Tom en ik op vrijdagavond naar de verjaardag van een gemeenschappelijke vriend. Die woont in Halsteren, vijf kilometer van Steenbergen, een klein halfuur fietsen. Alleen ben ik gesloopt, ik had de introductieweek en ik heb al kilometers door Breda gelopen en allerlei activiteiten gedaan. Ik kijk er heel erg tegen op om ook nog helemaal naar Halsteren en terug te fietsen.

Aan de andere kant vind ik het sneu voor Tom dat hij dan alleen dat hele stuk moet afleggen. Moet ik even bellen? Of anders bij hem aankloppen? Hij woont in de volgende straat. Gewoon zeggen dat het hem niet gaat worden vanavond, dat zal hij vast begrijpen. Ik maak een andere keuze, waar ik tot de dag van vandaag spijt van heb.

Omdat mijn ouders een paar weken in Marokko zijn, heb ik die avond het huis voor mezelf. En het enige wat ik op dat moment kan bedenken, is te doen alsof ik niet thuis ben. Dan hoef ik hem niet onder ogen te komen. Bizar dat ik in mijn hoofd van iets simpels als 'even afzeggen' zo'n groot probleem maak. Maar ik vind het moeilijk om mensen teleur te stellen, heb ik gemerkt. Uit schaamte verberg ik mij liever.

Om halfacht belt hij aan, keurig op tijd. Ik heb ervoor gezorgd dat alle lichten in het huis uit zijn. Ik houd van boven alles in de gaten, door een kiertje van de lamellen zie ik hoe Tom voor de deur staat te wachten. Hoe hij nog een keer aanbelt. Hoe hij een paar keer heen en weer kijkt en dan rustig naar zijn fiets loopt. Daar wacht hij nog een moment om vervolgens te vertrekken.

Ik ben opgelucht. Natuurlijk voelt het niet goed om hem zo te laten staan. Alleen ben ik er wel vanaf en kan lekker op tijd naar bed.

De volgende ochtend gaat de telefoon. Mijn zus Hayat neemt op. Ik ben mezelf aan het klaarmaken om naar mijn bijbaantje in de supermarkt te gaan.

'Nas, Eric aan de lijn,' roept ze van beneden. Ik doe snel nog wat gel in mijn haar en hol de trap af.

'Hé maat,' zeg ik. Want zo noemen wij elkaar altijd: maat. Deze keer blijft het stil.

'Heb je het al gehoord?' zegt hij.

Zijn stem klinkt anders dan normaal. Veel serieuzer.

'Tom is verongelukt.'

Zijn woorden dringen niet goed tot mij door. Of ik wil het niet bevatten, dus kan ik alleen een wedervraag stellen.

'Hoe gaat het met hem?' vraag ik.

Eric herhaalt dezelfde woorden: 'Nas, hij is verongelukt. Tom is dood.'

Ik wil het niet horen. Ik wil ophangen en doen alsof er niks aan de hand is.

Natuurlijk denk ik onmiddellijk aan de avond ervoor. Aan de opluchting die ik voelde toen hij wegfietste. Dus vraag ik wanneer het is gebeurd.

'Vanmorgen,' antwoordt Eric.

Op een gekke manier ben ik blij dat het hij niet 'vannacht' zegt. Want dan had ik er eigenlijk bij moeten zijn.

'Het was vanmorgen, onderweg naar de fruitteler. Op zo'n smal landweggetje. Tussen de weilanden. Daar is het gebeurd.'

Er valt een stilte. Ik ken dat weggetje, we hebben daar eindeloos veel gefietst. Het is gevaarlijk daar, er zijn geen fietspaden en het is smal. Het is op nog geen honderd meter van de fruitteler, je bent er bijna.

Wat kunnen we nog bespreken? Dus zeggen we elkaar gedag en hang ik op. Wat moet ik doen? Ik kan niets anders bedenken dan mijn spullen te pakken en naar mijn werk in de supermarkt te gaan. Misschien zorgt dat voor afleiding. Maar de dood van Tom is overal. Niet alleen in mijn hoofd, het nieuws verspreidt zich als een lopend vuurtje door onze kleine plaats. Collega's, klanten, iedereen heeft het erover.

Stukje bij beetje hoor ik wat er precies is gebeurd. Een automobilist was die ochtend verblind door de zon en zag Tom niet fietsen. Mijn vriend is van achteren geschept en door de kracht van de aanrijding twintig meter verderop terechtgekomen. Hij was nog met drie anderen; ze reden netjes twee aan twee. Zij hebben hun best gedaan om er voor hem te zijn tot zijn moeder kwam. Toen heeft hij in haar armen zijn laatste adem uitgeblazen. Tom is dood.

Tom wordt thuis opgebaard. Drie dagen lang is het een komen en gaan van mensen; Steenbergen is in shock. Het huis van Tom lijkt een bedevaartsoord, er staat zelfs een rij tot ver buiten zijn huis om afscheid van hem te nemen.

Lang zit ik voor zijn huis op de stoep. Ik kan alleen huilen. Mensen begrijpen er niks van. Waar komt dat grote verdriet opeens vandaan? Zo lang was ik toch ook weer niet bevriend met hem? Zijn moeder Liza komt op een gegeven moment naast mij op de stoep zitten en vraagt me naar binnen te komen. Om even bij Tom te gaan kijken.

Ik durf haar niet aan te kijken. Ik schaam me kapot. Ze geeft me een aai over mijn bol en zegt: 'Ik denk dat Tom het ook fijn zou vinden als je even komt kijken.' Maar ik kan het niet. Het enige wat ik kan bedenken is: hij zou eens moeten weten. En zij ook. Dan zou ze me wegsturen.

Uiteindelijk verzamel ik al mijn moed. Gelukkig gaan mijn broer Zakaria en mijn zusje Salima mee. Alleen zij twee weten wat er in mij omgaat, ik heb ze het hele verhaal verteld. Weer staat er een enorme rij mensen. Het voelt alsof we staan te wachten voor een enge attractie. Het zal de adrenaline zijn. En de angst.

Ik ga als eerste de kamer in waar Tom ligt opgebaard, daarom sta ik het dichtst bij het hoofd van Tom en mijn broer bij zijn voeten. Toms moeder verwelkomt mij met een liefdevolle blik en bedankt me dat ik toch nog ben gekomen. Ik geef haar een knuffel en richt me daarna tot zijn vader. Deze lieve mensen wier enige kind op dat moment tussen hen in ligt, in een kist.

Het moment dat ik me tot Tom wend, duurt misschien een seconde. Langer kan ik niet naar hem kijken. In die seconde heb ik hem gezien. Zijn prachtige krullen, zonder gel, dus het is een enorme bos. Hij is nog steeds die knappe jongen. Ik werp een blik op mijn zusje. Ze is in tranen en ik hou haar stevig vast. Mijn broer pakt nog even de grote teen van Tom alsof het zijn hand is en hij hem op die manier nog een goede laatste reis wenst. Tom heeft geitenwollen sokken aan, zie ik.

Vaarwel, Tom.

Toneelschool

Mijn tijd aan de heao is een periode van rouw, er komt weinig uit mijn vingers. Door de dood van Tom natuurlijk, maar ook omdat ik verkeerd heb gekozen. Niets aan de opleiding spreekt me aan. Dat laat ik thuis en op school ook weten. Mijn ouders zien hoe diep ongelukkig ik ben en hoezeer de dood van Tom mij aangrijpt. Een jongen die vol in het leven stond. Hij wist precies wat hij wilde en was vastberaden om zijn dromen na te jagen. En nu is hij er niet meer. En dat is ook het leven. Opeens is het voorbij. Met dat besef kies ik ervoor om niet meer voor de makkelijke weg te gaan, maar ervoor te gaan.

Een studiebegeleider stelt mij een beroepskeuzetest voor. Die test toont feilloos aan wat ik diep vanbinnen al weet: dat ik in de culturele sector aan de slag moet.

Voor het eerst overweeg ik het ook echt. In de dagen daarna ga ik me verdiepen in welke toneelscholen er zijn. Het blijkt dat de toneelschool in Utrecht niet lang daarna een selectiecursus organiseert. Met het gevoel dat ik niets te verliezen heb en met goedkeuring van mijn ouders meld ik me aan en tot mijn verbazing krijg ik een uitnodiging om te komen.

Een selectiecursus is een auditie voor de toneelschool die een week duurt. Tijdens die week voer je allerlei opdrachten uit en analyseren de docenten je potentieel als acteur. Aan het begin van de week zijn we met honderd mensen, alleen duurt dat niet lang. Iedere dag krijgen tussen de tien en twintig cursisten een tikje op de schouder. Dat betekent dat je naar inschatting van de docenten niet genoeg aanleg hebt en dat je naar huis mag. Weg droom.

Alles is wennen voor me, daar in Utrecht. In Breda zit ik in een overzichtelijk modern gebouw aan de rand van de stad, een goede voorbereiding op een latere loopbaan in een kantorenpark. In Utrecht moet ik me melden bij een oud pand in het centrum, omringd door neergekwakte fietsen. Ik zie op mijn eerste dag ook een heel ander slag mensen dan bij commerciële economie.

Maar als het eenmaal begint, vallen alle verschillen tussen ons weg.

In de studio's van de toneelschool voeren we allerlei opdrachten uit. Docenten vertellen bijvoorbeeld dat we ons moeten laten leiden door een bepaald gevoel. Vreugde, schaamte, verlegenheid: beeld dat uit en reageer op de anderen.

Soms krijgen we een zin om op te improviseren: 'We zijn een blij kind.' Iedereen verzint een invalshoek of een rol en zo ontstaat er een wereld. Wat is mijn rol daarin? Hoe speel ik het kind? Er is weinig tijd om na te denken, het gaat vaak puur op gevoel.

Onbevangen, anders werkt het niet. Het spreekt me aan, dit is leuk.

Daar, in die studio, gaat het ineens niet meer over wie je bent en hoe je gekleed gaat. Wel over hoe je een opdracht interpreteert en uitvoert. De een geeft zich over, de ander zie je zichzelf inhouden of terugschrikken voor al die emoties. Ik ga er vol in, niet bang om het verkeerd te doen. Want wat heb ik te verliezen? Natuurlijk ben ik onzeker, maar het laatste wat ik wil, is mezelf achteraf verwijten maken omdat ik niet alles heb gegeven.

Op vrijdag zijn er nog vijfentwintig aspiranten over, waar ik er een van ben. Uit deze groep selecteert de toneelschool twaalf nieuwe studenten. Ik heb de eindstreep gehaald, zo voelt het. Al die dagen ben ik niet op mijn schouder getikt. In de trein naar huis fantaseer ik over hoe het zou zijn om op het grote toneel te staan, voorstellingen te maken en mijn verhalen te vertellen op het podium.

Die droom kan de ijskast in. Want een week later ploft er een brief op de mat met allemaal onvoldoendes. Mijn stem, spel, beweging: het is allemaal niet goed genoeg om tot de twaalf gelukkigen te behoren. Ik heb veel te weinig ervaring, staat er ook. Dat verbaast me. Hoe had ik die moeten opdoen? Daarvoor ga je toch juist naar de toneelschool?

In de tijd daarna gaat bij mij het gevoel overheersen dat ik ondanks die afwijzing dichtbij ben. Een week lang kwam ik steeds een ronde verder, steeds viel het dubbeltje de goede kant op. Dat maakt me trots, voor het eerst sinds lange tijd.

Stiekem voel ik ook opluchting. Ik zie mezelf niet vier jaar lang op die school rondhangen. Het is een nuttige opleiding voor wie bij het toneel of de film wil, alleen niet voor mij op dat moment. Pas tien jaar later zal ik de toneelschool in Utrecht terugzien. Om een workshop te geven aan studenten.

Wat ga ik dan doen? Opnieuw dringt de vraag zich op. Fantaseren over de toneelschool is één ding, de realiteit is dat ik het heb geprobeerd en ben afgewezen. Dus ga ik terug naar het ritme van de 'serieuze' student: colleges volgen, opdrachten maken, leren. Ik ga bedrijfseconomie studeren aan de HES in Rotterdam. Op mijn plank staan boeken over belastingrecht en bedrijfsadministratie.

Maar ik heb van iets geproefd en ben de smaak niet vergeten.

Het brengt mij op een idee. Kan ik niet beide doen? Studeren om een papiertje te halen en ondertussen ergens ervaring opdoen als acteur?

Maar hoe?

Amy

Het lijkt wel alsof de bliksem boven in mijn hoofd inslaat. Eerst voel ik een verlammende schok, dan staat de wereld eventjes stil. Ik kan niet uitsluiten dat mijn mond een paar centimeter open hangt. Daar, achter in de Marina Bar in Steenbergen, leunend tegen een gokkast, staat een wonder in een zomerjurk. Ze praat honderduit met haar vriendinnen. Haar donkere ogen fonkelen, ze lacht en haar bewegingen lijken in slow motion te gaan. Hoe kan een vrouw zo perfect zijn?

Herpak jezelf, Nas, zo bijt ik mezelf toe. Mond dicht en niet zo staren. Ik ben namelijk met een vrouw op stap. Een heus afspraakje, die heb ik niet zoveel. En dat wil ik niet verknallen door naar andere dames te loeren. We gaan zitten, ik roep de bediening. Zoals dat hoort praten we aan een tafeltje over koetjes en kalfjes om elkaar beter te leren kennen. Het is een warme vrijdagavond aan het einde van de zomer en de kroeg zit vol.

Toch kan ik mezelf niet helpen, iedere paar minuten probeer ik langs al die mensen richting de gokkast te kijken. Want die donkerharige schoonheid die zich daar zo vermaakt, fascineert me niet alleen, ik ken haar ook ergens van. Terwijl ik probeer charmant geïnteresseerd te zijn in de jongedame met wie ik zit te praten, pijnig ik mijn hersenen. Dan valt het kwartje. Dat moet Amy zijn. Amy, het buurmeisje van mijn vriend Emile; dochter van een Nederlandse moeder en een half Indonesische vader. Ze zat vier klassen lager, dus trok ze mijn blik niet toen ik naar meisjes begon te kijken. Nu wel, en hoe. Ik ben eenentwintig, dan moet zij nu zeventien zijn, reken ik snel uit. Er is veel gebeurd in die paar jaar sinds het schoolplein.

Ondertussen knik ik op de automatische piloot driftig naar mijn date. Boeiend verhaal vertelt ze toch.

Na een gezellige avond breng ik mijn afspraakje naar huis, ze woont ook in Steenbergen. Bij haar ouders voor de deur staan we nog eventjes te praten. Ze is aardig, lief en mooi, op iedere andere avond was ik dolblij geweest dat ze met me naar de kroeg wilde. Alleen stak ze vanavond flets af tegen de veel boeiendere achtergrond. Dat verzwijg ik natuurlijk.

Net op dat moment komt er een groep meisjes hardop pratend langsfietsen. Onder wie Amy, die enthousiast naar me zwaait.

'Hé, Nas,' roept ze vrolijk.

Met mijn hand maak ik een bescheiden wuifje. Ondertussen kan ik wel door de grond zakken. Waarom fietste ze niet vijf minuten later langs, zodat ze mij alleen had gezien? Nu denkt ze misschien dat ik een relatie heb. Op dat moment neem ik me voor: van Amy ga ik werk maken. Misschien kan het iets worden tussen ons.

Een jaar lang loop ik achter haar aan. We studeren beiden en gaan in het weekend vaak naar de Marina Bar. Op die zaterdagen vlei en flirt ik; driftig probeer ik grappig te zijn en indruk te maken. Het mislukt compleet. Ik zie haar sjansen met andere jongens, zelfs met vrienden van mij. Toegegeven, ik zoen ook weleens een ander, maar het probleem is dat die andere meisjes niet Amy zijn. We dansen op oudejaarsavond extatisch op 'Let's Get Loud' van Jennifer Lopez. Zonder resultaat, zelfs J.Lo kan de zaak niet forceren.

Waarom kan ik haar niet gewoon zeggen dat ik haar leuk vind? Serieus leuk. Zo leuk dat ik niet zomaar even wil zoenen, maar toekomst samen leuk. Ik krijg het gewoon niet over mijn lippen, mijn verlegenheid grijpt me bij de keel. En mijn nonverbale communicatie komt niet bij haar door. Of nog erger: ze weet heel goed dat ik meer wil en ze is tevreden met alleen vriendschap. Wellicht doe ik te hard mijn best, of juist niet hard genoeg. Het is om gek van te worden.

Misschien is het maar goed ook dat ze de boot afhoudt, vertel ik mezelf. Want als ze ja zegt, moet ik de vraag der vragen beantwoorden: kan ik met haar thuiskomen? Het is een kwestie die mij al jaren bezighoudt als het om meisjes gaat. Om uit te leggen hoe groot mijn probleem is, moet ik de band tien jaar terugspoelen, naar een andere liefde.

Martine is het zusje van Emile. Ze is lief, leuk en sportief en we hebben onmiskenbaar een klik. Op negenjarige leeftijd stelt ze mij dan ook een belangrijke vraag: wil ik verkering met haar?

Ik stamel en stotter waarschijnlijk iets van ja. Maar ik ben overrompeld. Diep vanbinnen weet ik namelijk dat het niet mag, verkering met haar. Zij is Nederlands en niet-Marokkaans en belangrijker: geen moslima. Dus wat moet ik als negenjarige met de liefdesverklaring van een meisje uit de polder?

Met mijn ouders bespreken? Dat kan absoluut niet. Een kwestie als deze is extreem hshoema. Dan maar advies vragen aan mijn oudere zus, die dan een jaar of veertien is en de antwoorden op alle vragen heeft. Ze is ondanks haar beperkte levenservaring onverbiddelijk. Verkering met een Nederlands meisje?

'Dat kan niet.'

'Waarom?'

'Het mag niet van het geloof.'

Het antwoord op menige vraag in mijn ouderlijk huis. Het mag niet van de islam; einde discussie, geen weerwoord mogelijk. Het heeft niet alleen impact op mijn relatie met Martine, die een ander vriendje moet zoeken, maar ook op de rest van mijn kindertijd en dan met name hoe ik vanaf dat moment met meisjes omga. Want in Steenbergen zijn helemaal geen moslima's te vinden. Zeker niet van mijn leeftijd. Wel Nederlandse meisjes in overvloed, die geen weet hebben van de worsteling die ik doormaak.

Het is een kleine troost dat ik niet de enige ben. Tegelijk met mij moeten op dat moment overal in Nederland duizenden jonge moslima's en moslims met hetzelfde hebben gezeten. Mijn eigen broer Zakaria loopt tegen het probleem aan. Hij wordt verliefd op een Nederlandse en krijgt zelfs een relatie met haar. Allemaal ver buiten het zicht van mijn ouders, die hij smoesjes vertelt over waar hij heen gaat.

Hoe serieuzer het wordt, hoe moeilijker. Hij tuigt een schijnwereld op om ruimte voor hem en zijn vriendin te creëren. Tevergeefs. Eerst krijgen mijn zussen en ik het door, daarna mijn ouders. Iedereen kent zijn geheim, maar niemand durft het op tafel te gooien. Tot mijn broer het niet meer volhoudt en na een paar jaar vertelt wat iedereen allang weet. Zijn vriendin komt daarna zelfs bij ons over de vloer, alleen blijft het ongemakkelijk. De relatie was in oneerlijkheid begonnen.

Waarop ik me voorneem om het anders aan te pakken. Niet dat ik mijn broer niet begrijp. Hij wilde mijn ouders ontzien en ongemakkelijke gesprekken uit de weg gaan. Misschien had ik het wel net zo gedaan als ik de oudste zoon was geweest. Het probleem met leugens is alleen dat ze je uiteindelijk verstikken, zag ik aan mijn broer. De waarheid zeggen mag dan hshoema zijn, het alternatief is erger.

Het duurt een heel jaar. Tweeënvijftig weken mijn best doen, niet opgeven, geduld hebben. Als ik op vakantie ben in Marokko, schrijf ik Amy een kaart waarin ik haar de liefde verklaar. Het is een wanhoopsdaad, want zo langzamerhand zou ze het toch moeten weten. Ik loop ermee naar het postkantoor, maar voor de deur begin ik toch te twijfelen. Straks ziet ze me nog steeds niet staan, of nog erger: lacht ze me uit. Dus gooi ik de kaart in een prullenbak voor het postkantoor. Ik geef het op, misschien is een relatie met haar niet voor mij weggelegd.

Maar terug in Nederland begint er toch iets te schuiven. We

komen elkaar weer tegen in de Marina Bar. Het is gezellig en we praten de hele avond. Tot het moment dat Amy naar huis moet.

'Nou, dan heb ik hier verder ook niks meer te zoeken,' zeg ik.

'Dan fiets je toch mee naar huis?' vraagt Amy.

Ik weet niet hoe snel ik mijn fiets moet pakken; samen rijden we naar huis. Aangezien ik iets dichterbij woon dan zij, rijden we eerst langs mij. Bij het donkere paadje waar ik altijd in moet om naar onze schuur te gaan, staan we tegenover elkaar. Met onze fietsen tussen ons in. Ik voel dat het zo'n moment is waarop ik iets kan proberen.

Of ik ga een blauwtje lopen of…

Ik besluit ervoor te gaan. Ik laat mijn fiets vallen en zoen haar. Het is fantastisch, ik ben in de wolken en ik kan mijn geluk wel van de daken schreeuwen.

Twee weken later zitten we op een bankje in een parkje. Dolgraag wil ik meer. Ik heb al verschillende gelegenheden voorbij laten gaan om dat te zeggen. We hebben die week een taartje gegeten bij de bakkerij. Ook boven de slagroom durf ik die belangrijke vraag niet te stellen.

Dus moet het nu, anders kan ik mezelf voor mijn kop slaan. We staan op en ik loop mee tot een bushalte. We gaan afscheid nemen. Zij moet met de bus naar een vriendin, ik ga nog even langs bij Eric. Dat bezoekje gebruik ik dan maar als een schijnbeweging om mijn grote vraag te stellen.

'Wanneer ik zo naar Eric ga, vind je het goed als ik tegen hem zeg dat je mijn vriendin bent?'

Ik baal dat ik het niet gewoon kan vragen, waarom toch dit soort rare omwegen?

Amy lacht lief en laat met drie woorden al mijn zorgen verdwijnen.

'Dat is goed.'

Tien minuten later zit ik bij Eric op de bank. Uitgelaten vertel ik hem het nieuws.

'Ik heb gewoon verkering met Amy!' Hij is blij voor me, Eric heeft een jaar lang mijn stroeve versierpogingen gezien.

Wat nu? Door de pijn en het verdriet die leugens met zich meebrengen heb ik mezelf voorgenomen altijd open te zijn over mijn liefdesleven, dus moet ik wel met mijn ouders gaan praten. Laten weten dat ik tegen hun uitdrukkelijke wens inga en een relatie heb met een vrouw die niet moslim is.

Heel strategisch ga ik eerst naar mijn moeder. Dat lijkt me de slimste route; ik praat met haar, zij vertelt het op een goed moment tegen mijn vader. Dan komt de klap misschien minder hard aan.

Het duurt niet lang. Ik vertel over Amy, dat ik haar leuk vind en dat we wat hebben met elkaar.

Mijn moeder is even stil. Het enige wat ze daarna zegt is: 'Ik hoop dat je weet waar je aan begint.'

De waarheid is dat ik geen idee heb van het mijnenveld dat voor me ligt. Dingen die voor mijn Nederlandse vrienden heel vanzelfsprekend zijn, kunnen in mijn wereld een enorm obstakel vormen. Dat komt door 'later'. Het gaat bij zaken als relaties en liefde tussen een moslim en een niet-moslim altijd over de toekomst. Een eerste vriendinnetje? Leuk en aardig, maar wat als het serieus wordt en er uiteindelijk kinderen komen? Wat worden die, moslim of niet? Moet een partner zich bekeren of kunnen twee verschillende geloven op hetzelfde kussen slapen?

Welke onzekerheden er ook zijn, over mijn keuze voor Amy twijfel ik geen moment. Natuurlijk moet ik ergens in de toekomst met haar gaan praten. Over de verschillen tussen haar en mijn cultuur, over geloof, hoop en liefde. Maar nu nog niet. Voor die loodzware onderwerpen op tafel komen, wil ik genieten van het hier en nu. Gewoon verkering hebben, zoals mijn Nederlandse vrienden. Ongecompliceerd en zonder theologische discussies over kinderen die er al dan niet in de toekomst komen.

En dus parkeren we alle kwesties. We zien elkaar bijna dagelijks en leven zoals zo veel jonge mensen om ons heen: vrij en onbezorgd. We gaan vanaf dat moment samen naar de Marina. Amy bestelt een wijntje, ik een glaasje fris.

Knalgele flyer

Bedrijfseconomie studeren in Rotterdam kan me matig boeien. Net als op de middelbare school doe ik net genoeg om mijn tentamens te halen. Aangezien ik goed ben met cijfers gaat dat relatief makkelijk. Aan het einde van de rit wil ik een diploma in handen hebben, dat heb ik met mezelf afgesproken. Dat ben ik ook mijn ouders verschuldigd. Zij hebben kromgelegen zodat ik kan studeren, dus mag ik niet zomaar opgeven. Maar jaarrekeningen, balanstotalen en dividenden, het interesseert me echt helemaal niks.

Mijn passie ligt heel ergens anders. Het toneel is een waakvlammetje dat altijd diep in mijn ziel brandt. Als een vriendin me een knalgele flyer in mijn handen drukt van theatergroep Rotjong, wat staat voor Rotterdamse jongeren, wordt dat smeulende vuurtje zelfs een uitslaande brand. Het Rotterdamse ensemble zoekt nieuw talent om mee te doen met hun voorstellingen. Het is amateurtoneel, want de acteurs krijgen niets betaald, maar het gezelschap speelt wel in een echt theater, met betalend publiek. Zou dat iets voor mij zijn? Probeer het, zegt Amy, wat heb je te verliezen?

Tot mijn stomme verbazing krijg ik een positieve reactie op mijn aanmeldingsbrief. Sterker nog, ik ontvang een envelop met daarin monologen uit een toneelstuk van theatergroep Dood Paard van scriptschrijver – en acteur – Oscar van Woensel. Ik moet die teksten uit het hoofd leren en mag me drie weken later melden voor de auditie.

In de aanloop naar het moment dat ik die woorden moet uitspreken, ben ik op van de zenuwen. Een stemmetje in mijn achterhoofd blijft zaniken: je kunt het toch niet, dit is niet weggelegd voor jou, zelfs de toneelschool heeft je afgewezen. Dus pas ik een truc toe: ik gebruik al die onzekerheid en angst juist om mij helemaal te focussen op deze taak; ik ga geen woord van de tekst vergeten.

Mijn monoloog gaat dan ook goed. Ik meld me in een gymzaal in Rotterdam, waar Rotjong ook repeteert. Daar doe ik mijn best om de woorden zo goed mogelijk over te brengen, terwijl theatermaakster Mariëlle van de Griendt vanaf een stoeltje toekijkt. Deze ervaren kracht in het theatervak ziet iets in mij, zo hoor ik aan het eind. Ik ben zo op van de zenuwen dat ik vergeet te vragen wat precies.

Dat is voor het moment ook niet zo belangrijk, wel dat ze me aanneemt. Als ik weer naar buiten loop, daalt het besef in, ik zit bij een heuse theatergroep. En we gaan over een aantal maanden een stuk opvoeren.

Het leuke is dat het stuk nog ontwikkeld moet worden. Dat gaan we doen aan de hand van gesprekken met Oscar van Woensel over grote thema's als afscheid nemen, verdriet en de dood. Tegelijkertijd is dit stuk een zoektocht naar identiteit. Een vraagstuk dat later nog veel in mijn eigen werk zal terugkomen.

Overdag ben ik op de HES, zwoegend op de tentamenstof, wachtend tot ik weer naar de repetities mag. Drie avonden per week komt in een achterafzaaltje in Rotterdam de ware ik naar boven. Als ik met toneel bezig ben, dan leef ik op. Langzaam begin ik te leren wat je met een leeg podium kunt doen. Het zijn niet de rekwisieten, de schmink of de belichting, maar de acteurs die de voorstelling maken; zij scheppen met woorden en beweging voor het publiek een heel andere wereld. Zo leer ik hoe je een tekst kunt manipuleren om er je eigen draai aan te geven, ook al liggen de dialogen vast.

Op het toneel is elk detail van belang, merk ik al heel snel.

Hoe kijk je? Hoe sta je? Hoe gebruik je je stem? Als iemand anders spreekt, wat doe jij dan ondertussen? Je moet je tekst uitspreken alsof je het ter plekke verzint, terwijl je er uren op hebt zitten studeren. Hoe zorg je dat het toch naturel klinkt? Ik vind het geweldig om daarover na te denken en dingen uit te proberen. Dit is wat ik wil doen met mijn leven. Op de planken staan en creëren.

Niet dat het me komt aanwaaien; het is keihard werken tijdens de repetities. Wat ik vooral leer is hoe je verhalen vertelt. Dat je naast de tekst nog zo veel manieren hebt om een wereld te creëren. Wat zijn de zinnen tussen de zinnen in het script? Dictie is belangrijk, elke letter moet je horen, op een zo natuurlijk mogelijke manier. Beweging drukt emoties uit, boosheid, verdriet. Acteren is anderen in je ziel laten kijken.

De voorstelling waar we ons op voorbereiden heet *RauwRouw* en gaat over verdriet en afscheid nemen. De tekst van Oscar van Woensel, met wie ik later in mijn leven nog veel vaker zal werken, is grappig, rauw en ontroerend.

Vijf jonge acteurs spreken monologen uit en praten met elkaar over wat verlies met ze doet. Door de dood van Tom staat dit thema dicht bij me, ik kan me er goed in verplaatsen. Ik moet een jongen uit een bende spelen, die het hele leven ziet als één grote grap en het liefst Al Pacino als gangster Tony Montana imiteert. De laag daaronder is veel spannender, want ook deze grappenmaker heeft verdriet meegemaakt en toont dat zo nu en dan.

We zijn een diverse groep jonge mannen en onze achtergronden worden onderdeel van het verhaal. Een van de acteurs is een Irakese vluchteling, een ander komt uit Sierra Leone en ik zoek als Brabantse Marokkaan mijn weg in de Nederlandse maatschappij. Terwijl we nog repeteren, wordt dat ineens een stuk moeilijker, want de wereld verandert in één klap.

Net als iedereen weet ik nog precies waar ik ben op het moment dat ik het nieuws hoor: ik loop stage bij accountantskantoor Arthur Anderson. Elke dag sleep ik mezelf weer naar dat kantoor, waar ik op de belastingafdeling werk; ik doe de aangiftes van expats. Ik heb mezelf net voorgenomen dat ik er alles aan zal doen om nooit meer dit werk te hoeven doen, want het maakt me doodongelukkig.

Terwijl ik mij over de belastingpapieren buig, vliegen in New York twee Boeings in het World Trade Center. Ook al gebeurt het aan de andere kant van de oceaan, de aanslag heeft een enorme impact op de Nederlandse samenleving. De focus verschuift. Was daarvoor nog vooral mijn Marokkaans-zijn een probleem, vanaf vandaag is mijn geloof, de islam, de grote boosdoener. Ineens zeggen mensen de meest verschrikkelijke dingen hardop: je kunt moslims niet vertrouwen. Het zijn verraders, terroristen die uit zijn op vernietiging.

Met Amy en haar ouders kijken we naar het nieuws en zien we die verschrikkelijke beelden steeds weer voorbijkomen. De beelden lijken wel op repeat te staan. Ik kan maar aan één ding denken. Wat zullen ze wel niet van mij vinden. Van die moslim op de bank, het vriendje van hun enige dochter. En dus reageer ik net als veel andere moslims, door de aanslag hardop te veroordelen. Ik laat heel duidelijk zien en horen dat ik het afkeur. Dat ik het verschrikkelijk vind.

Keer op keer zeg ik dat de weken daarna, tegen wie het maar wil horen. Ik moet wel, merk ik. Als je stil blijft, dan stem je in met Al Qaida en ben je de vijand, toch? Het voelt ook bijna als een taak om mijn geloof te verdedigen. Die terroristen zijn extremisten, zo leg ik vaak uit, voor veruit de meeste moslims is het doden van een mens de grootste zonde die er bestaat. Het voelt raar om zo in het defensieve te schieten. Ik heb immers niets gedaan. Toch kan ik er niet omheen dat er iets is veranderd in de wereld.

Ook als theatergroep hebben we het gevoel dat we iets moeten doen. Dus improviseren we een nieuw onderdeel van onze voorstelling. We kiezen twee grote houten blokken als decor. Ik doe een vliegtuig na dat op een van die blokken knalt, een gitarist maakt het af door een hoog gillend geluid te maken. Zo willen we laten zien dat we ons bewust zijn van wat er gebeurt in de wereld en dat de conflicten die dat oproept ons allen aangaan.

We spelen *RauwRouw* eerst in Theater Zuidplein in Rotterdam. Voor we opgaan gieren de zenuwen bij mij door de keel. Het is volle bak. Al mijn vrienden en familie zijn aanwezig. Mijn ouders hebben een nep-Oscar bij zich om na afloop aan mij te geven. Het is fijn om die steun in de zaal te voelen. Natuurlijk is ook Amy aanwezig. We hebben inmiddels al een jaar verkering, maar het is de eerste keer dat ze me op het toneel ziet.

Net als al die keren die daarna zullen komen, verdwijnen de zenuwen op het moment dat ik op het toneel sta. Aan het einde nemen onze personages allemaal afscheid van het verdriet, ze kijken niet meer om en richten zich op de toekomst. En dat wil ik ook.

Zonder dat ik het weet, zet ik tijdens een van die eerste avonden daartoe een grote stap. In het publiek zitten mensen van een ander Rotterdams toneelgezelschap die op zoek zijn naar nieuwe acteurs. Mijn naam komt op hun lijstje. Wat helpt is de lovende recensie van het *Rotterdams Dagblad*. Ze noemen mij de 'uitblinkende Nasrdin Dchar'. Ik kan het niet geloven, het staat er echt.

‘Ze zijn er niet’

Wanneer ben je een acteur? Het lijkt op het eerste gezicht een eenvoudige vraag. Als je op het toneel staat, of een rol speelt in een film of televisieserie, lijkt het antwoord. Toch durf ik mezelf als jonge twintiger dat etiket nog niet op te plakken. Daarvoor is mijn werk in het theater veel te tijdelijk en te weinig structureel. Bovendien heb ik geen formele opleiding genoten als acteur, de toneelschool heeft mij immers afgewezen. Daarom wil ik zoveel mogelijk op de planken staan. Ik heb een lange weg te gaan.

‘Ik acteer,’ dat durf ik ondertussen wel hardop te zeggen. Bijna al mijn vrije tijd gaat eraan op. Maar: ‘Ik ben een acteur,’ dat gaat me nog te ver.

Gelukkig krijg ik al snel een nieuwe kans om ervaring op te doen, waardoor ik toch misschien het a-woord in mijn mond durf te nemen. Tijdens een voorstelling van Rotjong blijken er mensen in de zaal te hebben gezeten van de groep Rotterdams Lef. Ze willen graag met me praten.

Er zijn in die jaren veel van dat soort plaatselijke en regionale gezelschappen in Nederland; gefinancierd door allerlei subsidiepotjes, regelingen en gemeentelijke donaties maken ze semiprofessioneel toneel. Voor mijn doelen nog belangrijker: ze dienen als springplank voor jonge acteurs met ambitie. In de jaren daarna zullen dit soort gezelschappen helaas bijna allemaal verdwijnen, dankzij bezuinigingsrondes in de culturele sector.

Zolang als het duurt doet Rotterdams Lef interessante en spannende dingen. Ze vragen me voor *Seven Sins*, een voorstelling die ik een keer heb gezien in hun vaste theater, Hal4. Ze gaan de voorstelling hernemen, een theaterterm die betekent dat er een nieuw seizoen komt. In dit geval ook met een nieuwe cast. Wat voor mij een nieuw element is aan deze productie is dat het een multidisciplinaire voorstelling is met spel, zang en dans. En het draait allemaal om de zeven hoofdzonden. De mijne zijn ijdelheid en vraatzucht.

Dat is opmerkelijk, omdat ik de rol overneem van een acteur die bezig is een groot en zeer gespierd lichaam te creëren. Ik ben juist een sprietje, zonder een gram vet. Uit mijn mond klinken de woorden heel anders, krijgen ze zelfs een grappige lading mee.

De voorstelling begint met een medley over de liefde: samen met mijn tegenspeelster moet ik een potpourri zingen van in die tijd bekende nummers als 'I Need a Girl' van P. Diddy tot 'Een nieuw begin' uit de film *Aladdin*. We spelen een verliefd stel dat elkaar de liefde verklaart door steeds een ander liedje te zingen. Dat is een enorme uitdaging, want ik ben geen zanger. Maar ik leer dat als je in ieder geval een beetje toon kunt houden, je jezelf erdoorheen kunt bluffen. Gewoon spelen dat je kunt zingen. En dat iedere voorstelling opnieuw.

In de tijd bij Rotterdams Lef begin ik me meer te verdiepen in de Nederlandse theaterwereld. Voorstellingen van Made in da Shade, Cosmic en Dox bezocht ik al vaak, en nu begin ik ook voorzichtig te kijken naar de kanonnen van de toneelwereld en hun gezelschappen. In die tijd doen Mohammed Azaay en Sabri Saad El Hamus het op toneel erg goed, ik ga graag naar hen kijken. Mannen met Noord-Afrikaanse afkomst die laten zien dat het kan. Tegelijkertijd fantaseer ik hoe het zou zijn om ooit eens met Pierre Bokma, Gijs Scholten van Aschat of Jacob Derwig het toneel te betreden. Ik ben er echter van overtuigd dat dat niet voor mij is weggelegd, want ik ben niet 'geschoold'. En dan is er nog Jeroen Willems. Veel te jong overleden. Maar wat hij zowel op toneel als voor de camera steeds weer laat zien is magistraal. Niet voor niks dat hij internationaal ook aan de weg aan het timmeren is. Zijn monoloog *Twee stemmen*, die hij in meerdere talen opvoert, zal ik nooit vergeten. Op de eerste rij van de Rabozaal in de stadsschouwburg in Amsterdam werd ik volledig omvergeblazen.

Ik ga steeds vaker kijken naar voorstellingen van de gevestigde, toen nog witte, orde. Zo zie ik bijvoorbeeld *Het temmen van de feeks* van Toneelgroep Amsterdam met Halina Reijn en Hans Kesting in de hoofdrol. Er is een moment tijdens de voorstelling dat Hans Kesting heel boos wordt op iemand uit het publiek die blijkbaar nogal storend bezig is. Kesting heeft al eerder een paar keer die kant op gekeken. Hij stapt letterlijk even uit het verhaal om helemaal los te gaan op die persoon. Het is een manier om te ontregelen, leer ik dan voor het eerst. Hij doet het bewust en gecontroleerd, om het publiek even wakker te schudden. Als kijker zit ik op het puntje van mijn stoel.

Spelen in *Seven Sins* is niet alleen op het toneel een geweldige ervaring. Voor het eerst krijg ik een beloning voor mijn optredens. Een kleine vergoeding weliswaar van een paar honderd euro, maar toch. Hoewel het een schijntje is, ben ik er blij mee. Het is een blijk van erkenning, een teken dat ik goed op weg ben.

Toch besef ik dat ik nog nergens ben. Ik zie veel jonge acteurs die na een voorstelling niet meer aan de bak komen en dan maar opgeven. Dit is het vak van de afwijzingen; als je daar niet tegen kunt, moet je wat anders gaan doen. Dat ik twee keer geluk heb gehad met audities doen, is geen garantie voor de toekomst.

Dus ga ik ook nog altijd keurig naar de HES. Met mezelf maak ik dan een belangrijke afspraak. Ik zal mijn diploma halen en tegelijkertijd ga ik er alles aan doen om ook professioneel acteur te worden. Voor dat laatste geef ik mezelf de tijd tot mijn dertigste verjaardag. Als ik dan geen perspectief heb op een bestaan op de planken, ga ik wat anders doen.

Als je acteur wilt worden, is het handig dat mensen die rollen te vergeven hebben weten dat je bestaat. Dus maak ik een cv dat ik naar castingbureaus wil sturen. Het probleem is alleen dat ik vrijwel niks heb om daarop te zetten. Het is een schamel papiertje, met twee rollen als amateur en voor de rest eigenlijk niets.

Hoe heb ik dat kunnen sturen? denk ik later.

Iemand die je kan helpen om aan de weg te timmeren is een agent. Zij zijn vaak het eerste aanspreekpunt voor televisie- en filmproducenten als ze op zoek zijn naar acteurs. Dus schrijf ik alle grote bureaus aan om te vragen of ze me willen vertegenwoordigen. Na iedere brief die ik stuur blijft het oorverdovend stil. Niemand neemt zelfs de moeite om me af te wijzen.

De enige uitzondering is Henze Pegman. Deze agent wil graag eens komen kijken bij Rotterdams Lef, laat hij mij weten. Wat hij ziet, bevalt hem, want niet veel later biedt hij zijn diensten als agent aan. Opeens heb ik een officiële vertegenwoordiger, die zich namens mij met contracten en onderhandelingen bezighoudt. In de periode daarna zal ik hem goed leren kennen. Henze is een lieve, warme man, met oprechte belangstelling voor zijn acteurs. Hij komt altijd kijken bij producties waarin ik speel. Ook met Henze als mijn agent krijg ik nog geen telefoontje van meneer Spielberg, al komen er wel steeds meer rolletjes op mijn pad. Het stelt me in staat om vlieguren te maken en ervaring op te doen.

Bij RTV Rijnmond speel ik een snackbarhouder genaamd Achmed in de regionale soap *Voor elkaar*. Dat lijkt een gouden combinatie, een vette bek en ik, want voor ik het weet krijg ik een seintje dat BNNVARA wil dat ik auditie kom doen om de uitbater van een shoarmatent te spelen in de serie *Cut*. Het is een vervolg op de succesvolle serie *Finals*. Die serie vormde de springplank voor onder anderen Egbert-Jan Weeber en Dunya Khayame, dus ik heb zeker belangstelling.

Cut is een soort gespeelde documentaire. Jongeren op een

middelbare school maken een verslag van hun leven met een goedkope camera. Het lijkt allemaal heel spontaan en echt, alleen zit er wel degelijk een script achter. Dialogen liggen echter niet vast, de regisseur fluistert iets in je oor en dan is het improviseren geblazen.

Ik speel Massoud, de beste vriend van een van de hoofdpersonages, en ik werk in een shoarmatent waar de rest van de cast vaak samenkomt om hun problemen te bespreken. Voor de opnames gebruiken we een echte snackbar in Amsterdam-Zuid die de crew een middagje 'leent' om alle scènes te draaien. Net als bij alle producties waar ik in die tijd bij betrokken ben, is er nauwelijks budget. Er is geen licht, het geluid doet de cameraman er gewoon bij en geen van de acteurs heeft veel ervaring. De productie komt uiteindelijk op nationale televisie. Ik ben trots en mijn ouders ook, hoewel ze de serie nooit zullen zien. Er zit grof taalgebruik in en de hormonen gieren over het scherm. Dat is veel te hshoema, dus kijk ik samen met mijn zussen en broer boven, achter gesloten deuren. Waar ik bijna niet kan geloven dat ik het tot de Nederlandse televisie heb geschopt.

Met ons kijken tweehonderdduizend, vooral jonge, mensen naar de serie. Het geeft me een voorproefje van bekendheid, want in de weken en maanden daarna herkennen mensen mij. 'Ben jij niet die ene jongen van televisie?'

Door een serie als *Cut* begint er langzamerhand een beetje ruimte te ontstaan voor Marokkaanse acteurs op de Nederlandse televisie. Programma's beginnen voorzichtig meer mensen te tonen uit de multiculturele samenleving. Er zijn dus rollen te verdelen. Die waren er vroeger ook al, maar toen was het argument vaak 'ze zijn er niet' – waarbij 'ze' allochtone acteurs zijn. Dus schminkte Hans Kesting zich donker om de rol van Othello te spelen in het gelijknamige stuk van Shakespeare.

Toch zijn 'ze' er wel degelijk. Dat wisten wij al, maar dat besef begint ook in dit wereldje in te dalen. Sterker nog, allochtone acteurs kunnen zelfs een film of serie dragen. In die tijd beginnen de voorbereidingen voor een van de succesvollere Nederlandse films van de nieuwe eeuw: *Shouf Shouf Habibi!*. Het is een komedie die een redelijk karikaturaal beeld neerzet van Marokkaanse Nederlanders. Misschien juist daarom is de film een hit en wint hij een Gouden Kalf. Het laat ook zien dat acteurs als Mimoun Oaïssa en Najib Amhali volle zalen kunnen trekken.

Al doe ik niet mee met de film, toch gaat *Shouf Shouf* nog een belangrijke rol spelen in mijn carrière.

Al snel volgt een nieuwe kans voor een Marokkaanse acteur. Een medewerker van Kemna Casting belt of ik wil casten voor een rol in een nieuwe serie van Theo van Gogh. Het gaat om de mannelijke hoofdrol in *Najib en Julia*, de serie die Van Gogh maakt voor de AVRO. Het verhaal is losjes gebaseerd op het stuk *Romeo en Julia*, de setting is echter het moderne Den Haag en de hoofdpersonages zijn een keurig hockeymeisje en een pizzakoerier.

Ik stuiter aan de telefoon, het is de eerste keer dat ik word gebeld voor een hoofdrol. En nog wel door Kemna Casting, het belangrijkste castingbureau van Nederland. Toch ga ik met gemengde gevoelens naar de casting. Theo van Gogh is een interessante filmmaker, maar ook een provocateur die zich menigmaal nogal beledigend over allochtonen en de islam heeft uitgelaten.

Toch ga ik, dit is niet het moment om een statement te maken. Ze zouden me bij Kemna alleen maar uitlachen en nooit meer bellen. De kans om de Marokkaanse Romeo te spelen intrigeert me bovendien enorm. De eerste ronde gaat dan ook uitstekend. In de tweede ronde zijn er nog twee kandidaten voor de mannelijke hoofdrol en speel ik een paar scènes met de vrouwelijke hoofdrolspeler, die al gecast is, Tara Elders.

Na dagen van spanning krijg ik het beruchte telefoontje: 'Helaas.' Weer val ik in de laatste ronde af. De rol gaat naar Hanin

Msellek, die net als ik voornamelijk in het theater speelt. Dat 'helaas' zal ik de jaren daarna nog vaak te horen krijgen. In mijn beginjaren is de voornaamste reden dat de regisseur of producent voor de makkelijkste weg kiest en een bekend gezicht cast. Frustrerend. Ik maak ook geregeld mee dat ik helemaal niet word afgebeld. Voor de film *Pizzamaffia*, bijvoorbeeld, ben ik nog steeds in de running. Alleen is die film al in 2011 gemaakt.

Het zegt veel over de positie die Kemna Casting in die tijd bekleedt, dat ze niet de moeite nemen te vertellen dat ik het niet ben geworden.

Met deze auditie ruik ik echter even aan het grote werk. Het geeft me het gevoel dat ik dichtbij ben, dat het dubbeltje de volgende keer weleens mijn kant op kan vallen. Het is een kwestie van doorgaan op de weg die ik ben ingeslagen en hard mijn best blijven doen. En dat terwijl ik ook nog altijd studeer om bedrijfseconoom te worden en mijn relatie met Amy steeds serieuzer wordt. Het zijn lange weken en ik reis van hot naar her. Maar mij hoor je niet klagen.

Figurant

Sylvester Stallone speelde in 1971 een anonieme boef die Woody Allen probeerde te overvallen in de metro. Je kunt Brad Pitt op de achtergrond zien dansen in een zee van feestvierders in het jarentachtigdrama *Less than Zero*. En als je precies weet waar je de dvd van *Field of Dreams* moet stilzetten, kun je naast Kevin Costner een glimp opvangen van de piepjonge Matt Damon en Ben Affleck.

De figuranten van gisteren zijn soms de grote sterren van vandaag, wil ik maar zeggen.

Een goed Nederlands voorbeeld is Achmed Akkabi, die ik voor het eerst tegenkom tijdens het opnemen van de korte film *11:59*. Eigenlijk had ik niet eens op die set moeten zijn, de makers hadden een bekende rapper in gedachten voor de hoofdrol. Alleen is de rapper inmiddels zo beroemd aan het worden dat het problematisch is om opnames met hem te maken zonder beveiligers die de set kunnen afsluiten. De makers kunnen geen risico's nemen dat er opeens een fan in het shot loopt. En dus gaat bij de mensen van de casting de map 'Marokkanen' open. En laat ik daarin zitten.

De repetitiedag van *11:59* wordt ook gebruikt als een soort auditie. Want ik ben samen met een andere acteur over. We moeten een paar scènes spelen voor de camera zodat de regisseur kan bepalen wie hij het best vindt passen bij de rol. Uiteindelijk valt de keuze op mij.

De makers vinden bij het doorpluizen van de acteursbestanden ook het cv van de pas 21-jarige Achmed, die ze als figurant inhuren. Als we elkaar ontmoeten op de set, hebben we gelijk een klik. Twee jonge mannen die het willen maken als acteur, gevist uit hetzelfde mapje. We blijken meer gemeen te hebben.

De film *11:59* is overigens een interessant project. We nemen op in het jaar dat op het Terra College in Den Haag een Nederlands-Turkse leerling de conrector doodschiet. De film benadert dat thema van een heel andere kant. Ik ben een jongeman die in opgewonden staat van huis gaat met iets wat lijkt op een zakmes. Mijn moeder probeert me nog tegen te houden. Tevergeefs, ik neem toch de bus. Even later schud ik de hand van twee jongens op een scooter. 'Ik ga het doen,' zeg ik tegen ze. Uiteindelijk storm ik een school binnen. Een conciërge roept me iets toe en komt mij achterna. Ik ren door een gang en zie in een klaslokaal een leraar staan.

Ik loop het lokaal in, maar ga straal voorbij de leraar, richting een leerling, gespeeld door Caro Lenssen. Dan ga ik op mijn knieën, open het object dat ik bij me heb, het is een doosje van een juwelier. Ik vraag haar ten huwelijk.

Wat dacht je als kijker? Vast dat ik die leraar iets ging aandoen. Dat in mijn zak een pistool of een mes zat. De makers willen laten zien dat we allemaal vol vooroordelen zitten, maar dat niet iedere opgewonden jongen een bloedbad gaat aanrichten. Een opzet waar ze wat mij betreft goed in slagen.

Wat het project ook bijzonder maakt, is dat de film in één shot is opgenomen; er is niets gemonteerd. Daarom is het ook zo belangrijk om die hele rit – van de slaapkamer tot het in en uit de bus stappen tot het binnenlopen van de school en het klaslokaal – een dag lang goed te repeteren.

Het klinkt eenvoudig, een film van bijna tien minuten in één keer opnemen. In de praktijk betekent het dat timing essentieel is. Iedereen die in beeld komt, moet op exact het goede moment een seintje krijgen om te gaan bewegen. Dus de twee jongens op een scooter – waar Achmed er een van is –, de verhuizers met een rol tapijt en de buschauffeur mogen geen seconde te vroeg of te laat zijn.

Voor de cameraman is het helemaal een topprestatie. Die heeft een harnas aan met daaraan een camera gekoppeld, ook wel een steadycam genoemd. Het geheel weegt een kilo of vijftien. Daarmee legt hij de route wel zes keer af, want zo vaak doen we de hele film over. Toen was de koek op. En zoals dat vaak gaat, kiezen we uiteindelijk voor de eerste take.

Na de draaidag pak ik samen met Achie, want Achmed noem ik hem eigenlijk nooit, de trein naar huis en raken we aan de praat. Hij is ambitieus en wil graag een acteercarrière van de grond krijgen, alleen heeft hij geen idee waar hij moet beginnen.

Ik geef hem de tip om het eens te proberen bij Rotterdams Lef, waar ik mijn eerste stappen op het toneel heb gezet. Hij schrijft de gegevens op en zal uiteindelijk ook een productie doen in Rotterdam. Niet lang daarna krijgt hij het te druk voor dat soort rollen. Achie wordt namelijk op slag beroemd. In heel Nederland dendert hij de huiskamer binnen. Dankzij Albert Heijn.

De figurant uit *11:59* wordt Rachid de vakkenvuller in de bekende reclamespotjes van de supermarkt; de sidekick van de vrolijke en soms wat klunzige filiaalmanager, gespeeld door Harry Piekema. Eerst is het een bijrol, daarna wordt Rachid steeds belangrijker. De populaire spotjes geven Achies loopbaan een enorme versnelling. Niet lang na zijn debuut in de reclame krijgt hij een rol in de zeer populaire jeugdserie *Het Huis Anubis*. En wanneer hij ook nog de hoofdrol krijgt in de film *Alibi* van Johan Nijenhuis, breekt hij als acteur door in Nederland.

Zijn loopbaan krijgt iets later ook een internationale dimensie met een rol in de Canadese film *Whatever Lola Wants*.

Golden Boy noem ik hem dan ook al snel. Als ik een casting heb waarvoor Achie ook is gevraagd, kan ik beter thuisblijven. Hij heeft de x-factor: knap, sympathiek, talentvol en zeker van zichzelf. Een eigenschap waar ik een beetje jaloers op ben. Ik haal mezelf juist steeds naar beneden met al mijn negatieve gedachten. Als ik ergens binnenloop, dan wil ik dat het liefst onzichtbaar doen. Bij hem weet de hele kamer gelijk dat hij binnen is. Ik ben wat dat betreft veel te bescheiden. We bellen elkaar in die tijd altijd om te laten weten dat er weer een casting is. Ook al zijn we concurrenten, toch gunnen we elkaar alles. Als een van ons maar die rol pakt. Toch zullen we ook weer samen voor de camera verschijnen. En niet één keer.

Voor mij tien anderen

Films en theater maken kost geld, veel geld. Dus proberen producenten altijd op de kosten te letten. Nu de rollen en rolletjes steeds frequenter mijn kant op komen, merk ik dat aan den lijve. Hoewel ik steeds meer werk, zijn de verdiensten nog steeds niet geweldig. Toch ga ik er staan, ik ben nog niemand, en voor mij tien anderen.

Dat geldt ook voor een reclamecampagne die ik draai voor Coca-Cola, hij zal worden uitgezonden rond het Europees kampioenschap voetbal in Portugal. We draaien anderhalve dag, waarbij mijn tegenspeler niemand minder is dan Ruud van Nistelrooij, die op dat moment bij Manchester United speelt. De opnames zijn dan ook in Engeland, op een pleintje voor het stadion van Manchester.

Ik vind het fantastisch, voor het eerst moet ik 'voor werk' naar het buitenland. Bovendien kan ik eindelijk mijn voetbalskills eens gebruiken, nog wel tegen een van de beste spelers van Nederland. Voor het hele spotje krijg ik duizend euro. Een erg laag bedrag voor zo'n klus, ook al omdat Coca-Cola mijn portret ook afdrukt op blikjes en flessen. Voor dat soort opdrachten krijg je normaal veel meer geld.

Maar ja, voor mij tien anderen. Dus adviseert mijn agent Henze me het toch maar te doen. Het levert mij ook veel screentime op, want de commercial is te zien tijdens de rust van de wedstrijden van het Nederlands elftal, waar miljoenen mensen naar kijken. Misschien helpt het om bekender te worden. Inmiddels heb ik geleerd dat bekendheid bij producenten van films en series blijkbaar van belang is.

Van het geld dat ik verdien kan ik niet alles zelf houden. Betaling gaat meestal via een verloningsbedrijf dat de boel afroomt en mijn agent krijgt uiteraard ook wat. Dus hou ik met een beetje geluk iets meer dan de helft van het bedrag over.

Dan lijken mijn kansen te keren. Niet lang na *11:59* zit ik bij Amy op haar kamer in Breda, waar ze na haar studie aan het werk is gegaan als maatschappelijk werkster. Eindelijk hebben we wat tijd samen. De telefoon gaat, het is Kemna Casting. Of ik belangstelling heb voor een rol in de speelfilm *Staatsgevaarlijk*. Ze zoeken iemand die een ontvoerder kan spelen.

Natuurlijk heb ik interesse. Het thema van de film is razend actueel, terrorisme. En het gaat over een stel waarvan zij Nederlands is en hij Marokkaans, net als Amy en ik. De hoofdrollen zijn voor Sylvia Hoeks, met wie ik later in de film *Tirza* zal spelen, en Hanin Msellek, die mij eerder aftroefde voor de hoofdrol in *Najib en Julia*. Het is vooral een serieuze rol in een serieuze film, precies waar ik naar op zoek ben. Dus vraag ik wanneer de auditie is.

Tot mijn verbazing krijg ik te horen dat er helemaal geen auditie is georganiseerd voor deze rol. Ze willen mij. Ik moet me gewoon melden op de set.

De opnames zijn in Amsterdam. Ik kom daar goed voorbereid; het scenario bevat niet veel tekst voor deze rol, maar wat er is, zit in mijn hoofd. De eerste stop is de mevrouw van de kleding, die mijn maat schat en dan naar een trailer loopt om mijn outfit te pakken. Het zijn allemaal donkere kleren, logisch, ik speel dan ook iemand die een geheime operatie uitvoert. Met die stapel loop ik naar een kleedruimte, waar ik alles aandoe. Het zit goed, er hoeft niets te worden vermaakt.

Tot ik onder op de stapel kleding kom en een bivakmuts vind. Navraag bij de mensen van de productie leert dat ik die tijdens de hele opname moet dragen.

Mijn eerste 'belangrijke' rol in een langere film en niemand die me zal herkennen, ik kan wel door de grond zakken. Is het dan ook nooit eens makkelijk? Achies carrière explodeerde door één reclamespotje, wat ik hem echt van harte gun, maar waarom heb ik nou nooit eens zo'n mazzeltje?

Tijd om professioneel te zijn. Ik ga niet bij de pakken neerzitten en speel de ontvoerder met verve. Het is weer een nieuwe klus op mijn cv, weer een groep mensen uit het vak die me leert kennen. Als ik na de opnames mijn bivakmuts afdoe, zien ze zelfs hoe ik eruitzie.

Wat betreft mijn vrienden en familie: als je goed luistert, hoor je zelfs dat ik het ben.

Geld is nooit mijn drijfveer geweest, anders had ik me helemaal op de HES gestort en zou ik daarna de euro's binnenharken als consultant of commercieel directeur.

Toch is een vergoeding wel een indicatie. Een duidelijke aanwijzing waar je staat in je loopbaan, vooral wat betreft televisie en film. Wie net begint, kan geen grote financiële eisen stellen. Er is altijd iemand te vinden die het wel voor het bedrag doet dat jij te laag vindt. Met de grotere rollen komt er steeds iets bij.

Op het toneel is er daarnaast nog een financiële maatstaf: de cao. Net als in het onderwijs, de horeca en bij de politie hebben ook de mensen die op de planken staan een collectieve arbeidsovereenkomst. Wie toetreedt tot een professioneel toneelgezelschap komt daar automatisch in terecht en kan tot op de cent uitrekenen hoeveel geld hij of zij gaat verdienen. Niet alleen nu, ook over vijf jaar. Want hoe meer rollen je speelt, ook bij andere gezelschappen, hoe hoger je in de salarisschaal komt. Tenzij je in een vrije productie gaat spelen, dan gelden andere regels en kun je onderhandelen over je loon.

Vlak na *Staatsgevaarlijk* kom ik zelf op de loonlijst van Het Waterhuis, een gezelschap uit Rotterdam dat jongerentheater maakt. Deze organisatie is de grote broer van Rotterdams Lef.

Van amateur bij Rotjong naar semiprofessioneel bij Rotterdams Lef, naar professioneel bij *Het Waterhuis*. Ze maken mooie en maatschappelijk geëngageerde stukken, de perfecte kans om mijn liefde voor het toneel verder te onderzoeken. En precies waar ik naar op zoek ben om me te kunnen blijven ontwikkelen en mezelf uit te dagen. En die uitdagingen komen er. Snel en onverwachts.

Zenuwen

Tussen repetities bij Het Waterhuis en het heen en weer reizen tussen de Randstad en Brabant door heb ik steeds minder uren om mijn studieboeken in te duiken. Toch moet en zal ik mijn diploma halen, dat heb ik met mezelf afgesproken. Het is passen en meten, al die verschillende werelden waartussen ik me beweeg. Dan krijg ik een telefoontje dat zorgt dat zelfs mijn laatste paar studie-uren op de tocht komen te staan.

Na het succes van *Shouf Shouf Habibi!* ontstaat bij de producent van de film al snel het idee dat er ook een televisieserie moet komen rond min of meer dezelfde groep acteurs. Natuurlijk wel met een nieuwe verhaallijn en afgeronde afleveringen. Bovendien moet het grappiger worden dan de film, die ook serieuze kanten had.

Er komen ook nieuwe rollen bij, waardoor het castingbureau het mapje Marokkanen in hun computer openklikt. Ik krijg een telefoontje of ik belangstelling heb voor een rol. Nieuw in de serie is een Marokkaanse politieman, Karim Bentarek. Zou ik die willen spelen?

Voor deze rol moet ik een casting doen. Alleen heb ik mijn hoofd er niet helemaal bij. Mijn zusje Salima is ziek geworden en ligt in het ziekenhuis. Ze is er slecht aan toe en ik maak me grote zorgen om haar. Lang hebben we een kamer gedeeld als kinderen, zij boven en ik onder in het stapelbed. Als ik weer eens werd geplaagd door angsten, liet ze altijd haar hand naar beneden bungelen om de mijne te pakken. We zijn heel close.

Ze vindt dat ik gewoon auditie moet doen. Ondanks alle pijn wenst ze me veel geluk. Misschien wel dankzij de kracht die ik van haar krijg, gaat de auditie goed. Binnen enkele weken mag ik me op de set melden.

De set. Dat woord krijgt een nieuwe betekenis voor me. Het is voor het eerst dat ik met zo'n grote audiovisuele productie meedoe. De locaties, de crew, de techniek. Alles aan deze klus is indrukwekkend. Of, als je het negatief wilt bekijken, best intimiderend. Ik ben toneel gewend, waar je met minimale middelen probeert een andere wereld te scheppen, geholpen door een handvol mensen achter de schermen. Hier staan achter de camera tientallen mensen. Dus voel ik druk.

Daar komt bij dat dit weleens de grote rol kan zijn waar ik nu al een paar jaar tegenaan zit te hikken. Nu moet het gebeuren, zo zeg ik bijna als een mantra tegen mezelf. Daar word ik natuurlijk ook niet relaxter van.

Wat het allemaal nog wat zenuwslopender maakt, is dat de meeste acteurs ook al hebben meegedaan met de film. Het succes heeft ze betoverd. Mij kijken ze meewarig aan, de nieuweling die hoofdzakelijk toneel heeft gedaan. Bekendheid doet iets met mensen, zie ik daar voor het eerst.

Bij Rotterdams Lef werk ik in mijn begintijd met de uit Amerika ingevlogen regisseur Freddie Hendricks, die me inpepert dat je als acteur zo goed bent als je laatste voorstelling. Je begint iedere keer weer bij nul, er is geen enkele reden om naast je schoenen te lopen omdat je succes hebt.

Wat mijn zenuwen bij deze serie nog erger maakt, is dat ik als politieman natuurlijk auto moet kunnen rijden. Dat is nogal een heikel punt bij mij.

Ik heb namelijk geen rijbewijs. Het lijkt wel in de genen te zitten, mijn vader heeft zijn papiertje ook nooit gehaald. Toch heb ik het wel geprobeerd. Menigmaal ben ik begonnen met rijlessen, maar steeds gezakt. Zoals die ene keer dat ik mijn spiegels controleerde, de auto in de eerste versnelling zette, maar uit zenuwen was vergeten om mijn gordel om te doen. Waardoor ik de volgende keer nog nerveuzer was en andere dingen misgingen. Het enige wat ik wel haalde, was mijn theorie-examen. Maar na verloop van tijd is dat ook niet meer geldig, dus kon ik weer opnieuw beginnen.

Tegen mijn moeder heb ik in die jaren weleens gezegd dat ik geen rijbewijs nodig had. Dat ik ervoor ging zorgen dat ik later een chauffeur zou hebben die mij naar mijn werk zou brengen. Het was bluf, maar jaren later kwam het wel uit. Op de set werken ze met runners, die je thuis ophalen en aan het einde van de draaidag weer naar huis brengen. Geen chauffeur aan huis, maar het komt in de buurt. Ondertussen koos ik ervoor met het openbaar vervoer te reizen. Als student heb ik mijn ov-kaart en bij bepaalde producties kan ik mijn reizen declareren. Dus waarom zou ik me druk maken over een rijbewijs?

Gelukkig is het rijden voor deze serie niet ingewikkeld. Ik moet een straatje in, voor een flatgebouw afremmen en dan de auto op de stoep zetten.

Als ik in de auto zit, praat de opnameleider met me door de porto. Ik probeer mezelf ondertussen moed in te spreken. 'Gewoon rechtdoor rijden, Nas, en de auto parkeren. Dit heb je vaak genoeg gedaan tijdens die verschrikkelijke uren in een lesauto.'

Gespannen zit ik achter het stuur. Ik hoor de opnameleider 'Actie' roepen. Dus begin ik te rijden, langs een rij geparkeerde auto's.

Opeens hoor ik een schrapend geluid. Blijkbaar rij ik veel te dicht op de geparkeerde auto's. Door al mijn zenuwen heb ik dat niet gezien. Ik heb twee auto's geraakt.

Paniek! Ik spring uit de auto, om te zien hoe groot de schade is. Terwijl ik kijk naar de kras die ik heb gemaakt, hoor ik ineens een klikkend geluid achter me. De auto gaat automatisch op slot. En, zo besef ik gelijk, de sleutels zitten er nog in. Al het bloed trekt in één keer uit mijn hoofd.

In paniek ren ik weg, om buiten het bereik van de camera even in een hoekje te zitten om te bedaren. Ze moeten een andere auto regelen, van exact hetzelfde type en met dezelfde kleur, anders is er geen continuïteit. Of de set afbreken en ergens anders de boel weer opbouwen om eerst een andere scène te draaien. Hoe dan ook, dit kost uren aan kostbare tijd. Veertig man crew hebben niks te doen, terwijl de meter loopt.

Met mijn hoofd in mijn handen begin ik na te denken over hoe ik in deze situatie ben beland. Waarom reed ik in die auto? Het heeft alles te maken met mijn gretigheid, mijn wens om alles aan te pakken; het laatste wat ik wil is nee zeggen tegen de mensen die de rollen verdelen. Ik wil zo graag overkomen als iemand die alles kan. Terwijl het niet eens nodig was dat ik zelf reed, het gaat om een shot van afstand. Iemand anders had in mijn kleding tot voor de flat kunnen rijden, waarna ik in de close-up was uitgestapt.

Die middag loop ik een klein trauma op. Dat laat onverlet dat het de eerste productie is die mij enige bekendheid geeft bij het grote publiek. De kijkcijfers zijn hoog en mensen beginnen me op straat te herkennen. Met Het Waterhuis spelen we in die periode vaak voor scholieren. Die willen ineens met mij op de foto. Ze kunnen nauwelijks geloven dat ze iemand uit *Shouf Shouf!* tegenkomen.

Wat alles voor me in perspectief plaatst, is mijn zus. Terwijl we bezig zijn met de opnames, knapt ze langzaam op, maar eerst gaat ze door een diep dal. Ze betekent heel veel voor mij, ik had niet geweten wat ik had moeten doen als het was misgegaan. Het gedoe met *Shouf Shouf!* helpt me ook na te denken over welke richting ik op wil.

Tot dat moment speel ik allerlei soorten rollen voor tv-producties, ook rollen waar ik niet echt gelukkig van word. En belangrijker, het zijn vaak stigmatiserende rollen. Behalve dan in *Shouf*

Shouf!, waar ik een politieagent speel, al voelde ik me op die set weer niet thuis. Maar een ontvoerder, zoals in *Staatsgevaarlijk*, of een gastrol van drie scènes in de politieserie *Van Speijk* als salafist speel ik liever niet meer. Het zijn eendimensionale personages zonder verhaal. Zonder diepgang. En in die tijd is dat helaas de regel als het gaat om personages met een migratieachtergrond.

Het is fijn om dat inzicht te krijgen; het brengt ook een vorm van rust. Ook al ben ik nog lang niet in de positie om selectief te zijn, toch voelt die keuze goed. Ik kan inmiddels al aardig van mijn theaterwerk leven. Toneel is waar ik gelukkig van word, dus waarom zou ik mezelf steeds pijnigen? Ik wacht gewoon tot er een rol komt die ik wel interessant vind. En als die niet komt, is dat ook prima. Dat spreek ik ook zo af met mijn agent. En dus gaat mijn focus terug naar het theater.

‘Jongen van de straat’

Het is bijna een soort natuurkracht. Ambitieuze mensen die op het punt staan om door te breken, trekken vaak naar elkaar toe. Alsof ze het kunnen ruiken, zo goed herkennen aanstormende talenten anderen met aanleg en doorzettingsvermogen. En als al die energie bij elkaar komt, bloeit er vaak iets moois op. Als ik een paar jaar bezig ben als acteur maak ik dat van heel dichtbij mee.

De urban theatergroep Made in da Shade van onder andere Marjorie Boston is opgericht om een dergelijke kernfusie van ambities te verwezenlijken. Ze hebben een fijne neus voor artiesten die nog net onder de radar vliegen en potentieel hebben. Sinds 1992 maakt Made in da Shade eigenwijze voorstellingen ‘voor nieuwe tijden in oude steden’, zoals het officieel heet. Waar anders in Nederland zie je op het toneel rappers, schilders, schrijvers en acteurs samenwerken? En ze vragen mij voor een voorstelling. Ik herhaal: Made in da Shade vraagt mij! Ze hebben een nieuw stuk in de planning, met de titel *Kings*. Zonder erover na te denken, zeg ik ja. Bij Made in da Shade hebben ze mij al in het vizier sinds Rotterdams Lef, hoor ik later. En de belangstelling is wederzijds. De manier waarop zij theater maken vind ik heel interessant. Niet alleen gebruiken ze invloeden uit de hiphop, ze laten zich ook inspireren door films en documentaires.

Bij *Kings* is dat de met een Oscar bekroonde documentaire *When We Were Kings*, over het gevecht tussen Mohammed Ali en George Foreman in Zaïre, in 1974. Ook wel bekend als *The Rumble in the Jungle*; een buitenaards gevecht. *Ali boma ye!* (Ali, maak hem af!) riepen de zestigduizend bezoekers uit volle borst. Ali heeft ooit in een interview gezegd dat hij nog nooit zo dicht bij de dood is geweest als tijdens dat gevecht. Ik was toen nog niet eens geboren, maar toch krijg ik kippenvel als ik naar de beelden kijk. Dat komt ook doordat Mohammed Ali een van mijn helden is. Zijn leven, zijn keuzes en principes; zijn strijd heeft mij altijd gefascineerd en geïnspireerd. Maar ook zijn charmes, en gevoel voor humor en entertainment. Door de manier waarop hij de media kon bespelen, stond hij altijd 1-0 voor. Dat zelfvertrouwen, maar ook de strijdlust, daar keek ik naar op, dat wilde ik ook. Bijvoorbeeld toen hij in zijn gevecht tegen Ernie Terrell – die hem consistent bij zijn 'slavennaam' bleef noemen, en zijn islamitische naam niet wilde erkennen – bij elke stoot bleef herhalen: 'What's my name?' Vijftien rondes lang. Hij had hem allang ko kunnen slaan maar de boodschap was belangrijker, die moest aankomen.

Kings gaat over vriendschap, mannelijkheid en de positie van vrouwen in de moderne maatschappij. Het speelt zich helemaal af in een multimediale boksring, waar drie mannen, gespeeld door Yahya Gaier, Tjon Rockon en ik, praten over de eerwraak die een van hen heeft genomen op zijn zusje. Ze is dood. Het verhaal is overgoten met een flinke dosis hiphop, want de soundtrack bij de voorstelling is geproduceerd door dj The Flexican. Voor het album werkte hij samen met allerlei artiesten uit de Nederlandse hiphopscene. Onder andere The Flexicans eigen groep Flinke Namen, Sticks van Opgezwolle, Pete Philly en Typhoon maken hun opwachting. De track 'Bumaye' van Typhoon komt jaren later als sample terecht in een wereldhit van het Amerikaanse dj-trio Major Lazer. Je zou dus kunnen stellen dat dit succesnummer er nooit was geweest als wij in Nederland niet de voorstelling *Kings* hadden gemaakt. Helaas heb ik geen recht op de miljoenen die met de track zijn verdiend. Maar dat is oké, want ik speel het stuk twee seizoenen met veel plezier. Het is in deze periode dat mijn ouders op bedevaart gaan naar Mekka om de hadj te verrichten. Het is een reis die zij hun leven lang niet meer zullen vergeten, omdat het staat voor het spiritueel reinigen van de ziel. Maar het is ook een reis die komt met risico's.

Op een avond speel ik in Theater Zuidplein in Rotterdam als het nieuws binnenkomt dat er in Mekka slachtoffers zijn gevallen door verdrukking. Er wordt gesproken van honderden slachtoffers. Het gebeurt allemaal bij wat 'de steniging van de duivel' heet. In de stad Mina, vlak bij Mekka, staan drie grote zuilen, genaamd Djamarat. Ze symboliseren de duivel; iedere pelgrim gooit er zeven steentjes naartoe. Dat verwijst naar de profeet Abraham, die de duivel met stenen bekogelde toen die hem ervan wilde weerhouden zijn zoon te offeren.

Die avond probeer ik, en de rest van de familie, mijn ouders te bereiken, maar we horen niks. Het liefst breek ik de voorstelling af om naar huis te gaan. Maar het gezegde is niet voor niets: the show must go on. Dus speel ik alsof er niets aan de hand is. Die oorverdovende stilte blijft een paar dagen hangen. Ondertussen komt nieuws naar buiten dat 346 pelgrims om het leven zijn gekomen bij de verdrukking. Voor aan een menigte zijn mensen gestruikeld en daarna zijn honderden anderen er van achteren overheen gevallen. Nou weet ik dat er jaarlijks bijna twee miljoen mensen de hadj doen. Dus de kans is niet zo groot dat mijn ouders tot de slachtoffers behoren. Maar die kansberekening doet niet veel voor mijn bezorgdheid. Ze kunnen net zo goed wel een van de 346 pelgrims zijn. Een paar dagen verkeren we in onzekerheid.

En dan komt eindelijk het verlossende telefoontje. Mijn moeder vertelt dat ze in Mina geen mogelijkheid hadden om te bellen, vandaar dat het zo lang duurde. Ze waren er wel bij, die bewuste dag, maar ze waren veilig, er is niets met ze gebeurd.

Ondanks het drama komen ze zielsgelukkig terug. Mijn moeder zegt dat ze nog nooit zo dicht bij God is geweest als tijdens de beklimming van de berg Arafat, nog een vast ritueel tijdens de hadj. Mijn vader koestert het witte kleed dat hij tijdens de pelgrimstocht aanhad de rest van zijn leven. Zij zijn nu een hadji en hadja; het is een eretitel voor iedereen die de bedevaart met succes heeft voltooid.

Ik sta die twee seizoenen zoveel op de planken dat ik het laatste deel van de HES in deeltijd doe. Ook al ben ik al zes jaar bezig, dat papiertje moet en zal er komen. Ondertussen ben ik ook hard mijn best aan het doen mijn doel te halen om op mijn dertigste van het acteren te kunnen leven. In januari 2006 zet ik daarvoor de volgende belangrijke stap. We staan die maand met *Kings* vijf avonden lang in het Amsterdamse theater Frascati, ook al zo'n plek waar ze jong talent een kans geven. Het is een langwerpig gebouw aan het smalle straatje Nes, waar al twee eeuwen een theater in zit. Heel veel bekende acteurs hebben in de loop der jaren op deze planken gestaan.

Het is onze laatste voorstelling. We krijgen een mooi applaus en blijven op het toneel, terwijl het publiek zich langzaam naar de foyer verplaatst, waar een afterparty plaatsvindt. Vaak hoor je het in de wandelgangen wanneer er belangrijke figuren in de zaal zitten. Zo ook deze avond, Jim Taihuttu en Victor Ponten zijn er. Dat zijn geen namen die bij een groot publiek een lichtje doen opgaan, maar ik volg ze al een hele tijd. Ze zijn de grootste clipmakers van dat moment. Iedereen in de muziekwereld wil met hen werken. Vooral artiesten uit de hiphopscene bestellen hun clips bij deze mannen, maar ook Nederlands bekendste dj Tiësto heeft met hen samengewerkt. Habbekrats. Zo heet hun bedrijf.

Samen met Julius, de broer van Victor, die produceert, slagen zij erin om kleine artiesten groot te maken door met weinig geld iets bijzonders te ontwikkelen. Zij weten namelijk heel goed wat de doelgroep wil zien en horen. Daarnaast hebben de mannen visie, ze weten wat ze willen maken en vooral ook hoe: zonder concessies.

Het beste voorbeeld is een clip die ze maken voor de Rotterdamse hiphopformatie DuvelDuvel. De manager van deze formatie, Kees de Koning, heeft aanvankelijk helemaal geen interesse. Hij kent Victor en Jim niet, dus het gaat niet gebeuren. Waarop Habbekrats in eigen tijd en met eigen geld een clip maakt, met zogenaamde apen die uit een dierentuin ontsnappen en vrouwen die in apenpakken het lied meezingen. Die clip ontploft. Muziekzenders vinden het geweldig. Het is de opmaat naar meer. En dat allemaal nog zonder sociale media. Ze moeten het hebben van muziekzenders als TMF en The Box.

Wat me nog het meest aanspreekt bij Habbekrats, is dat Victor en Jim in bepaalde opzichten op mijzelf lijken: ze pakken wat ze pakken kunnen en zijn constant bezig met leren en ervaring opdoen; Jim is zelfs nog eventjes productieassistent bij regisseur Eddy Terstall. Dat heeft ook een nadeel, ze worden niet heel serieus genomen door de meer artistieke kant van het filmvak, zeker niet door de subsidiefondsen. Terwijl ze grote plannen hebben waar ze iedere cent subsidie voor kunnen gebruiken.

En nu komen ze naar het toneel, waar ik sta uit te puffen van de voorstelling. Ik vind het altijd nogal gênant om mensen te ontmoeten tegen wie ik opkijk. Ik voel me dan gelijk een fan, stuiterend als een klein kind. Dat doe ik niet, maar zo voelt het wel.

Wat ik niet weet is dat Jim en Victor hetzelfde over mij denken. Ze hebben de korte film *11:59* gezien en zijn onder de indruk. Alleen denken ze dat ik een 'jongen van de straat' ben. Want zo'n type speel ik in die film. Wat ze aantreffen is een onzekere, bescheiden jongen uit Steenbergen die stappen aan het maken is in de theater- en filmwereld. Een jongen die dolgraag eens met hen zou willen werken. En gelukkig willen zij dat ook met mij.

Tijdens ons gesprek zie ik gelijk de verhoudingen. Jim is de goedgebekte knappe kerel die het woord voert; Victor is de stille denker en organisator. Het is dan ook Jim die de magische woorden uitspreekt: 'Laten we samen eens wat doen.' Het is een zinnetje dat ik vaker heb gehoord. Meestal komt er niks van, toch heb ik bij deze twee het gevoel dat we elkaar inderdaad vaker gaan zien in de toekomst. Het zijn bijzondere types, waar Nederland nog van gaat horen, dat weet ik die avond al heel zeker. Toch zal het nog een jaar duren voor we samen aan de slag gaan.

Groen licht

Het is altijd verstandig om het nuttige met het aangename te combineren. Als ik in juli 2006 eindelijk afstudeer, is dat met een scriptie over het toneel. Ik ontleed de hele administratieve organisatie van een grote theaterproductie. Wat komt er allemaal bij kijken op het gebied van productie, financiën en marketing? Het is nuttig, omdat ik eindelijk een diploma in handen heb, maar ook aangenaam, omdat ik de geldstromen achter het toneel beter leer begrijpen. Dat zal me later nog goed van pas komen. Ik verdedig mijn scriptie goed genoeg om te kunnen slagen. Zoals altijd ben ik blij met de zes die ik ervoor krijg. En mag ik mezelf bachelor in de bedrijfseconomie noemen.

Samen met Eric en Amy ga ik naar mijn diploma-uitreiking. Ik vind het eerder een formaliteit dan dat ik er echt van geniet. In tegenstelling tot mijn studiegenoten, die allemaal klaarstaan om met een diploma op zak te gaan solliciteren of verder te studeren. Na bijna zeven jaar heb ik het eindelijk gehaald. Maar ik weet ook dat ik voorlopig helemaal niks ga doen met dat papiertje. En als het aan mij ligt nooit. Waar ik wel spijt van heb is dat ik mijn ouders niet heb meegenomen naar die uitreiking. Vooral mijn moeder had er graag bij willen zijn, zegt ze later.

Waarom heb ik haar en mijn vader niet meegevraagd terwijl ik weet dat het voor hen zoveel betekent? Waarschijnlijk omdat mijn focus helemaal niet meer bij mijn studie lag. Dus ik gaf er vrij weinig om. Even snel een handtekening zetten en klaar. Natuurlijk ben ik er blij mee, maar het feit dat het diploma nu bij mijn ouders ligt en niet bij mij zegt misschien wel alles.

Het diploma geeft me ook vrijheid. Mijn dure belofte aan

mijn ouders om mijn opleiding af te maken, betekende dat ik nooit vol gas kon geven als het om acteren ging. Al was het maar om mijn vader en moeder niet teleur te stellen moest ik het tot een goed einde brengen. Altijd was er wel een tentamen of een werkstuk dat ik moest afmaken. Nu ik mijn opleiding succesvol heb afgesloten, krijg ik als het ware groen licht. Ik kan me honderd procent op mijn acteursloopbaan storten. Ik dank God dat ik die kans krijg.

Het lijkt wel alsof die vrijheid in mijn hoofd ervoor zorgt dat er opeens meer deuren voor me opengaan. Of is het het lot? Niet lang na mijn afstuderen word ik gecast voor mijn eerste grote rol in een twaalfdelige serie voor de VARA, *Deadline*. Ik mag de vaste rol van Mimoun vertolken, een Marokkaanse Nederlander die wordt verdacht van een terroristische aanslag. Als blijkt dat Mimoun onschuldig is, rekruteert het antiterreurteam hem als computerspecialist, want hij is een echte whizzkid. Eindelijk een rol zonder clichés en vooroordelen.

In hetzelfde jaar krijg ik ook een rol in een van de grootste theaterproducties van die tijd.

Crème de la crème

Terwijl ik met Amy in Rotterdam aan het wandelen ben, gaat mijn telefoon. Normaal neem ik niet op als ik met mijn vriendin ben, maar ik zie Kemna Casting op mijn beeldscherm staan. Ik laat het scherm aan haar zien: 'Kemna.' Als zij bellen, is dat vrijwel zeker voor een rol in een film of een serie, dat weet Amy ook.

'Neem op dan!' Ze is net zo benieuwd als ik.

Ik krijg Marc van Bree aan de lijn. De man die bij Kemna theater- en musicalproducties cast. We hebben een geschiedenis met elkaar. En die is, door mijn schuld, niet heel rooskleurig. Een paar jaar eerder heeft Marc mij ook al een keer gebeld voor een casting, toen voor een rol in de musical *De Zevensprong*. Ook al ben ik geen zanger, in die tijd pak ik wat ik pakken kan. Ik moest immers zo veel mogelijk ervaring opdoen, het liefst in alle theaterdisciplines. En aangezien ik in de voorstelling *Seven Sins* ook had gezongen, ging ik er helemaal voor. Laat mij maar auditeren, zei ik toen.

Marc stuurde mij vervolgens een monoloog en een lied. Ik had me heel goed voorbereid. De monoloog kon ik dromen en het lied had ik goed geoefend.

Toen ik de auditieruimte binnenliep, voelde het alsof ik meedeed aan *Idols*. Ik zag een tafel met allemaal belangrijke mensen die mij zouden gaan beoordelen, daartussen Marc van Bree. Er zat ook nog een man achter de piano.

Ik voelde me gelijk ongemakkelijk. Want zo'n soort auditie, voor een 'jury', had ik niet eerder gedaan. Ik moest beginnen met de monoloog. Dat ging nog best goed. Maar toen het lied. De bedoeling was om te zingen met begeleiding, vandaar ook die pianist. Maar als er iets is wat ik niet kan, dan is het wel zingen met begeleiding. Waarom ik überhaupt auditie deed? Ik dacht er te makkelijk over, of ik wilde te graag; waarschijnlijk een combinatie van beide. Bovendien, als Kemna je belt, zeg je geen nee. Uiteindelijk heb ik het lied gezongen, totaal buiten het ritme en om het nog erger te maken was ik ook nog een paar keer de tekst kwijt. Het was een blamage. Het was zo slecht dat Marc zich schaamde dat hij mij gevraagd had. Hij had zelfs rode vlekken in zijn nek, zag ik. Dat was de eerste en gelijk de laatste auditie die ik ooit heb gedaan voor een musical.

En nu belt hij me weer. Marc valt gelijk met de deur in huis. 'Ben jij beschikbaar in de periode december 2006 tot en met december 2008?'Ik sta paf. Dat is extreem lang werk voor een beginnend acteur als ik. Dus ja, ik ben beschikbaar. 'Mooi,' antwoordt hij. 'Want ik wil je vragen om auditie te doen voor de rol van Mohammed in de nieuwe voorstelling van Maria Goos: *De geschiedenis van de familie Avenier*. Bij Het Toneel Speelt.'De productie bestaat uit vier delen, vertelt hij. Delen één en twee worden gespeeld vanaf begin 2007. En delen drie en vier komen vanaf februari 2008 op de planken, de repetities beginnen een maand eerder. 'Als het meezit en de voorstelling verkoopt goed, dan is het de bedoeling dat jullie vanaf september tot en met december 2008 ook nog een marathon spelen; alle delen achter elkaar. Jaap Spijkers is de regisseur.'

Ik ben razend enthousiast, daar midden op straat in Rotterdam. En ik brand van nieuwsgierigheid. Met wie ga ik spelen? 'De mensen die al bevestigd hebben zijn Peter Blok, Gijs Scholten van Aschat, Carine Crutzen, Marisa van Eyle en Tjitske Reidinga.' De crème de la crème van de Nederlandse theaterwereld. Ik moet bijna aan de zuurstof.

'Ja hoor, ik wil wel auditie doen,' zeg ik zo cool als ik kan. In werkelijkheid sta ik te stuiteren van geluk.

Als ik ophang, vraagt Amy waarvoor ik gebeld ben. Ze ziet

aan me dat ik helemaal in shock ben. 'Tof, Nas,' zegt ze, terwijl ze me een knuffel geeft. 'Ik ben superblij voor je, maar nu weer even terug naar hier. Naar mij. We zijn aan het wandelen, weet je nog?' 'Ja, natuurlijk,' antwoord ik. Maar vanaf dat moment kan ik alleen maar denken aan die auditie. Het is moeilijk om een grotere naam te bedenken als het om Nederlandse scenarioschrijvers gaat dan Maria Goos. Ze heeft een indrukwekkend cv, een lange lijst met theaterstukken, series en films. Bij het grote publiek is ze onder andere bekend door de serie *Oud Geld* en het theaterstuk *Cloaca*, dat zelfs in Londen is opgevoerd. Door het succes van dat stuk heeft Goos de gelegenheid om flink uit te pakken met een monsterproductie. *De geschiedenis van de familie Avenier* wordt op het toneel gebracht door het bekende Amsterdamse gezelschap Het Toneel Speelt.

Het stuk vertelt de belevenissen van een heel gewone Brabantse familie over een periode van vijftig jaar. Het begint als de Tweede Wereldoorlog ruim tien jaar voorbij is. We zien de familie op de laatste avond van het jaar 1955. Het tweede deel, 'De ontdekking van de ziel', speelt vijftien jaar later. Er is veel gebeurd, niet alleen in de familie, ook de Nederlandse samenleving is veranderd. In dit deel doet het personage Mohammed zijn intrede, waarvoor ik auditie doe. Mohammed woont bij de familie Avenier op een zolderkamertje. Hij is naar Nederland gekomen als gastarbeider en onderhoudt een goede band met een van de hoofdpersonages, Rita.

Het is geen grote, maar wel een belangrijke rol; er wordt veel over hem gesproken in plaats van met hem. En ook al spreekt hij amper een woord Nederlands, toch probeert hij er het beste van te maken. Dat maakt dit een belangrijke rol voor mij. Hoe klein ook, dit is het verhaal van de eerste gastarbeiders. Het verhaal van mijn vader. Voor de auditie moet ik een scène uit het toneelstuk spelen. Als ik de oefenruimte in het centrum van Amsterdam inloop, zit er gelukkig geen jury achter een tafel, maar staat er een kleine tribune waar Maria zit, naast Ronald Klamer, de directeur van Het Toneel Speelt. Regisseur Jaap Spijkers staat al op de vloer. En er is een actrice die tegenspel geeft. Ik geef eerst iedereen een hand en ik stel me voor:

'Hallo, Ik ben dus Nasrdin Dchar, 28 jaar. Zeg maar Nas. Ik heb vooral veel theater gedaan. Ik ben begonnen bij Rotterdams Lef, daarna een paar producties bij Het Waterhuis en na de zomer ga ik bij Made in da Shade een herneming doen van de voorstelling *Kings*.'

Ik word onderbroken door Maria. 'Heel mooi, maar welke opleiding heb je gedaan?'

Ik had gehoopt dat deze vraag niet zou komen. Want als iemand uit het vak vraagt naar je opleiding, dan bedoelen ze welke toneelschool je hebt afgerond. Ik vind het een lastige vraag, omdat mijn antwoord ervoor zorgt dat mensen met andere ogen naar me gaan kijken. Bevooroordeeld. Want ik heb geen opleiding. En acteurs zonder opleiding zijn in de ogen van deze mensen geen acteurs maar amateurs.

Of misschien is dat dan weer mijn vooroordeel.

'Ik heb al best veel ervaring. De afgelopen vier jaar heb ik keihard gewerkt. En omdat ik geen toneelopleiding heb gevolgd, ben ik onderaan begonnen. Ik heb gespeeld op plekken waar je liever niet wilt zijn, waar de spijkers uit de vloer komen. Ik heb gespeeld voor een salaris van 350 euro per maand, waarvan ik amper rond kon komen. Maar ik wist dat dit is wat ik wilde met mijn leven.'

Dat is wat ik had willen zeggen. Misschien wat ik had moeten zeggen. Maar nee.

'Ik ben bedrijfseconoom, maar dat is vast niet wat je bedoelt,' flap ik er in plaats daarvan uit. De mensen in de zaal lachen om mijn opmerking. Misschien omdat ze denken dat ik een grap maak. Het is in ieder geval een goede ijsbreker, het gaat verder niet over mijn gebrek aan scholing. Ik merk dat ik me daardoor ook wat meer op mijn gemak voel.

Regisseur Jaap Spijkers is heel aardig tegen me. Hij legt rustig uit hoe hij de scène graag wil zien.

Ik probeer zo goed mogelijk te spelen. De energie is in ieder geval goed, de ingehuurde actrice geeft fijn tegenspel. Terwijl ik bezig ben, werp ik af en toe een blik op Maria en Ronald, die heel aandachtig aan het kijken zijn. Af en toe fluisteren ze elkaar iets in het oor. Ik wil dolgraag horen wat ze tegen elkaar zeggen, maar ze zitten te ver weg. Het maakt me ook onzeker. Want als je echt aandachtig aan het kijken bent, dan heb je toch niet de neiging om met elkaar te gaan praten? En daar steekt de doemdenker in mij weer de kop op. Natuurlijk, want dan valt het straks mee als ik te horen krijg dat ik het niet ben geworden. Ik onderdruk deze gedachten en probeer plezier te hebben tijdens de auditie. Jaap geeft me een paar aanwijzingen, die ik goed oppak. Ik probeer te luisteren naar mijn tegenspeelster. Het is moeilijk in te schatten, maar volgens mij begrijp ik deze scène en breng ik dat ook over.

'Oké,' zegt Jaap, 'ik heb het gezien. Dank je wel.' En dan is het opeens ook weer afgelopen. Ik geef iedereen weer een hand en loop de ruimte uit. Als ik de deur dichtdoe, slaak ik een diepe zucht van opluchting. Ik heb het gedaan, alles gegeven. Ik ben tevreden, of ik het nou word of niet.

Een paar dagen later word ik gebeld door Marc van Kemna. Deze keer zijn Amy en ik gewoon thuis. Ze komt naast me op de bank zitten. Weer bonst mijn hart in mijn keel. Vaak is aan de eerste woorden van een casting director al te horen of je het wel of niet bent geworden, maar zijn toon is neutraal. Dan volgt het verlossende woord.

'Je hebt het goed gedaan, Nas. Ze waren allemaal heel enthousiast. En ik mag je de rol van Mohammed aanbieden in *De geschiedenis van de familie Avenier*. Gefeliciteerd.'

Ik ben uitzinnig van vreugde. 'O, mijn God, ik heb de rol,

Ik heb de rol,' schreeuw ik door de kamer nadat het gesprek is afgelopen.

Amy kijkt vol trots hoe ik dolblij door de kamer dans. Dit is een mijlpaal. Sinds ik ben begonnen met acteren, droom ik van het grote toneel. Toen ik in 2000 bij theatergroep Rotjong begon en me daarna langzaam omhoogwerkte, waren dat allemaal voorstellingen voor kleine zalen. Met deze rol betreed ik voor het eerst in mijn leven als professioneel acteur het podium van de grote zaal en mag ik samenspelen met een gerenommeerd acteur als Gijs Scholten van Aschat. En dat zonder toneelopleiding. Ik kan het niet geloven.

Leerschool

Op een frisse ochtend reis ik van Steenbergen naar Amsterdam. Dat betekent twee uur heen en twee uur terug met het openbaar vervoer. Aan de achterkant van het Centraal Station neem ik de pont naar de overkant. Vanaf daar is het nog een kwartiertje lopen naar een straat met een hoop loodsen, groothandels en garages. Niet de omgeving waar je de repetitieruimte van een gerenommeerd toneelgezelschap zou verwachten. Toch is het logisch, voor toneel heb je veel vierkante meters nodig, en die zijn hier goedkoper dan in het centrum. Ik ben iets te vroeg. Dat ben ik altijd, dan hoef ik me niet druk te maken over de tijd. Misschien komt het door een voorval in de periode dat ik nog in de supermarkt werkte. Een ochtend was ik daar te laat.

'Jullie zijn allemaal hetzelfde,' hoorde ik de leidinggevende zeggen toen ze wegliep. Ze heeft het nooit toegegeven maar ik weet zeker dat ze met 'jullie' 'Marokkanen' bedoelde. Ik ben naar de bedrijfsleider gestapt en vertelde wat er was gebeurd. Hij gaf me twee weken betaald verlof. Een mooi gebaar. Sindsdien kom ik nooit te laat.

Na mij druppelen de andere acteurs binnen in de enorme loods die dienstdoet als onze oefenruimte. Al mijn medespelers kennen elkaar, merk ik al snel. Ze hebben samen op de toneelschool gezeten, hebben eerder met elkaar gespeeld en ze zijn vaak ook bevriend. Peter Blok is bovendien met Maria Goos getrouwd. Mij kennen ze niet. Samen met Fockeline Ouwerkerk, Thomas Cammaert, Sarah Jonker en Guy Clemens behoor ik tot de jonkies. Als enige van alle aanwezigen heb ik geen toneelschool gedaan en dan kom ik ook nog eens uit het urban theater van Rotterdams Lef en Made in da Shade, groepen waar mijn medespelers nooit heen zijn gegaan of zelfs niet van hebben gehoord.

Ik besluit me zeer bescheiden op te stellen en vooral te leren van deze mensen. Vanuit een hoekje observeer ik stil de mensen die het acteren tot in hun vezels beheersen.

In de loods is een maquette van het decor geplaatst. Het neemt de vorm aan van een huis, met kamers. Zo kunnen we meerdere verhalen tegelijkertijd vertellen. Ik kan niet wachten tot ik dit ontwerp in het groot zie en ik erin mag spelen. Om ons verder een gevoel te geven voor het stuk, zien we allerlei vergrote foto's uit de jaren vijftig op een blinde muur hangen, waarschijnlijk uit het familiealbum van Maria Goos. De kostuummakers zijn aanwezig om onze maten te nemen en met stofstalen te laten zien hoe ze ons gaan aankleden. Een dergelijke grondige voorbereiding op een stuk heb ik nog niet eerder meegemaakt. Ik neem me voor om het hele proces van de repetities tot de laatste voorstelling niet alleen als een groot avontuur te zien, maar ook als een leerschool voor het spelen in de grote zaal. Als mijn jaren daarvoor mijn toneelacademie waren, dan is dit mijn gedroomde afstudeerstage. Ik ga de ervaren acteurs goed in de gaten houden. Hun technieken analyseren, of het nou om stemgebruik gaat of om het bewegen op het toneel: alles wil ik opslaan.

Zo onopvallend als ik probeer te zijn, mijn rol in dit gezelschap is sinds mijn auditie wel iets gróter geworden. Oorspronkelijk zou ik pas in deel twee opkomen, als Mohammed in de familie komt. Maar Maria vraagt me tijdens die eerste bijeenkomst of ik in deel één ook een rol wil spelen, die van de opa van de familie Avenier. Hij overlijdt nog voor deel twee, dus qua logistiek kan het.

Het is een opmerkelijke rol. Opa loopt eigenlijk als een schim door de scènes heen. Soms zit hij even samen met oma op een bankje; heel af en toe maakt hij even contact met een van de familieleden. Ik krijg een baard opgeplakt, een pruik op, een jampotbril en ik heb een oude pyjama aan. Omdat ik verder helemaal geen tekst heb als opa, zie ik het als een uitdaging om vooral in mijn bewegingen een geloofwaardige oude demente man te spelen. Nog een manier om ervaring op te doen.

De geschiedenis van de familie Avenier moet het publiek tonen hoe het een Nederlandse familie vergaat in de turbulente tijd na de Tweede Wereldoorlog. Van een ongecompliceerd land met aangeharkte tuintjes en een bakker op iedere hoek naar een efficiënte samenleving vol technologie en nieuwe ideeën. De familie moet zich aanpassen, het stuk gaat ook over de overgang van gezamenlijkheid naar een maatschappij waarin individualisme een grote rol speelt. Maria is bovendien al bezig met de delen drie en vier, over de jaren zeventig en tachtig, als het ik-tijdperk begint. Als het goed gaat, spelen we die delen over een jaar.

Het balletje begint te rollen

Toen ik begon als acteur hoefde niemand me ooit te vragen of ik interesse had, ik zei ja tegen alles. Ja, ik wil wel in een musical spelen, al kon ik niet goed zingen. Ja, dat reclamefilmpje maak ik wel, want daarmee verdien ik in twee dagen meer dan in de rest van de maand. Ja, doe mij maar een rol in die serie, al heb ik een bivakmuts op en zal niemand me herkennen. Ik kon ook makkelijk ja zeggen, want er zat altijd behoorlijk wat tijd tussen opdrachten.

Dat verandert vanaf 2007. Het balletje begint te rollen, mensen krijgen door dat ik iets kan en dat ik iets wil. Casting directors hangen steeds vaker aan de telefoon. Vijf avonden per week sta ik dan in het theater met *De geschiedenis van de familie Avenier*. We toeren het hele land door, van IJmuiden tot Apeldoorn. De belangstelling is groot, dus is het bijna zeker dat we het vervolg ook gaan spelen. Dat betekent dus nog een jaar voltijds werk. Daarnaast belt Victor Ponten van Habbekrats. Of ik zin heb om in een clip te spelen. Het duo Pete Philly & Perquisite doet het goed met hun nummer 'Time Flies' en dus gaat Habbekrats een mooie, beetje dromerige video voor hen maken. Ze zoeken nog iemand die daarin een van de rollen kan spelen, want het duo gaat in de clip samen met een groep vrienden naar een huwelijk in de heuvels van Limburg. Zou ik de bruidegom willen spelen? Ik wacht al een hele tijd op een kans om eens wat samen met deze twee te doen. Bovendien is het een mooi nummer, dus zeg ik ja. We rijden op een mooie dag van Amsterdam naar Limburg en maken 's avonds alle opnames.

Dan krijg ik een telefoontje vanuit Marokko. Het gaat niet goed met mijn oma, de moeder van mijn moeder. Ze voelt dat ze gaat sterven. Niet veel later, als al haar kinderen om haar bed staan, overgevlogen vanuit heel Europa, blaast ze haar laatste adem uit. Ik ben blij voor mijn moeder dat ze erbij is en dat ze op een waardige manier afscheid kan nemen van haar moeder. Voor mijn vader vult deze gebeurtenis de leegte die hij voelt sinds hij niet bij het sterven van zijn eigen ouders kon zijn.

Wanneer mijn moeder weer in Nederland is, ontstaat er voor mij ook ruimte om te rouwen. Ik denk aan hoe ze altijd in haar hoekje zat op de binnenplaats van de woning. Omringd door familie. Wanneer er op vrijdag couscous over was, verzamelde ze alle kleinkinderen om haar heen zodat ze ons met in haar hand opgerolde couscousballetjes nog de laatste resten kon geven. Om en om gooide ze een balletje in onze mond. Als een vogel in haar nest met haar kuikens om haar heen.

Ik denk ook aan de familieavonden, waarbij het vaak mijn oma was die ervoor zorgde dat het een feestje werd. Vaak vanuit het niets begonnen mijn tantes te trommelen en te zingen. Natuurlijk moest ik dan even opstaan om mijn dansmoves te tonen. En nu is haar hoekje in de woning leeg, ik ga haar missen. *Allahi yarhamha*, God hebbe haar ziel.

En dan gaat het leven gewoon weer door. Want Jim Taihuttu, van Habbekrats, gaat meedoen met *48 Hours Film*. Een competitie waarbij je als team 48 uur de tijd krijgt om een film te maken in een genre dat je via loting krijgt toegewezen. Ook moet je een rekwisiet gebruiken dat je uit een grabbelton moet halen. Het resultaat wordt daarna vertoond op het Nederlands Film Festival. Heb ik zin om daar ook aan mee te doen? Natuurlijk zeg ik ook hier ja op. De eerste vierentwintig uur staan volledig in het teken van het schrijven van het scenario. Het rekwisiet is een bezem, als genre is bij ons een buddy movie uit de grabbelton gekomen. Er rolt een grappig maar ook aandoenlijk verhaal uit over een eenzame nepvampier die denkt een vriendschap te hebben gesloten maar uiteindelijk toch weer alleen achterblijft.

Ik speel de titelrol van Wladimir. Een avond en nacht draaien we in de binnenstad van Utrecht. Julius produceert de film en speelt ook een cameo. Helaas zijn we tien minuten te laat met het inleveren van de film, waardoor we niet mee mogen doen met de competitie. Wel winnen we de publieksprijs. Het begint door al die leuke projecten steeds drukker te worden. Vaak ben ik overdag ergens aan het draaien voor een kort project of de serie *Deadline*, en 's avonds sta ik op het toneel. Ik heb er lol in, tijdens de vijftig draaidagen voor die serie leer ik het acteren voor de camera te omarmen. Ik zie hoeveel verschillende shots je met een camera kunt maken en wat de functies van al die mensen op de set zijn.

Acteren voor de camera zit hem voor mij in het kleine. De details. De subtiliteit. Het spel met de camera. En tegelijkertijd ook de techniek. Weten welk shot er gemaakt wordt en je spel daarop aanpassen. Als er een totaalshot gedraaid wordt, ofwel van de hele omgeving, en ik moet een emotionele scène spelen, dan zal ik niet meteen alles geven. Omdat ik weet dat het *medium* en *close shot* nog moeten komen. Dat zijn de shots waar de emotie te zien moet zijn. Als ik in 'het totaal' alles al geef, dan verschiet ik al mijn kruit. In een close shot betekent een blik naar beneden al zoveel, of zelfs een even subtiele beweging met je mond. En dat is het verschil met het theater. Op het toneel moet je rij twintig ook bereiken, en die gaan echt niet een subtiele beweging zien. Daar gaat het om hoe je de ruimte vult met je energie.

Ergens richting einde van de middag begin ik dan lichtelijk

zenuwachtig op mijn horloge te kijken, want ik moet op tijd weg om ergens in het land *Avenier* te spelen. Dat betekent in veel gevallen een flinke reis. Gelukkig staat er een runner klaar om mij vanaf de set van *Deadline* naar het theater te brengen.

Daarnaast heb ik ook nog een privéleven. Want Amy en ik maken een grote stap. Eindelijk kunnen we een hypotheek krijgen. We kopen een appartementje in Rotterdam en gaan samenwonen. Ik ben tijdens mijn studie en het begin van mijn loopbaan van die stad gaan houden en Amy vindt het er ook leuk. Mensen staan er vaak van te kijken dat ik niet in Amsterdam woon, want daar zitten toch alle acteurs?

Nee, ik niet. Ik vind Amsterdam een geweldige stad. Maar Rotterdam is leuker om te wonen. Bovendien ligt het voor ons centraler, Amy werkt in Breda en ik reis door het hele land. We vinden het geweldig om eindelijk ons eigen plekje te hebben. Wat bij mij persoonlijk ook speelt, is dat ik door samen een huis te kopen meteen ook met mijn twijfels afreken. Waarbij de vraag 'is dit het voor de rest van mijn leven?' mij maar blijft achtervolgen. Ik heb dit nooit hardop uitgesproken. Dan zou ik Amy alleen maar pijn doen. Door de aankoop is er voor ons geen weg meer terug. Het werkt, en het is zo fijn dat mijn twijfels naar de achtergrond verdwijnen. Amy is de aanstaande moeder van mijn kinderen, dat weet ik heel zeker.

Niet dat ik veel thuis ben. Ik reis van hot naar her. Steeds vaker slaap ik in Amsterdam in een hotel of pied-à-terre van de toneelgroep. Helemaal als ik naast *Deadline* en *Avenier* ook een rol krijg in de soap *Onderweg naar morgen*, en gecast word om het tv-programma *Op de bon* te presenteren, een wekelijkse serie over mensen die opmerkelijk rijgedrag vertonen. Ik doe alles tegelijk. Anderen zouden schreeuwend gek worden van zo'n volle agenda, maar ik vind het geweldig. De veelzijdigheid, het gevoel in trek te zijn, de mensen die aan me trekken. Het voelt goed. Bovendien is het zo druk dat ik voor het eerst van mijn leven geen onzekerheid of twijfel voel. Ik heb er eenvoudigweg de tijd niet voor, die volle dagen zijn de beste therapie voor de demonen die me al sinds mijn kindertijd achtervolgen. Althans, dat denk ik.

Toneelfamilie

Mijn dertigste verjaardag doemt op aan de horizon, het ijkpunt dat ik voor mezelf had om al dan niet 'geslaagd' te zijn als acteur. Met trots concludeer ik dat mijn plan heeft gewerkt. Ik sta in een grote theaterproductie, regisseurs willen me voor allerlei klussen en ik kan leven van mijn droom. Bovendien krijg ik het gevoel dat het beste nog moet komen.

De cast van *Avenier* raakt gaandeweg het eerste speelseizoen ontzettend goed op elkaar ingespeeld. Dat kan bijna niet anders als je vijf dagen per week samen onderweg bent en iedere avond samenwerkt om iets moois te maken. Een stuk als *Avenier* speelt een gezelschap tientallen keren per seizoen, in alle uithoeken van het land. Nadeel is dat er langzaam routine sluipt in zo'n optreden, ik kan het verloop van de avond na een paar weken al dromen.

Juist dan is het belangrijk dat de acteurs elkaar bij de les houden en verrassen. Voorafgaand aan een voorstelling in het zuiden van het land bedenken we een uitdaging voor elkaar. Iedereen moet die avond het woord 'zonnebloem' zeggen tijdens de voorstelling. Die uitdaging ga ik graag aan, al spreekt mijn karakter Mohammed in het stuk alleen Marokkaans – hij is net in Nederland aangekomen. Toch lukt het me om het woord ergens in een van mijn teksten te frommelen, nog wel tijdens een serieuze scène. Het publiek heeft er niets van gemerkt. Net zomin als de mensen in de zaal doorhebben dat we met Pasen tijdens een voorstelling een competitie houden wie de meeste paaseieren op het toneel kan vinden.

Door die routine gaan acteurs hun optredens ook steeds meer

variëren. Mijn rol van opa in deel één is daar uitermate voor geschikt. Grootvader schuifelt wat over het toneel, hij maakt niet echt deel meer uit van het gezelschap. Iedere avond bedenk ik een andere route, soms sta ik afwezig naar een stuk muur te staren. Allemaal om voor mezelf afwisseling aan te brengen en bij de les te blijven. Andere acteurs doen ook dingen om de sleur te verdrijven. Met wisselend succes. Iedere avond speel ik een mooie intieme scène met Marisa van Eyle op het balkon van het huis. Daarna komt Gijs Scholten van Aschat op, die een dronken man speelt. Maar op een avond besluit Gijs, midden in onze dialoog, het toneel op te strompelen. Hij speelt zoals gewoonlijk fantastisch. Het publiek ziet onmiddellijk dat hij dronken is en barst in lachen uit. Dat is ook de bedoeling, alleen dan pas later. Op deze manier pakt hij ons moment af, stoort ons bij een mooi en vooral zeldzaam moment tussen onze karakters. Het is een grap van hem, waarschijnlijk bedacht uit balorigheid, alleen gaat dit wel ten koste van twee van zijn collega's.

Waar ik eerst vooral in een hoekje zat, onder de indruk van de grote namen waarmee ik mocht spelen, eis ik nu mijn plek op. Na afloop ga ik op Gijs af. Hoe hoog ik hem ook heb zitten, dit was niet oké. Carine Crutzen is het ook opgevallen en ze steunt mij. Gijs weet het zelf ook wel en maakt zijn excuses. Dit geintje ging duidelijk te ver. Belangrijker dan die spijtbetuiging is dat ik voor mezelf op durf te komen. Ik ben dan ook niet meer die buitenstaander van een jaar daarvoor. Tijdens een seizoen met elkaar werken zijn we zelfs bijna een familie geworden. Daarin heb je geen rangen en standen, we doen allemaal ons best om iets moois te maken. Dat familiegevoel binnen onze groep zal overigens niet lang daarna nog sterker worden.

We zitten met de cast van *Avenier* in de bus naar een theater ergens in het land als Peter Blok het woord neemt. Hij vertelt dat bij zijn echtgenote Maria Goos een knobbeltje in de borst is gevonden. Kanker. Ze zit ondertussen in de mallemolen van onderzoeken en chemo. Hoe het zal aflopen? Dat weet hij nog niet. Misschien is er ook een operatie nodig, hij zal ons op de hoogte houden. Daarna is het doodstil. Sinds het begin van *Avenier* hebben we Maria steeds minder gezien. Dat is ook niet meer dan normaal, als scenarioschrijver heeft ze haar werk al gedaan. Soms is ze bij een voorstelling, om te zien hoe het stuk zich ontwikkelt. Ze is het type dat graag een vinger aan de pols houdt en zich met elk detail bemoeit. Terwijl ze ook nog druk verder schrijft aan de delen drie en vier van de kroniek, die we hierna zullen gaan opvoeren.

De avond dat Peter vertelt over de ziekte van Maria barsten we bij het applaus na de voorstelling allemaal spontaan in tranen uit. Door dit alles worden we een nog hechter collectief, alsof we nieuwe energie krijgen van haar strijd tegen kanker. Dit is niet zomaar een stuk, dit is misschien wel het belangrijkste werk van Maria. Dit zijn nog maar de eerste twee delen van wat een vierdelige kroniek moet worden, we zijn nog niet eens halverwege. Deze groep mag dus niet uit elkaar vallen, spreken we af.

Wat ik dan nog niet kan weten, is dat uitgerekend ik op het punt sta uit de voorstelling te stappen.

Mohammed is geen dief

Zelden is er in de toneelwereld meer naar een vervolg uitgekeken dan naar de delen drie en vier van *De geschiedenis van de familie Avenier*. De recensies waren geweldig, de zalen zaten steeds vol. Ook op een ander vlak is er goed nieuws, de behandeling van Maria Goos slaat aan. Door de chemo is ze haar haren kwijt, maar ze leeft en komt er langzaam weer bovenop. Zelfs tijdens haar ziekte is ze verdergegaan met schrijven aan het vervolg, zodat we zeker zijn dat we nog een heel seizoen de lotgevallen van de Brabantse familie op de planken zullen brengen.

Het is januari 2008. We zitten met de hele groep aan een lange tafel om de volgende twee delen van *Avenier* te bespreken. De acteurs, de schrijfster, de regisseur en alle mensen van de productie gaan lezen hoe het de familie verder zal vergaan. Iedereen is opgewonden en heeft zin om deze laatste versie te lezen.

Die zomer hebben de andere acteurs en ik een eerdere versie gelezen met Maria erbij. Dus nu wij weer bij elkaar zitten, weet ik al wat er in het stuk gebeurt. En daar waar de rest enthousiast is en er zin in heeft, ben ik vooral stil. Iedereen pakt nog even iets te drinken en dan begint de lezing. Er wordt veel gelachen. En soms is de emotie voelbaar. Aan het eind van de lezing begint iedereen hard te applaudisseren. Een teken dat het goed zit.

Ik zie opluchting en blijdschap bij Maria. Voor haar is dit een soort première. Acteurs beginnen onderling al te fantaseren over hoe ze sommige scènes gaan spelen. De kostuumontwerpster bespreekt met de regisseur haar laatste ideeën, en de decorontwerper laat aan de directeur zien wat hij tot nu toe bedacht heeft. Het lijkt alsof iedereen al is begonnen, behalve ik. Ik zit nog op mijn stoel voor me uit te staren. Hopend dat niemand mij ziet. Het liefst pak ik mijn spullen en sluip ik weg.

Het leek aanvankelijk zo mooi te worden. Mijn karakter Mohammed zal in deze delen eindelijk Nederlands gaan praten en een volwaardig lid van de familie worden. Dat betekent dat mijn rol groter en belangrijker zal worden, dacht ik aanvankelijk. Maar al tijdens de eerste lezing weet ik dat het anders gaat uitpakken.

Er komt een tweede Marokkaan in het stuk, Abdel, de oom van Mohammed. De verhaallijn die Maria heeft bedacht voor deze twee personages, is op zijn minst opmerkelijk te noemen. Die oom en mijn karakter Mohammed bestelen de familie van een groot geldbedrag. Ze gaan er daarna vandoor naar Marokko.

Ik moet het drie keer lezen, het staat er echt. Mohammed, die is opgenomen door de familie Avenier, is een dief. Niet zomaar iemand die een pakje koekjes steelt in de supermarkt, maar een man die het familiekapitaal meeneemt. Het gaat om zwart geld, want de familie is zelf ook niet altijd zuiver op de graat, maar toch. En dat voor de man die ik heb gemodelleerd naar mijn eigen vader. Het voelt als verraad.

Ik kan wel janken. Een van de gevolgen van mijn steeds drukkere agenda is dat ik steeds beter weet wat ik wil met dit vak, welk verhaal ik wil vertellen. Ik besef wat mijn plek is in de maatschappij en wat ik kan bijdragen aan de grote debatten.

Het is bovendien de tijd dat de toon in Nederland enorm verhardt. Mijn afkomst wordt in deze periode bijna synoniem met criminaliteit, terrorisme en overlast. Het voelt enorm verkeerd om dat stigma te voeden met een onnodig verhaal over een Marokkaan die steelt van de familie die hem heeft opgenomen. De magie van acteren is dat je elke rol kunt spelen die je wilt, maar in dit geval kan ik dat niet, én wil ik het niet. Onbevangen in een rol stappen, zoals dat voor mijn witte collega's geldt, gaat voor mij deze keer niet op.

Maar hoe verwoord ik dat? Het voelt niet goed om het tijdens een repetitie ter sprake te brengen. Dit is geen kleine aanpassing, ik wil het hele verhaal ombuigen. Dus schrijf ik een lange e-mail aan Maria Goos, met regisseur Jaap Spijkers en Ronald Klamer, directeur van Het Toneel Speelt, in de cc. Dan zijn de juiste mensen op de hoogte van mijn bezwaren. In de mail schrijf ik dat ik de rol zo niet kan spelen.

'Ik heb altijd zo mijn best gedaan. En dan heb ik het niet alleen over werken. Maar ook over leven. Je best doen. Continu maar je best doen. Om het tegendeel te laten zien. Om te laten zien dat we niet allemaal criminelen zijn. Dat we niet allemaal dieven zijn. Dat we echt wel ABN kunnen spreken. Dat we ook diploma's halen. Dat ik gewoon een Nederlander ben. Dat ik hier geboren ben. Dat ik beter Nederlands spreek dan de buurman met z'n plat Brabants. Dat mijn vader en moeder zo hun best hebben gedaan.'

'Ik heb met mezelf afgesproken om daar positief mee om te gaan. Zowel in mijn privéleven als op werkgebied. Door, met name in het theater, juist rollen te spelen waarbij het er niet toe doet dat ik Marokkaans ben. Of juist wel, zodat ik er dan iets mee kan zeggen. En daar ligt mijn probleem bij *Avenier*. Het zijn de twee Marokkanen die er met het geld vandoor gaan.'

Ik probeer verder uit te leggen dat het als een klap in mijn gezicht voelt omdat ik het personage van Mohammed op mijn vader heb gebaseerd. Indirect beschuldig ik hem in deze rol van verduistering. 'Het voelt als verraad,' zo sluit ik de mail af. 'Ik denk dat ik eruit moet stappen.'

Een paar dagen later krijg ik antwoord. Maria had al door dat er bij mij iets mis was. Ze wil me niet overtuigen, schrijft ze. 'Want we voeren geen rationele discussie.' Ze heeft het stuk aan verschillende mensen laten lezen met de vraag: is dit stigmatiserend voor Marokkanen? Al die witte mensen hadden haar verteld dat het niet het geval was. En dat is precies de crux van het verhaal: witte mensen die voor Marokkanen bepalen of iets wel of niet stigmatiserend is.

Het inhoudelijke verweer van Goos komt erop neer dat de twee Marokkanen door een van de Nederlandse hoofdpersonen worden uitgebuit. Vooral Abdel krijgt een gruwelijke hekel aan hem, dus als hij een kans ziet om die Janus terug te pakken, dan doet hij het. Mohammed is meer een meeloper, die niet anders kan dan partij kiezen voor zijn oom. Het is geen diefstal, het is wraak. Ook nog eens voor zwart, dus vuil, geld.

'Maar ik begrijp heel goed dat jij gefixeerd bent op wat mogelijkerwijs door mensen als hoofdmoot gezien kan worden: de Marokkanen gaan er met het geld vandoor. Ze roept me op het script nog eens te lezen, maar dan 'niet met de ogen van een argwanende intolerante rechtse bezoeker'.

En ook het perspectief van mijn vader moet ik loslaten, vindt Maria. Ze schrijft: 'Je bent me heel erg dierbaar geworden en als het niet anders kan dan dat je eruit stapt, dan vind ik dat voor iedereen verschrikkelijk jammer, maar ik heb ook respect voor je consequente handelen.

En wellicht kunnen we samen eens iets maken over deze problematiek.'

Na de briefwisseling spreken we af dat ik een week ga nadenken over wat ik wil en dan een besluit neem. Volgens mij heb ik dat al gedaan met die brief die ik heb geschreven. Maar even alles een paar dagen laten rusten, de emoties loslaten, en dan opnieuw naar de situatie kijken, is ook goed.

Die week gebruik ik goed. Ik praat met familie, vrienden en andere acteurs. De reacties zijn heel wisselend. Sommigen begrijpen mijn bezwaren, anderen vinden dat ik moeilijk doe. Sommigen waarschuwen me ook voor beeldvorming, wat denken mensen als je wegloopt? Misschien ben je daarna die moeilijke kerel, met wie je niet moet werken. Is dat het waard? Is het echt zo erg?

Het beste gesprek heb ik met mijn zus Hayat. Ik leg haar het conflict uit, ze luistert aandachtig. Ze ziet dat het me veel doet. Terwijl ik de situatie zo gedetailleerd mogelijk uit de doeken probeer te doen, word ik steeds overvallen door boosheid en verdriet. Ik zit in een enorm loyaliteitsconflict. Aan de ene kant wil ik mijn collega's steunen, aan de andere kant wil ik geen onderdeel zijn van een verhaal dat eventueel stigmatiserend is voor de Marokkaanse gemeenschap.

Mijn zus snapt het. En zegt dat ze mijn strijd ook voelt. Maar er is één ding dat ze niet begrijpt.

'Even los van wat het publiek uiteindelijk over dit verhaal gaat denken, is er volgens mij een belangrijk element dat jij vergeet. En dat is de werkelijkheid.'

Ze legt uit wat ze bedoelt.

'*Avenier* is een prachtig verhaal. Maar het is fictie. Het is een toneelstuk. Wat niet fictie is, ben jij. Nasrdin, je staat als tweedegeneratie-Marokkaan op het grote toneel. Samen met de beste acteurs van Nederland. En volgens mij is dat het belangrijkste van deze hele situatie. Jij bent degene die geschiedenis aan het schrijven is. En je kan de rol teruggeven en daarmee een statement maken. Maar besef dan ook dat er altijd wel iemand is die die rol graag van je overneemt.'

Zo had ik er nog niet naar gekeken.

'Ik weet zeker dat de mensen het straks niet over de rol van Mohammed gaan hebben. Maar over de acteur Nasrdin Dchar. En dat is allesbehalve stigmatiserend.'

Wat een slimme zus heb ik. Een week later pak ik de trein naar Amsterdam en de pont naar Noord. Net als anderhalf jaar daarvoor loop ik naar de repetitieruimte om me weer te voegen bij het ensemble. Iedereen is blij mij te zien en ik ben blij om iedereen weer te zien. We gaan aan de slag en maken een prachtige voorstelling. Ik ben niet alleen trots dat ik nog steeds deel uitmaak van de familie Avenier, maar vooral dat ik het lef heb gehad om me uit te spreken.

Liefst zestig keer staan we voor uitverkochte zalen. Een kleine 48.000 mensen komen kijken naar de tweede serie. We spelen ook nog een marathonvoorstelling, van alle delen achter elkaar. Geen enkele recensent, geen enkel lid van het publiek vindt het stigmatiserend.

En toch. Er blijft een steentje in mijn schoen zitten. Dat kan ik natuurlijk ook in mijn voordeel gebruiken. Had Goos immers niet gezegd dat ze nog eens iets met de problematiek wilde doen die ik in mijn mail aankaartte?

Ik heb een tumor

Telkens wanneer er een nieuwe film, serie of theaterproductie op mijn pad komt, ben ik bang dat er iets met me zal gebeuren en dat ik daardoor het project niet tot een goed einde zal brengen. Je zult bijvoorbeeld zien dat wanneer de productie begint, ik ziek ga worden. Dat spookt geregeld door mijn hoofd. Het zijn een soort dominostenen die omvallen. Het begint met doemgedachten. Bijvoorbeeld, er zal iets vreselijks gebeuren. Die zorgen dat ik weer paniek- en angstaanvallen krijg. Waardoor ik lichamelijke klachten ontwikkel die er inderdaad op lijken te wijzen dat ik ziek ben. Misschien wel zo ziek dat er inderdaad iets vreselijks gaat gebeuren. Het is een onbewust proces, want het is natuurlijk nooit mijn bedoeling om een paniekaanval op te wekken. Toch gebeurt het. Naar de dokter gaan helpt vaak maar eventjes. Hij luistert door zijn stethoscoop en vertelt me dat er niets mis is met mijn hart. Sterker nog, ik ben kerngezond. Opgelucht ga ik naar huis; maar na een paar dagen ga ik toch weer twijfelen. Want misschien heeft die arts het wel mis; zul je zien dat ik net die ene persoon ben waarbij je een hartprobleem pas constateert als het te laat is. Zodat alles weer van voren af aan begint. Als het mijn hart niet is, dan heb ik wel kanker. Elk pijntje dat ik voel, koppel ik aan een tumor. Bizar genoeg weet ik ook best veel over kanker. Alles wat ik over die ziekte heb gehoord en gelezen, heb ik opgeslagen.

Het enige wat een beetje helpt, is bellen met mijn zus Hayat. Zij is de enige met wie ik over mijn gekte kan praten. Zij weet vaak de juiste dingen te zeggen om me te kalmeren.

'Vecht er niet tegen,' zegt ze, want als je vecht is het heel normaal dat je hartslag omhooggaat. Zeg maar: 'Hallo, daar zijn jullie weer, doe je ding.'

Ik doe wat ze zegt en het helpt. Ze begrijpt mijn ervaring goed en weet me met haar stem te kalmeren. Het is die vertrouwde stem die er mijn hele leven voor me is geweest. Terwijl ik naar haar luister voel ik de paniek langzaam weer vertrekken.

Desondanks blijft mijn hypochondrie een probleem dat me geregeld dwarszit. Ook op de planken.

Twee keer beleef ik een paniekaanval op het toneel. Op zichzelf al verschrikkelijk om mee te maken. Tel daar honderden toeschouwers bij op en je hebt alle ingrediënten voor een complete breakdown. Ze hebben een kaartje gekocht om meegenomen te worden in een verhaal, niet om mij in een oncontroleerbare staat van paniek te aanschouwen.

Een paniekaanval voel je altijd aankomen. Hoe dit voelt? Eerst voel ik de muren op me afkomen, en dan hoe langzaam alle zuurstof uit mijn longen wordt geperst. Mijn gedachten razen door: 'Ik heb lucht nodig, ik wil hier weg, ik moet hier weg, ik voel me niet goed, ik ben bang, mijn hart klopt te snel, mijn ademhaling zit te hoog, ik word duizelig, straks val ik flauw.' Ik voel een golf van intense, onbeheersbare angst die mij overweldigt. Alsof ik losgekoppeld ben van de werkelijkheid en een toeschouwer van mezelf ben. Nadat de gedachten hun dansje hebben gedaan gaat het over op lichamelijke klachten: tintelingen, knoop in mijn maag, klamme handen, lichthoofdigheid en benauwdheid. Wat mijn vader ook altijd had.

Op een dag is de aanval zo erg dat we de voorstelling moeten staken. Er wordt zelfs een ambulance gebeld omdat mijn hart tekeergaat. En dat wordt alleen maar erger omdat collega's ook schrikken van mijn hoge hartslag.

De tweede keer is jaren later. Tegen het einde van de voorstelling word ik erdoor overvallen. Ik draai me om en sta zo minutenlang met mijn rug naar het publiek. Ik kan wel door de grond zakken. Het ergste gevoel is dat je op zulke momenten helemaal gaat geloven dat er iets ergs gaat gebeuren. Terwijl er helemaal geen duidelijke oorzaak voor is, en niets wat daarop duidt.

In de zomer van 2008 gaat het helemaal mis. Na een lange periode keihard te hebben gewerkt, ben ik opeens een paar maanden vrij. In de tijd daarvoor heb ik in verschillende producties tegelijk gespeeld en ook nog een programma gepresenteerd. Nu kan ik even uitrusten en wat meer tijd met Amy doorbrengen. Ook al wonen we samen, toch zien we elkaar veel te weinig. We leven een beetje langs elkaar heen. Vrij zijn betekent ook dat ik genoeg ruimte in mijn hoofd heb om irrationele gedachten te ontwikkelen. Ik krijg in die tijd last van oorsuizen. De eerste week is het vooral hinderlijk, maar dan beginnen zich langzaam de doemgedachten in mijn hoofd te nestelen. Vanaf de derde week heb ik een tumor in mijn hoofd, daarvan ben ik overtuigd. Ik begin mezelf weer helemaal gek te maken.

Amy probeert me te wijzen op het feit dat ik een gezonde jonge kerel ben en dat het enige probleem tussen mijn oren zit. Haar woorden hebben geen effect. Ze wordt er helemaal gek van. Ik begin langzaam de controle kwijt te raken, de angst heeft het helemaal overgenomen. We gaan in die periode samen met mijn zus en haar gezin acht dagen naar Mallorca. Daar wisselt de ene paniekaanval de andere af. Het feit dat mijn oren nog steeds suizen, betekent vrijwel zeker dat ik ernstig ziek ben. Gelukkig is mijn zus er om mij erdoorheen te slepen. Het moet voor Amy verschrikkelijk zijn dat haar woorden bij mij niet binnenkomen. Ze is nota bene maatschappelijk werkster. En een steengoede ook nog. Iedereen die met haar in aanraking komt, is vol lof. Maar het lukt mij niet om volledig open te zijn. Want in de ogen van je vriendin wil je je zwakheden niet etaleren. Dat is natuurlijk ego, maar zou dat het zijn?

Na Mallorca hebben we ook nog een weekje Marokko in de planning. Mijn ouders hebben samen met mijn zus Salima een appartementje gehuurd in de kustplaats Saïdia, tegen de grens met Algerije. Veel familieleden zijn daarheen gekomen, het is een soort reünie. Het moet een geweldige week worden, met leuke mensen, zon, zee en heerlijk eten. Maar de tumor wordt alsmaar groter, althans, in mijn fantasie. Ik vertoon alle klassieke symptomen van paniek: mijn hart gaat tekeer en ik kan niet slapen.

Aan de buitenkant zie je niks aan me, aan de binnenkant word ik opgevreten door de angst. Ik kan niet meer rationeel denken en niemand kan mij helpen. Na twee dagen wil ik dus maar één ding: naar huis. Want in Marokko in het ziekenhuis terechtkomen wil ik niet. Zo ver ben ik heen, ik ben ervan overtuigd dat ik ieder moment opgenomen moet worden. En ik wil niet in Marokko behandeld worden. Amy is ten einde raad en verdrietig tot aan tranen toe. Het meest verschrikkelijke van deze 'ziekte' is dat het me egoïstisch maakt. Zodra ik me een ziekte ingebeeld heb, draait alles om mij. Ik ben dan niet in staat om mezelf te vermannen en voor haar mijn angst even opzij te zetten.

Twee dagen later, in het vliegtuig op weg naar Nederland, ben ik helemaal afgedraaid. Maar gek genoeg ook opgelucht. Met Amy maak ik daar, op tien kilometer hoogte, een belangrijke afspraak: dit nooit meer. Dus moet ik er werk van gaan maken. Eerst uitzoeken of ik een tumor in mijn hoofd heb, wat natuurlijk niet zo blijkt te zijn. De dokter verwijst me naar een psycholoog en schrijft oxazepam voor. Een medicijn dat rustgevend werkt. Ik merk dat het de boel in mijn hoofd even uitzet, en ik vind het heerlijk. Maar tegelijkertijd weet ik ook, mede omdat mijn vader ze al jaren slikt, dat dit soort pilletjes nogal verslavend zijn. En ik wil niet afhankelijk zijn van een medicijn. Dus gooi ik na drie dagen de pillen weg om vervolgens een afspraak te maken met een psycholoog.

Met de psycholoog leer ik om te gaan met irrationele gedachten. Ik krijg ademhalingsoefeningen en ik leer een methode om te kunnen herkennen wanneer mijn demonen het overnemen van mijn gezonde verstand. Zodra ik me de 'wat als'-vraag stel, weet ik dat de irrationele gedachten voor de deur staan. En die deur moet ik dicht zien te houden. Door alleen al bewust te worden van de irrationele dialoog die ik met mezelf heb, geef ik de angst geen ruimte om bezit van me te nemen. Daardoor kan ik beter omgaan met mijn hypochondrische gekte. Maar wat ik dan nog niet weet is dat ik het beste 'medicijn' een aantal jaar later krijg. Dat medicijn is het vaderschap.

Eén met de aarde

Diep verborgen onder al die ingebeelde ziektes zit de angst voor de dood. Waarom ben ik daar altijd zo bang voor? Waarschijnlijk omdat ik nog zoveel wil doen en meemaken. Mijn dromen najagen? Misschien dat mijn hypochondrie daarom ook de kop opsteekt wanneer ik begin als acteur. Ik heb nog een hele reis voor de boeg, ik moet mijn droom nog waarmaken, dus ik mag nog niet doodgaan.

Maar ook de dood van anderen jaagt mij schrik aan. Omdat ik als kind al zo angstig was, vertelden mijn ouders mij bewust niet dat mijn opa, de vader van mijn moeder, was overleden. Mijn moeder hield al haar verdriet voor mij verborgen. Ik kan me niet voorstellen hoe dat voor haar moest zijn geweest, weer zichzelf opofferen voor het welzijn van haar kind.

Natuurlijk heeft het overlijden van Tom een ongelooflijke impact gehad. Maar ook het overlijden van mijn andere grootouders. In de tijd dat ik in de voorstelling *RauwRouw* speel, overlijdt de moeder van mijn vader. Een paar jaar later, wanneer ik bij Het Waterhuis zit, sterft de vader van mijn vader. En weer een paar jaar later de moeder van mijn moeder. Ze hebben het zelf zien aankomen. Mijn oma van moederskant riep dus zelfs al haar kinderen bij elkaar. Pas toen iedereen om haar bed stond, blies ze haar laatste adem uit. Mijn grootouders drukten ons elke keer als we in Marokko afscheid van elkaar namen op het hart om goed voor elkaar te zorgen in Nederland. En dan was er nog de uitsmijter.

'Kijk nog maar eens goed naar ons. Want het is maar de vraag of we er bij een volgend bezoek aan Marokko nog wel zijn,' zei mijn oma dan.

Op een dag kreeg ze gelijk. Ik zal het verdriet van mijn vader nooit vergeten. Door zijn komst naar Nederland heeft hij zijn ouders vaak lange periodes niet gezien. Ook heeft hij nooit op een gepaste manier afscheid kunnen nemen, want hij was in Nederland. Volgens islamitische regels begraven we een overledene zo snel mogelijk. Omdat zolang de dode, volgens het geloof, nog onder de levenden is, hij niet vredig kan rusten. Dus wordt de overledene vaak voor het eerstvolgende middaggebed begraven, in de meeste gevallen binnen vierentwintig uur. Dat geeft weinig tijd om de reis te maken. Het is om die reden dat mijn vader beide keren besluit om in Nederland te blijven om met zijn gezin te rouwen. Bij ons allemaal sneed die afstand tot Marokko op dat moment in de ziel. De dood kreeg een extra lading. Dichtbij, maar toch ver weg. Het heeft mij daardoor altijd beziggehouden.

Binnen mijn familie is dit onderwerp nauw verbonden met de vraag waar wij begraven zullen worden. Mijn vader wil in Marokko worden begraven. Maar ik? Mijn leven is hier. Begraaf me er ook maar. Mijn vader is het hier absoluut niet mee eens. Toen ik dit tegen hem zei antwoordde hij met: 'Dan heb ik voor niks al zo veel jaar aan verzekering betaald in Marokko.' Het maakte hem boos en verdrietig. Hij zei: 'Toen bij mij en je moeder het besef kwam dat we niet meer terug zouden gaan. Dat we hier moesten blijven leven. Omdat jullie hier een eigen leven begonnen te leiden. En omdat we wisten dat Nederland beter zou zijn voor jullie om op te groeien dan Marokko. Toen wisten we wel één ding zeker. Ooit gaan we terug. Ooit worden we weer één met het land waar we vandaan komen. Worden we één met de aarde daar.'

Los van waar ik begraven word vind ik de dood een fascinerend fenomeen. Opeens houdt het leven op, niemand weet wanneer. Maar dát het gaat gebeuren, staat vast. En ook wanneer we gaan, want die dag staat geschreven. En dat maakt mij ook bang. Misschien komt het door de manier waarop ik de islamitische kijk op de dood heb meegekregen van mijn ouders. Met alle respect naar hen, want zij deden ook maar gewoon hun best.

Wat wij te horen kregen, was dat als je iets verkeerds deed, dat haram was, dus door het geloof verboden, je in de hel zou belanden. Zodat het geloof voor mij hand in hand begon te gaan met angst. Natuurlijk niet zo bedoeld, maar wel zo meegekregen.

De islam is altijd een vast onderdeel van mijn leven geweest. Dat begon al jong. Terwijl mijn klasgenoten van de basisschool lekker buiten aan het spelen zijn, zit ik, samen met mijn zusje Salima, elke woensdagmiddag op zolder. We krijgen Koranles van mijn vader. Tussen mij en mijn broer Zakaria en zus Hayat zit respectievelijk vijf en zes jaar. Zij hebben die lessen al gehad.

Ik vind het leuk om op deze manier een andere kant van mijn vader te zien, als leraar. Hij leert ons eerst het Arabisch alfabet, zodat we kunnen lezen en schrijven in die taal. Daarna volgt de Koran. Onderdeel van de lessen is om een soera (vers) uit mijn hoofd te leren. Daar ben ik erg goed in – net als ik later mijn dialogen altijd goed kan onthouden. Uiteindelijk ken ik er wel dertig uit mijn hoofd. Op bezoek in Marokko bij mijn familie verdien ik geregeld een paar dirham door ze mooi voor te dragen.

Mijn ouders heb ik altijd zien bidden. En vanaf het moment dat ik uit de Koran verzen begin te leren sta ik ook steeds vaker naast mijn vader bij het gebed. Ik leer over wat de islam inhoudt en waar je je als moslim aan moet houden. De vijf voorschriften zijn leidend; de geloofsbelijdenis uitspreken, bidden, vasten, geld geven aan armen en op bedevaart naar Mekka. Ik vind het zo interessant dat ik het zelfs in een spreekbeurt verwerk.

Maar naarmate ik ouder word, merk ik dat ik wat betreft het geloof steeds meer zoekende ben. Lange periodes bid ik niet, of heel onregelmatig. Ik vast wel, al sinds mijn dertiende. Ik drink ook nooit een druppel alcohol en ik gebruik geen drugs. Ik geef om mijn medemens en laat mijn stem horen als ik onrecht zie. Wat dat betreft ben ik een voorbeeldmoslim. Of toch niet.

Ik heb een relatie met een vrouw die niet gelooft. Ik had seks voor het huwelijk. Ik acteer. Ik ga graag uit om te dansen, en als kind heb ik op de voetbalclub stiekem weleens een frikandel gegeten. Wanneer ben je een goeie moslim? Is het geoorloofd om met een niet-islamitische vrouw te trouwen? Wie wordt er aanvaard bij de poorten van de hemel? En wie mag doorlopen naar de hel? Waarom voel ik schuldgevoel wanneer ik niet bid?

Ik heb geen idee, maar de antwoorden liggen voor het oprapen. De islam is een schatkist vol wijsheid. Maar op de een of andere manier hou ik de kist dicht. Waarom ga ik me niet inlezen zodat ik wel de antwoorden heb? Wat houdt me tegen? En als ik die antwoorden niet ga zoeken en vinden, hoe kan ik dan de vragen van mijn toekomstige kinderen beantwoorden? En dan is het enige wat ik hun kan meegeven, dat wat ik van mijn ouders heb meegekregen. En ik weet dat dat maar een klein deel is, niet meer dan de basis. De islam is veel dieper, gelaagder, spiritueler. En dat zijn lagen waar ik niet eens aan begonnen ben om die te ontleden. Waarom niet? Want ik geloof toch al in God? Maar ik bid niet vijf keer per dag. Dat lukt me nog niet. Ik ben nog zoekende. Of maak ik mezelf dat wijs? Ik weet dan nog niet dat er een persoon op mijn pad gaat komen die mij zal inspireren om dat gebedskleed wel neer te leggen.

Zeg het dan, klootzak

Als er één moment is dat iedereen als de bliksem begint te bidden, en zelfs te smeken, dan is het wel wanneer het slecht gaat met iemand waar je heel veel van houdt. Gelovig of ongelovig, in tijden van onzekerheid weet iedereen God te vinden. Daarin ben ik geen uitzondering. Amy belandt na een aantal dagen van koorts en pijn in het ziekenhuis. De artsen zijn ten einde raad. Ze hebben geen idee wat er met haar aan de hand is. Ze denken aan een bloedinfectie. Ik wil continu bij haar zijn; zij mag niet doodgaan. Ze krijgt antibiotica en na bijna een week begint ze gelukkig langzaam op te knappen.

Vanaf dat moment weet ik het zeker: Amy is het en zal het altijd voor mij zijn. Met haar wil ik trouwen. Terwijl ze nog in het ziekenhuis ligt, ga ik op zoek naar een mooie ring met een diamantje. Ik ga die belangrijke vraag stellen en weet zelfs al waar.

Erik de Bruyn, een regisseur met wie ik heb gewerkt tijdens de serie *Deadline*, gaat een serie maken over de geschiedenis van het koningshuis. Gefocust op de levensverhalen van de koningen Willem I, II en III. Willem II worstelt met zijn homoseksuele gevoelens voor de Portugese vrijmetselaar Jesus Pereira. En voor deze rol vraagt hij mij.

Voor het eerst speel ik een rol die niets te maken heeft met mijn Marokkaanse achtergrond. Een mijlpaal. Punt is wel dat alle dialogen in het Frans zijn. Een enorme uitdaging. Ik laat de teksten inspreken door een docente Frans die ik ken. Eindeloos luister ik naar haar stem en herhaal ik de woorden en de zinnen tot ik ze kan dromen.

Voor de opnames vlieg ik naar Boedapest, waar vaker historische scènes worden opgenomen. Ik slaap in het klassieke Gellért Hotel. Naast het hotel ligt de gelijknamige heuvel, met een prachtig uitzicht over de stad. Als ik daar op de top van die heuvel sta, weet ik: dit is de plek waar ik Amy ten huwelijk ga vragen.

Na goedkeuring van haar ouders te hebben gekregen, neem ik haar mee naar Boedapest. Ze is in de veronderstelling dat ze meegaat om een kijkje te nemen op de set. Wat we ook gaan doen. Maar eerst lopen we naar de top van de heuvel. Ik hoor haar klagen dat het wel erg steil is. 'Het uitzicht is het helemaal waard,' hijg ik. We wandelen verder en als we aankomen op de plek lijkt het alsof alle toeristen rekening hebben gehouden met mijn plannen. Want we zijn helemaal alleen en hebben het uitzicht voor onszelf.

Ik heb een hartslag van 180. Door de klim of vanwege de zenuwen? Ik hou haar handen vast. Ze kijkt argwanend, alsof ze wil zeggen: wat doe jij nou? Ik ga op mijn knieën. Ik heb het doosje met de ring in mijn hand. Ze schrikt en begint te huilen.

Ik vraag: 'Wil je met me trouwen?'

Door haar tranen heen zegt ze: 'Ja.'

Ik pak haar hand en doe haar de ring om. We omhelzen elkaar. We kussen. En we kijken naar het uitzicht. De zon schijnt. Boedapest en de wereld liggen aan onze voeten.

Zodra we terug zijn in Nederland stort ik me op mijn werk. Het Toneel Speelt heeft voor mij weer een pied-à-terre geregeld in Amsterdam en dat is handig, want ik moet zo vaak in Amsterdam zijn voor theater dat het bijna niet meer te doen is om steeds heen en weer naar Rotterdam te reizen.

In het najaar van 2009 bereik ik namelijk weer een mijlpaal. Ik heb mijn eerste hoofdrol te pakken in een theaterproductie voor de grote zaal. Alles wat ik heb geleerd van mijn collegaacteurs tijdens *De geschiedenis van de familie Avenier* kan ik nu gaan toepassen in het stuk *Ghetto* van Herman Heijermans.

Ik speel daarin de rol van Rafaël. Een jonge joodse man die niet alleen wil loskomen van zijn gesloten orthodoxe familie en omgeving, maar vooral van dat stempel dat hem door zowel joden als niet-joden wordt opgedrukt. Dat stempel van 'de jood'. Een verhaal dat meer dan honderd jaar geleden is geschreven en dat nog steeds actueel is.

Een nieuwe voorstelling met een lange tour betekent ook meer afstand tot Amy. Letterlijk en figuurlijk. Ook al heb ik haar ten huwelijk gevraagd, toch vind ik het heerlijk om zoveel weg te zijn. Ik ontwijk ook al een tijdje de vraag van Amy wanneer we ons huwelijk gaan plannen. Ik merk dat ik benauwd word van de gedachte aan een bruiloft. Zij heeft haar eigen leven, met haar vriendinnen in Brabant, en ik zit vaak in Amsterdam, honderd kilometer noordelijker.

Ik trek ondertussen steeds meer op met mensen uit de culturele wereld. Acteurs, muzikanten, filmmakers. Ze behoren allemaal tot mijn vriendengroep. Marwan Kenzari, beter bekend als Chico, is er daar een van. Ik leer hem kennen via Achmed 'Achie' Akkabi. Ze zijn jeugdvrienden en delen dezelfde ambities. Marwan heeft de toneelschool afgerond in Maastricht, terwijl Achie daar op dat moment net begint. Marwan is een acteur waar op school al over werd gespeculeerd. 'Dit gaat een hele grote worden,' werd toen al gezegd. Het is niet voor niks dat hij gelijk na zijn opleiding een vaste aanstelling krijgt bij Toneelgroep Amsterdam. Chico, Achie en ik gaan steeds vaker met elkaar om. En als Jim, die naast filmmaker ook dj is, ergens op een spannend feestje moet draaien, zijn we daar.

Ik vind het fijn om mijn eigen leven te hebben als ik in Amsterdam ben. Ik heb niet de behoefte om Amy bij dat leven te betrekken. Ook al weet ik dat mijn gedrag niet klopt, toch praat ik het voor mezelf goed. En zolang zij het er niet over heeft, is er niks aan de hand. Ik word ook steeds vaker omgeven door mooie vrouwen. En ik geniet ervan. Het voelt goed om bij een groep 'geniale' mensen te horen, ik krijg een soort *rat pack vibe*. We zijn allemaal ambitieus en barsten van de energie om mooie dingen te maken. Als de sterren nou eens gunstig zouden staan, dan zouden we iets groots kunnen doen samen. Jim en Victor hebben wel een idee hoe we deze energie in goede banen kunnen leiden. Ze hebben voor Flinke Namen net een clip opgenomen voor hun nummer 'Wolken'. Zou het niet grappig zijn om van die clip een soort korte film te maken?

Dus staan we een paar weken later 's nachts bij een tankstation aan de A2 om opnames te maken voor wat *Wolken #2* gaat heten. Chico, Achie en ik zijn drie vrienden die uit elkaar aan het groeien zijn. Zij fladderen maar wat rond, ik ben serieus bezig een toekomst op te bouwen.

Zeven minuten om een universeel verhaal te vertellen over drie levens die een andere kant op gaan. En wat blijkt? We hebben inderdaad chemie. Dat zeldzame, moeilijk te vatten – maar zo zichtbare – fenomeen. Het spat van het scherm. Als we alle spullen aan het einde van de opnames hebben opgeborgen, weten we dat dit soort korte films leuk zijn, maar dat we nog veel meer in onze mars hebben. We versterken elkaar.

We praten er al een tijdje over om samen een speelfilm te maken. Iets over volwassen worden als Marokkaanse Nederlander. Misschien een roadmovie, het zou tof zijn om in Marokko te draaien. Een film over nu, over ons, over de tweede generatie. Jim heeft wel een idee, zegt hij, het is een kwestie van uitwerken. We zijn benieuwd.

Op een avond in december kaart Amy voor de zoveelste keer aan dat we nu echt moeten beginnen met het plannen van onze bruiloft. Zoals al die eerdere keren schuif ik het probleem voor me uit met 'komt goed, schat'. Maar het komt niet goed, ze heeft er genoeg van. Het komt tot een knallende ruzie, alsof er een vulkaan uitbarst. We zijn al naar bed, maar van slaap komt het niet. Ze duwt de lakens weg en rent naar de woonkamer.

'Zeg het dan, klootzak,' schreeuwt ze.

Ik blijf stil. Voor het eerst in mijn leven zie ik een andere Amy. De emmer is overgelopen. Zij voelt zelf ook heel goed dat het over is, dat ik er klaar mee ben. Maar ik ben te laf om het te zeggen. Dus hield ik haar aan het lijntje. Die nacht is al haar hoop verdwenen en eist ze van me dat ik het zeg.

Ik ben bang om haar pijn te doen. Want zolang je het er niet over hebt, verdwijnt een probleem als dit vanzelf wel. Toch? Maar juist door niks te zeggen, heb ik haar nog meer pijn gedaan. Mijn twijfel is blijkbaar nooit verdwenen. Samen een huis kopen heeft even gewerkt. Toen Amy in het ziekenhuis terechtkwam, dacht ik het ook weer zeker te weten. Nu zijn we verloofd, en twijfel ik weer. Meer dan ooit; juist omdat we op het punt staan om te gaan trouwen.

Continu dezelfde vragen die zich in mijn hoofd blijven herhalen: is dit het nou? Wil je dit voor de rest van je leven? Je hebt nog helemaal niks meegemaakt. Hoe weet je nou dat zij de ware is?

Zij verdient beter dan dit. Ik moet gehoor geven aan mijn twijfel. Niet alleen voor mezelf, ook voor haar. Niet egoïstisch zijn nu. Ik ben niet ziek. Trouwen betekent voor altijd. Je hebt het over kinderen, verantwoordelijkheid, een ander leven. En daar ben ik gewoonweg nog niet aan toe. Ik moet nog iets uitzoeken. En beter maak ik het nu uit dan pas als we getrouwd zijn en misschien zelfs kinderen hebben. Dat betekent verdergaan zonder haar. Ik spreek uiteindelijk de woorden. We gaan uit elkaar.

Rabat

Wat uiteindelijk *Rabat* zal worden, komt tot stand op Texel. Jim huurt op het eiland in het voorseizoen twee weken een huisje om zich helemaal te richten op het schrijven van een script. Geen afleidingen, geen feestjes. Na die veertien dagen neemt hij de veerboot terug naar Den Helder met een compleet script. Dat is extreem snel.

Als ik het lees, ben ik verbluft. Door de kwaliteit van het script, de snelheid waarmee het is geschreven, hoe goed Jim het verhaal van de Marokkaanse Nederlander begrijpt. Dit is precies wat ik zocht. Een verhaal over zonen van migranten die terugkeren naar het land van hun ouders. Zonder clichés. Een roadmovie in de beste traditie van het genre.

Het is ook nog eens een kant-en-klaar script, we kunnen met dit in de hand bij wijze van spreken morgen gaan filmen. Dat is zeldzaam, in de filmwereld is eindeloos herschrijven de norm. Jim had het na onze gesprekken allemaal in zijn hoofd, vertelt hij, alsof het de normaalste zaak van de wereld is. Het was voor hem gewoon een kwestie van afzonderen, concentreren en opschrijven. Het voorwerk hebben we met z'n allen gedaan tijdens nachtelijke praatsessies.

Het verhaal is simpel: mijn karakter Nadir moet een oude Mercedes naar Marokko brengen. Het is een cadeau van zijn vader aan een oude vriend. Ook al wil hij liever alleen gaan, zijn vrienden Abdel (Achie) en Zakaria (Chico) nodigen zichzelf uit en rijden toch mee. Wat zij niet weten, is dat Nadir in Marokko ook een potentiële bruid gaat ontmoeten, de dochter van de man aan wie hij de Mercedes geeft. Hun twee vaders hebben een huwelijk gearrangeerd.

Onderweg maken de drie van alles mee waardoor we meer te weten komen over hun dromen, angsten en frustraties. Maar ook over de verschillen tussen de mannen en hoe levens soms een andere kant op gaan. Onze karakters zullen een verlengde zijn van de drie mannen die we in de korte film *Wolken #2* speelden, vrienden die op een kruispunt in hun leven staan.

In de periode dat Achie, Chico, Jim, Victor en ik elkaar leren kennen is er al sprake van een gedeelde passie: films kijken. En in het bijzonder de making-ofs van films. Het is in de tijd dat ik begin met acteren ook een vorm van zelfstudie. Ik heb kasten vol dvd's. Die paar honderd euro's die ik in die begintijd verdien geef ik uit aan voorstellingen, naar de bios gaan en dvd's kopen. Waarbij de dvd aan één belangrijke voorwaarde moet voldoen. Er moet een making-of bij zitten. Die laat gedetailleerd zien hoe de desbetreffende film is gemaakt. Het is een kijkje in de keuken van de makers. Het zijn korte masterclasses waar Jim, Victor, Achmed, Marwan en ik van genieten.

In de tijd dat we *Rabat* aan het ontwikkelen zijn komt er net een film uit waar we allemaal lyrisch over zijn. De film *Un prophète* van Jacques Audiard. Wij raken niet uitgepraat over dit epos. We waren al fan van de Franse cinema, waarbij een film als *La Haine* voor ons een absolute classic is. Maar *Un prophète* is van een andere orde. Het is meeslepend, hard, prachtig gefilmd en ongelooflijk goed gespeeld. Met fenomenale acteurs, onder wie de Algerijns-Franse Slimane Dazi.

Af en toe fantaseren we hoe mooi het zou zijn als hij een rol zou spelen in *Rabat*. En als we toch aan het dagdromen zijn, dan willen we ook graag de Marokkaanse acteur Mohamed Majd vastleggen. Hij speelt een ontroerende rol in de film *Le Grande Voyage*, over een vader en een zoon die met de auto de bedevaart naar Mekka maken. Ook een roadmovie, net als wat wij van plan zijn. En als het even kan, strikken we ook nog Mohamed Benbrahim, die een geweldige rol speelt in de Marokkaanse film *Casa Negra*. Deze helden zien ons al aankomen. 'Hoi, wij zijn acteurs uit Nederland, en wij gaan onze droom waarmaken door een film te draaien in Nederland, België, Frankrijk, Spanje en Marokko. Alleen hebben we helaas maar heel weinig budget. Of eigenlijk geen budget. Maar het is wel echt een heel tof verhaal. Namelijk over drie jongens die met een oude taxi naar Marokko reizen en onderweg van alles meemaken. Willen jullie een rol?'

Nee, dat gaat nooit lukken natuurlijk. Maar een mens mag dromen.

Met of zonder beroemde medeacteurs, Jim en Victor willen per se werken met acteurs uit het land waar de scène zich afspeelt. Julius Ponten doet er alles aan om dat te bewerkstelligen. Ik ben daar heel blij mee. Want daarmee ontstaat ook een vorm van authenticiteit. Menig producent in Nederland kiest ervoor om gewoon in Nederland alle rollen te casten. Maar daarom is Julius een uitzondering op de regel.

Wat hij ook doet, is het zoeken naar een geschikt moment om de film te draaien. Een moment waarbij we allemaal beschikbaar zijn. Chico, Achie en ik willen graag aan de slag. We zijn er allemaal aan toe om deze stap te nemen en we hebben aan het einde van de zomer tijd in onze agenda om te draaien. Het moet gebeuren in vier weken. Kort, maar haalbaar. De trein is in beweging gekomen. De locaties worden gescout, de acteurs gecast. Dit wordt het avontuur van ons leven, dat weten we zeker.

Omdat mijn personage in de film uit Amsterdam komt, besluit ik weer veel tijd in die stad door te brengen. Ik logeer daarom bijna een maand bij Jim. We repeteren bij hem thuis, op het kantoor van Habbekrats, of zelfs in het Vondelpark. Elke gelegenheid om in het script te duiken, pakken we met beide handen aan.

De grootste barrière bij het maken van *Rabat* is het gebrek aan geld. Habbekrats staat bekend als makers van clips en commercials. Niet echt een club waarvoor het Filmfonds de rode loper uitrolt. Subsidie kunnen we dus vergeten. Bovendien hebben we geen distributeur, zodat het moeilijk is om de film in de bioscoop te krijgen. Sterker nog, we gaan ervan uit dat *Rabat* direct naar YouTube zal gaan. Met een beetje geluk doen we de première nog wel ergens in een filmzaal. We hebben eigenlijk alleen een briljant script en een groep enthousiaste mensen. Op de een of andere manier lijken al die andere zaken totaal niet belangrijk. We moeten deze film maken, zeggen we steeds weer tegen elkaar.

Uit onverwachte bron weten we toch het nodige geld bij elkaar te schrapen. Onder andere hiphopplatenlabel Top Notch van Kees de Koning, waarvoor Victor en Jim clips maken, steekt geld in het avontuur. Ook theatergroep Likeminds, waar ik een paar producties heb gespeeld, investeert in de film. Achie weet daarnaast nog iemand die misschien zou willen financieren. Bao Xian Fei is een voormalig kampioen in de Chinese vechtsport wushu, maar hij is nu vooral ondernemer. Niet onbelangrijk: hij is een jeugdvriend van Achie en Chico. Hij komt met het grootste bedrag over de brug. Bij elkaar hebben we anderhalve ton aan financiering binnen.

Dat klinkt als een mooi bedrag, maar voor het maken van een speelfilm is het wisselgeld. Een kinderfilm als *Het paard van Sinterklaas* kost makkelijk twee miljoen euro, *Spion van Oranje*, de komedie van Paul de Leeuw die op dat moment in de Nederlandse bioscopen draait, heeft meer dan vier miljoen gekost. Hoe gaan wij voor een fractie van dat bedrag onze droom verwezenlijken?

Door supergoedkoop te werken, is het eenvoudige antwoord. Met een kleine crew, geleende spullen en zonder zelf financiële eisen te stellen. Als we iedere euro drie keer omdraaien en desnoods met drie man op een hotelkamer gaan slapen, moet het net kunnen. We gaan *Rabat* maken, ook al weten we niet eens of je de film ooit in de bioscoop kunt zien. We barsten van de daadkracht en ambitie. Het kan niet anders of dit wordt geweldig.

Tegelijk ben ik bezig om alle gedachten rondom Amy uit te schakelen. Ze is uit mijn leven en woont inmiddels in Breda in haar eigen appartement. En ik hou onze woning in Rotterdam aan. Ik ben ervan overtuigd dat het de juiste stap was om het uit te maken en wil lekker even genieten van het leven. Een eufemistische manier om te zeggen dat ik achter de vrouwen aan ga. Het gras is altijd groener bij de buren en ik wil voor mezelf het een en ander uitzoeken. Uiteindelijk gaat deze 'zoektocht' maar om één ding: lust. En lig ik vooral heel vaak alleen in bed.

Drie dagen voor we gaan draaien, neem ik Jim in vertrouwen. We wandelen door Amsterdam om te overleggen over de film en ineens barst er in mij een interne bom, waarvan ik niet eens wist dat hij aan het tikken was. De twijfel, de paniek, de angst, het schuldgevoel. In tranen kan ik hem maar één advies geven: je moet iemand anders zoeken voor de hoofdrol. Anders ga ik het verknallen voor jullie.

Mijn demonen spelen weer eens op. Misschien komt het omdat ik Amy mis, of het is omdat ik aanhik tegen de hoofdrol. Hoe dan ook, het is zo erg dat ik er mijn grootste droom voor wil opgeven. Ook vanwege verantwoordelijkheidsgevoel. Stel dat ik het tijdens de reis niet zou trekken, of dat er iets met me zou gebeuren, of dat het me niet lukt om die rol te spelen. Dan zou ik alles verpesten. Voor iedereen.

Daarnaast speelt er nog iets. Als je een film maakt waarbij de hoofdrolspelers met een auto naar Marokko rijden, is het wel zo handig als de acteurs ook een rijbewijs hebben. Dat felbegeerde roze pasje heb ik nog steeds niet. Ik zak keer op keer. Zelfs het theorie-examen, dat ik wel heb gehaald, is voorbij de uiterste houdbaarheidsdatum. Voor *Rabat* heb ik het weer geprobeerd. Een paar weken voor mijn meltdown heb ik examen gedaan. En natuurlijk zak ik weer. Daardoor krijgt mijn toch al wankele zelfvertrouwen nog een deuk. Tel daar alle doemgedachten, twijfels en angsten bij op, en je hebt iemand die volledig de weg kwijt is.

Jim is even uit het veld geslagen door mijn wanhoop, ik heb mijn problemen eerder goed verborgen voor hem. Al wandelend probeert hij zo goed en zo kwaad als het gaat een psychisch noodverbandje bij mij aan te leggen.

'Nas, we gaan deze film niet zonder jou maken,' zegt hij.

Het zijn belangrijke en bemoedigende woorden die ik op dat moment nodig heb. Het raakt mij diep, ook omdat ik weet wat voor financieel risico hij met zijn productiemaatschappij Habbekrats aan het nemen is om deze film te maken. Desondanks gaat zijn eerste zorg uit naar mij en niet naar de film. Dat zegt veel over Jim.

In de film ga ik Nadir spelen. Een twijfelaar, iemand die constant een steentje in zijn schoenen heeft. Volgens Jim lijk ik op hem, dus kan ik alle twijfel die ik nu voel gebruiken als inspiratie voor die rol. Hij kent me ondertussen aardig goed en heeft het karakter op mijn lijf geschreven. Nadir is de serieuze van de drie. De tobber die moeite heeft om plezier te hebben in het leven omdat hij altijd druk ervaart. 'Zie deze film desnoods als therapie,' zegt Jim. Zo heb ik er nog niet over nagedacht.

Misschien is *Rabat* niet het probleem, maar juist de oplossing en zal de reis naar Marokko me helpen mijn gedachten te verzetten. Mijn angst is door het gesprek met Jim niet minder geworden, maar misschien kan ik het gebruiken om deze film nog echter te maken dan we van plan waren. Zijn woorden hebben effect. Want drie dagen later staan we op de set.

Het is onze enige draaidag in Nederland. We spelen de bruiloftscène. Voor deze scène hebben we allemaal vrienden en familie opgetrommeld, want het gaat om een Marokkaanse bruiloft, dus het moet lekker druk zijn. Ook mijn ouders zijn aanwezig, ze figureren als gasten. Ze genieten van de dag en kijken hun ogen uit.

Tegelijkertijd is het ook een uitputtende dag. Want de film opent met een lang shot dat buiten begint bij Abdel, gespeeld door Achmed. Vervolgens lopen we met hem mee naar binnen en zien we Zakaria, gespeeld door Marwan, sjansen met twee dames. De taart wordt binnengebracht en het feest kan beginnen.

Met de taart mee komen we de zaal in, waar het feest in volle gang is. Er wordt gedanst, gezongen en geklapt. Mijn ouders zitten aan een tafel en doen bij elke take opnieuw met volle energie mee. De camera beweegt zich via het bruidspaar op het podium naar Nadir, de rol die ik speel, die alles vanaf de bar aan het aanschouwen is.

Als de andere twee jongens bij hem komen staan, vertelt Nadir dat hij de volgende dag naar Marokko moet om de taxi van zijn vader daarheen te rijden. De jongens bieden aan om mee te gaan, maar Nadir geeft aan dat het niet nodig is. Einde scène.

Los van de wereld

'Fuck! Kak!'

Ergens op onze reis tussen Nederland en Marokko toont Jim ons een paar stukken film die we onderweg hebben opgenomen. De rushes, zoals dat heet. We zijn onder de indruk van wat we zien. Dit is het eerste bewijs dat datgene waarin we als groep geloven, waarheid aan het worden is. Dat zie je zelfs op dit ruwe materiaal. Alleen staat er ook iets opvallends op de opnames.

Na elke scène, als de camera nog een paar seconden extra beeld schiet om straks makkelijker te kunnen monteren, scheld ik hard. Niet tegen mijn medespelers, maar tegen mezelf. Ik zie er op die momenten ongelukkig, geïrriteerd en gekweld uit. Ik ben duidelijk ontevreden over mijn acteerprestaties en steek dat voor de rest van de crew niet onder stoelen of banken.

Ook al heb ik toegezegd dat ik *Rabat* zou maken, mijn mentale problemen kan ik tijdens de opnames niet zomaar eventjes in de ijskast zetten. Dat is wel duidelijk. Zeker niet de eerste dagen, als ik alle twijfel van thuis nog in mijn lijf heb en bijna bezwijk onder het schuldgevoel over wat ik Amy heb aangedaan. De andere mannen in de auto tolereren mijn zure blikken uit het raam. Tot het Chico te veel wordt. We zijn net de Spaanse grens gepasseerd, hij zit voorin, ik ben weer eens aan het kniezen op de achterbank. Hij keert zich in één draai om.

'Nas, wat de fuck ben je aan het doen? Kijk eens om je heen, man, we zijn al bijna in Spanje! Je bent steeds alleen maar aan het malen over wat er fout kan gaan, hoe moeilijk wil je het jezelf maken?

We zijn bezig met misschien wel het belangrijkste project van ons leven. Besef je niet dat je je droom aan het waarmaken bent?'

Natuurlijk heeft Chico gelijk. Door zijn woorden schrik ik wakker. Waarom ben ik ons avontuur zo aan het verknallen? Ik kan mijn negatieve gevoelens natuurlijk niet op commando uitschakelen, in plaats daarvan probeer ik ze daarna te gebruiken om mijn rol meer diepte te geven. Nadir ergert zich dood aan de veel lossere levensstijl van zijn twee vrienden. Als iemand dat chagrijn kan spelen, dan ben ik het wel.

Net als hij heb ook ik baat bij de lange tocht naar het zuiden. Het gaat na een paar dagen iets beter met me. Terwijl de kilometers in de achteruitkijkspiegel oplossen, komt ook mijn geest steeds meer los van de problemen thuis.

Het is warm en we maken lange dagen. Omdat er extreem weinig budget is, slapen we onderweg in de goedkoopste hotels, vaak met meerdere mensen op één kamer. Ons dieet bestaat uit eten langs de snelweg. Iedereen heeft meerdere functies, de mensen van kleding en make-up houden omstanders op afstand tijdens een opname, ik fungeer ook als kapper en scheer het haar van Achie, waar hij niet heel tevreden mee is. *Rabat* wordt daardoor ook een beetje een slijtageslag.

Onze manier van werken eist langzaam zijn tol. In Spanje hebben we een nachtshoot buiten een club. Als we ergens tegen de ochtendschemer klaar zijn voor een nieuwe take, reageert cameraman Lennard niet meer op de aanwijzingen van Jim. Hij is staand in slaap gevallen met de camera op zijn schouder. Dat we Lennard *lionheart* noemen komt mede doordat hij altijd doorgaat tot het gaatje. Maar slapend filmen is wel de overtreffende trap en onverantwoord. Het is voor ons ook reden om die nacht te stoppen. We zijn allemaal doodop.

Toch klaagt niemand van de crew of de acteurs over het gebrek aan comfort en nachtrust. Integendeel, we lijken energie te krijgen van het maken van deze film. Van degene die de kleding doet tot de opnameleider, van de geluidsman tot de regie. We zitten samen in een bubbel en het enige wat ertoe doet is *Rabat*, het vertellen van dat verhaal. De eerste Nederlandse film over de Marokkaanse diaspora; een roadmovie over de tocht die onze moeders en vaders in omgekeerde richting aflegden. Slechte matrassen en een dieet van Franse en Spaanse snacks zijn even niet belangrijk.

En dan zijn we nog niet eens in Marokko. Een voorlopig hoogtepunt is als we halverwege de draaiperiode op een heuvel in Barcelona schieten. Het is maar een eenvoudige scène, maar door de plek en het uitzicht over de stad beseffen we dat we iets buitengewoons aan het doen zijn. Zelfs de elementen zijn ons goedgezind. Volgens het weerbericht gaat het waaien en regenen. Maar eenmaal op die berg zien we die donkere wolken aan ons voorbijgaan. We hebben constant geluk tijdens het maken van deze film.

Vanuit de Spaanse haven Algeciras moeten we met de veerboot naar Marokko. Maar voordat we dat doen, draaien we op het strand eerst nog een van de belangrijkste scènes uit de film. Daar lijkt de vriendschap tussen de drie jongens uit elkaar te spatten. Eindeloos hebben we hieraan gewerkt. Vooral de opgekropte irritaties en frustraties van mijn personage moeten eruit komen. En dat allemaal in zestig minuten. Want we draaien deze scène tijdens het magische uur. Dat is het moment waarop, vlak voordat de zon ondergaat, het licht het mooist is. De locatie, het strand van Algeciras, is bovendien prachtig in al haar verlatenheid. Alsof we even alleen op de wereld zijn.

Zestig minuten voor een scène van acht pagina's is normaal gesproken veel te kort. Toch lukt het, iedereen is scherp. Wij, de acteurs, komen los van de grond, zo voelt het. 'Even vliegen', noem ik dat soort momenten, die ik ook weleens ervaar in het theater. Als de zon begint onder te gaan en we wonder boven wonder klaar zijn, is de ontlading groot. De belangrijkste scène van de film staat erop. Nu moeten we van Europa naar Noord-Afrika, waar op dat moment de ramadan in volle gang is.

Op de boot draaien we een scène waarin Nadir een toevallige ontmoeting heeft met een monteur van de veerdienst. Die wordt gespeeld door de Marokkaanse acteur Mohamed Majd, want op de een of andere manier heeft Julius hem weten te strikken. Het is niet de enige Arabische topacteur die aan onze film meedoet. Het is Julius gelukt al onze helden warm te laten lopen voor deze film. Op een dag komt ook Mohamed Benbrahim gewoon de set op lopen. Veel mensen zal die naam niet veel zeggen, maar hij is een beroemdheid in Marokko. In onze film vertolkt hij de rol van 'Karim de gek', een opmerkelijke garagehouder.

Op de pier van het strand van *Rabat* speel ik de laatste scène met Nadia Kounda, de vrouw waarmee ik in de film zou moeten trouwen. Nadir bekent helemaal niet in het huwelijksbootje te willen stappen en Yasmina is opgelucht omdat zij precies hetzelfde voelt. Op de pier klinken uiteindelijk na dertig draaidagen en een reis door België, Frankrijk, Spanje en Marokko de woorden '*It's a wrap*' uit de mond van Jim.

De magische zin van een regisseur die betekent dat de klus erop zit. Meestal is het een reden om een klein feestje te bouwen met de crew, het is volbracht. Dat doen we dan ook, maar terwijl de avond valt over de oude ommuurde Marokkaanse hoofdstad, realiseer ik me ook dat het fantastische avontuur voorbij is. Morgen al zit ik in het vliegtuig terug naar Nederland.

Ik, die eerst helemaal niet wilde gaan, voel nu de pijn van het naderende afscheid. Van die geweldige crew, Jim, Victor en natuurlijk Achie en Chico, met wie ik uren op een paar vierkante meter heb doorgebracht. Hoe ongemakkelijk ook soms, de bubbel van de afgelopen weken beviel me prima. We waren even helemaal los van de wereld. Nu gaan we retour richting het echte leven, met alle pijn en problemen die daarbij horen.

Misschien doe ik het al in het vliegtuig terug, misschien op het moment dat ik mijn stille appartement in Rotterdam binnenkom. Heel snel na het einde van de opnames van *Rabat* besluit ik om Amy terug te winnen. Tijdens de tocht naar Marokko heb ik contact met haar gehouden. Af en toe belde ik en stuurde ik berichtjes. Eenmaal in Nederland hebben we steeds vaker contact. In die periode komt *So You Think You Can Dance* op tv. Omdat we daar voorheen altijd samen naar keken, stel ik voor om als date naar een liveshow te gaan. Tot mijn geluk zegt Amy 'ja'.

Ik haal haar op in mijn Mercedes. De auto uit *Rabat* is bijna aan vreemden verkocht, omdat het geld op was en de auto nog wat op kon brengen. Omdat ik na de opnames van de film door ben gegaan met lessen en eindelijk mijn rijbewijs heb gehaald, vind ik het belangrijk dat de auto in de 'familie' blijft. Dus koop ik hem. Op een avond parkeer ik hem voor de deur van Amy's appartement in Breda. Het voelt vreemd, na alles wat er is gebeurd, om haar nieuwe leven in te stappen.

Als ik binnenkom, tref ik een kleine maar gezellig ingerichte studio. Ik zie flessen wijn. Die hadden wij thuis nooit staan. Alcohol wilde ik absoluut niet in ons huis. Nu is het alsof ze me wil laten weten dat ik helemaal niks over haar te zeggen heb. Ik betrap mezelf op deze gedachte en herpak me: dit gaat niet over mij. Dit is haar leven; ze hoeft met niemand rekening te houden.

Bij binnenkomst zie ik meteen dat ze verdrietig is. Aanvankelijk denk ik dat het komt doordat ik weer voor haar sta. Maar ook dit gaat niet over mij. Ze heeft vlak daarvoor te horen gekregen dat haar oma is overleden. Voor mij is dat ook een schok. Ik kende haar oma, we gingen er geregeld naartoe. Die avond, en vele avonden daarna, doe ik vreselijk mijn best om haar terug te winnen. Ik praat de blaren op mijn tong om uit te leggen waarom het nu wel goed zal gaan. In een uiterste poging dat duidelijk te maken, stuur ik haar een scène uit de film *Jerry Maguire*. Die waarin Tom Cruise in een woonkamer vol vrouwen Renée Zellweger probeert terug te krijgen met een monoloog, eindigend met de woorden '... you complete me'.

Tenenkrommend, ik weet het, maar wel oprecht. Zo denk ik ook over Amy, zonder haar ben ik mezelf niet. Daar ben ik met pijn en moeite achter gekomen. Mijn geluk is dat haar liefde niet is verdwenen, en ondanks mijn schandelijke gedrag is ze me niet gaan haten. Wel heeft ze een kras opgelopen. Langzaam groeien we weer naar elkaar toe. De verhoudingen tussen ons zijn door alle gebeurtenissen wel veranderd. We durven eindelijk echt met elkaar te praten en gaan de pijn niet meer uit de weg. Ook zijn we serieuzer over onze hernieuwde relatie. We willen niet weer acht jaar gaan kloten, maar serieus aan de slag. Amy laat me de verlovingsring zien die ik haar ooit heb gegeven. Ze heeft hem altijd in haar sieradenkistje bewaard, maar het diamantje zit er niet meer aan. Die is er tijdens een avondje stappen uit gevallen.

Terwijl ik de liefde van mijn leven terug aan het veroveren ben, is Jim hard bezig met *Rabat*. Voor een acteur is een film na de laatste scène af, voor de regisseur begint dan deel twee. De losse scènes moeten worden aaneengeregen tot een lopend verhaal. De karakters moeten goed tot uiting komen. Tot zijn schrik merkt Jim dat het geluid van de autoscènes niet goed is. De microfoons hebben veel bijgeluiden opgepikt van de auto en het verkeer. Bovendien blijken de leren autostoelen enorm te kraken als we ons bewegen, wat we tijdens de rit niet hebben opgemerkt.

Dus nemen we in de weken daarna een paar dialogen opnieuw op, zodat Jim de tekst over het beeld kan leggen. Na een van die opnames laat Jim een paar stukken film aan ons zien en zegt iets opmerkelijks.

'Maak maar ruimte in je kast.'

'Sorry? Voor wat?' Een filmprijs, zegt Jim. Hij ziet iets wat wij nog niet helemaal doorhebben. Ik kan mijn lachen niet inhouden.

'Jim, hou je bek, vervloek het nou niet.'

Onderhand zou ik toch moeten weten dat Jim heel vaak gelijk heeft. Het filmfonds heeft inmiddels ook een paar van de opnames ontvangen. Daar zijn ze zo onder de indruk van onze roadmovie dat ze alsnog geld overmaken om de film professioneel af te maken. Ons minibudget is daarmee verdubbeld. Ook een distributeur is enthousiast geworden van de beelden en wil onze film in verschillende bioscopen gaan vertonen. Normaal is dit de compleet omgekeerde volgorde maar deze toezeggingen bewijzen voor ons dat we gelijk hadden. En dat als niemand in je idee gelooft, dat je soms gewoon moet beginnen, voorop moet lopen, en dan volgt de rest vanzelf.

En zo mogen we ons gaan opmaken voor een heuse première. Niet zomaar in een achterafzaaltje, maar in Theater Tuschinski in Amsterdam, dé bioscoop van Nederland. En dat voor een film waarvan we aanvankelijk dachten dat YouTube het belangrijkste distributiekanaal zou zijn. Er komt zelfs een filmposter. En voor mij zijn filmposters een big deal. Dat wij met zijn drieën door het hele land op een filmposter staan betekent iets.

In de Nederlandse filmwereld beginnen mensen ook wakker te worden. Wie zijn die mannen die ineens een première in Amsterdam voor elkaar weten te krijgen met een film over een tocht in een oude Mercedes? Hoe hebben ze dat voor elkaar gekregen met financiering van onder andere een hiphopplatenlabel en een Chinese vechtsportspecialist? Kan dat wel, zomaar een Nederlandse film maken zonder op voorhand een subsidie van het Filmfonds te krijgen? Laat iedereen zich maar verbazen.

In juni van 2011, bijna een jaar na alle opnames, hebben we

onze première in Amsterdam. Het is die avond volle bak in Tuschinski en heel bekend Nederland is erbij; de mannen in smoking, de vrouwen in prachtige jurken. Ook al zit er een kusscène in de film – hshoema! –, toch neem ik mijn ouders mee en natuurlijk Amy. Ik wil ze laten zien waarom ik zo ontzettend trots ben.

Die avond kan ik alleen maar lachen. En genieten van elk moment. Van de aankomst bij de rode loper in de oude Mercedes, de interviews tot de foto's en de mensen. Er heeft altijd een bijzondere energie rondom dit project gehangen en die is die avond in Tuschinski ook voelbaar. Zelfs Slimane Dazi, de dadelverkoper in de film, en Mohamed Benbrahim, die de garagehouder speelt, zijn vanuit Frankrijk en Marokko overgevlogen om erbij te zijn.

Op het balkon zien we de aftiteling verschijnen. We lopen naar beneden, waar de cast en crew naar het podium worden geroepen. De namen Marwan Kenzari, Achmed Akkabi en Nasrdin Dchar klinken als laatste. Vaak voel je bij een filmpremière aan het applaus hoe de film door het publiek is ontvangen. Als wij met zijn drieën naar het podium lopen, krijg ik letterlijk kippenvel. Niet alleen van het applaus, maar vooral van al die blije gezichten, zowel in de zaal als op het podium. Een droom is werkelijkheid geworden. En tegelijkertijd is het ook een afscheid. *Rabat* is niet meer van ons maar voor het publiek.

De recensies zijn lovend. Drie maanden later is het Nederlands Film Festival. Het festival waarbij de Nederlandse film geëerd en gevierd wordt. En waarbij de belangrijkste filmprijzen worden uitgereikt. Daar gebeurt waar ik nooit van had durven dromen.

Gouden Kalf

Drie dagen voor de uitreiking van de Gouden Kalveren worden de genomineerden bekendgemaakt. Ik zit thuis in mijn appartementje in Rotterdam; ziek, ik heb een flinke griep te pakken. Met mijn laptop hangend op de bank volg ik de online uitzending. Ik ben gespannen, in de wandelgangen hoor ik dat we met onze film *Rabat* kans maken op een nominatie. Wat een stunt zou dat zijn.

En ja hoor. We zijn niet alleen genomineerd voor het beste scenario, maar ook voor beste film en beste acteur. Wat? Beste acteur? Als ik mijn naam hoor vallen, lijkt het alsof ik in één klap van de griep verlost ben. Schreeuwend en springend stuiter ik door mijn appartement. Ik wil iemand vasthouden. Maar er is niemand. Amy en ik zijn dan wel weer samen maar zijn nog niet zover dat we weer samenwonen. En zo sta ik in mijn eentje te juichen alsof het Marokkaans elftal wereldkampioen is geworden. De felicitaties stromen binnen. Drie nominaties! Jim heeft gelijk gekregen. Hij heeft het altijd gezegd.

De eersten die ik bel, zijn mijn ouders. Ik krijg mijn moeder aan de lijn. Ze is nog niet op de hoogte en snapt er even helemaal niks van. Maar dat komt misschien ook doordat mijn gedachten alle kanten op gaan en mijn Marokkaans nogal gebrekkig is. Hoe leg ik in godsnaam uit dat ik genomineerd ben? Heb je gewonnen? vraagt ze. Nee, mama, ik ben genomineerd. Ik behoor dit jaar tot de beste drie filmacteurs van Nederland.

'*Ewa mabrouk a ouldi, mabrouk*,' zegt ze. Wat 'gefeliciteerd, mijn zoon' betekent. Ondertussen hoor ik mijn vader op de achtergrond vragen wat er aan de hand is. Mijn moeder probeert het uit te leggen. Ook hij denkt in eerste instantie dat ik iets gewonnen heb. Vrijdag, zeg ik. Dan is de grote dag.

'Vrijdag, zegt hij, dan is de grote dag,' hoor ik mijn moeder tegen mijn vader zeggen. En vrijdag moeten jullie erbij zijn, zeg ik nog. Je moet je mooiste Marokkaanse jurk aantrekken! Bij mijn diploma-uitreiking maakte ik de fout ze hier geen deelgenoot van te maken. Daar heb ik altijd spijt van gehad. Want mijn succes is ook hun succes. Mijn moeder moet lachen om mijn enthousiasme en ze antwoordt met *Insha'Allah*.

De dagen die volgen zijn zenuwslopend. Ik doe geen oog dicht. Want dat we genomineerd zijn is natuurlijk al fantastisch. Maar het irritante van een nominatie is dat het dan opeens een competitie wordt. En dan wil ik, net als waarschijnlijk iedereen die genomineerd is, maar één ding: winnen. Maar hoe ga ik in godsnaam winnen als de andere genomineerden Frank Lammers en Joris Smit zijn?

Ik denk dat ik in mijn leven niet eerder zo zenuwachtig ben geweest als die vrijdag. Volgens sommige filmjournalisten zijn we de sensatie van het festival. De nieuwe generatie filmmakers; ambitieus, gedreven, brutaal en gepassioneerd.

En dan is het tijd. Op naar de grote zaal van de Utrechtse Stadsschouwburg. Samen met Amy, mijn vader en mijn moeder loop ik over de rode loper. Amy in een prachtige rode jurk, mijn vader in een mooi zwart pak en mijn moeder in goud. Alsof het een voorbode is van wat gaat komen. We maken samen foto's op de rode loper. Ik zie mijn ouders genieten van de aandacht. Even staan ze samen met Amy en mij in het middelpunt. Mijn vader is even de cowboy die hij ooit heeft willen zijn. Eenmaal in de zaal neem ik plaats op de eerste rij samen met Achie, Jim, Julius en Victor. Chico staat op het toneel en is in gedachten bij ons. Achter me zit Amy samen met de andere partners. Ergens in het midden van de zaal zitten mijn ouders.

De avond begint altijd met een deel dat niet live op tv komt. Dat is het deel waarbij de 'minder belangrijke' prijzen worden uitgereikt. Dan is er even een plaspauze voor de live-uitzending begint. Ik ga nog even naar de wc. Als ik terugkom zie ik actrice Thekla Reuten bij de bar staan. Ik groet haar en ze zegt dat zij de prijs voor de beste acteur mag uitreiken. Ik zie haar staan met de envelop in haar hand. Ik realiseer me dat de naam van de winnaar in die envelop zit. En dat ben ik niet. Ik zou het willen, maar het gaat niet gebeuren.

Ik ga weer op mijn plek zitten en de live-uitzending begint. Alle categorieën komen een voor een voorbij. En dan komen we eindelijk aan bij 'beste acteur'. Ik voel de camera's naar mij toe draaien. Logisch, want Frank en Joris staan die avond ergens in het land op het toneel. Ik zie het al helemaal voor me dat Frank of Joris wint en dat ik moet gaan klappen voor iemand die er niet eens is. Daar zit ik dan met mijn goede gedrag. De verliezer van de avond. Maar nu terug naar de realiteit. En de realiteit is dat Thekla haar envelop opent. Het papiertje eruit haalt en zegt: 'Het Gouden Kalf voor de beste acteur gaat naar...'

Wanneer iedereen de zaal uit loopt en zich naar de foyer begeeft voor een drankje, blijf ik achter. Ik kan niet geloven wat er allemaal in zo'n korte tijd is gebeurd. Aan alles voel ik dat het iets groots is, en dan heb ik het niet over de prijs die ik in mijn handen stevig vasthoud. Mijn ouders komen uit de foyer weer terug de zaal in. Aan mijn moeder zie ik mijn eigen gevoel van blijde ontzetting. Mede door de manier waarop ze me omhelst. Hoe ze me vasthoudt.

'*A wouldi djelli*,' blijft ze maar herhalen. 'O, mijn zoon.'

Ook al straalt ze van geluk, toch zie ik ook in haar ogen dat ze geen idee heeft wat er nu precies is gebeurd. Twee uur eerder kon ze nog anoniem overal gaan en staan, en nu wordt ze bedolven onder felicitaties. Als je als enige in de zaal een hoofddoek draagt, ben je natuurlijk voor iedereen ook heel herkenbaar. Mijn vader is stil en emotioneel. Hij kan zijn tranen niet bedwingen. Deze prijs is ook voor hen. Maar de woorden die uit mijn mond zijn gekomen gaan over veel meer dan die prijs. Die gaan over Nederland. En het zijn die woorden die ervoor zorgden dat van de ene op de andere dag heel Nederland mij even kende.

In bijna alle kranten sta ik op de voorpagina. Ik moet kiezen bij welke talkshow ik ga aanschuiven. En daar waar ik niet aanschuif, hebben ze het er alsnog over. Waarom was dit moment zo belangrijk? Er worden columns over geschreven. Mijn aantal volgers op Twitter vertienvoudigt. Dagen ben ik trending. Facebook ontploft. Ik ontvang honderden berichten, kaarten, bloemen. Op straat willen mensen me continu feliciteren. Het Gouden Kalf wordt een bijzaak. Het gaat alleen maar over die woorden: de speech.

Maar het is niet alleen maar hartverwarmend. Ik krijg ook voor het eerst te maken met de lelijkheid van media. Met haatreacties, racisme en misgunning. Omdat ik daar op het podium in de Stadsschouwburg in Utrecht, toen ik de prijs voor de beste acteur in ontvangst nam, ook mijn plaats in deze samenleving opeiste door te zeggen dat ik een Nederlander ben, met Marokkaans bloed, en een moslim.

Die eerste dagen erna zijn zo heftig en intens dat ik besluit om me even te onttrekken aan de tsunami van media-aandacht die over me heen komt. De druppel is een journalist die onaangekondigd voor de deur van mijn appartement in Rotterdam staat. En zonder beneden aan te bellen, kun je het gebouw niet in. Dus hij moet gewacht hebben tot iemand het appartementencomplex verliet.

Ik ga een paar dagen naar mijn ouders, die ook in één klap bekende Steenbergenaren zijn geworden. Als we daar 's avonds samen op de bank toevallig naar het nieuws op de Marokkaanse zender 2M kijken, zijn we overdonderd. De beelden van de uitreiking van het Gouden Kalf hebben ook Marokko bereikt. Ook daar hebben ze het over die Nederlands-Marokkaanse jongen die is uitgeroepen tot de beste acteur en live op televisie een statement heeft gemaakt. Gelijk gaat de telefoon en worden mijn ouders gebeld door familie uit Marokko.

Zelf word ik alsmaar stiller. Het is veel, misschien wel te veel. Ook omdat ik alles wil lezen. Mijn hoofd maakt overuren. Hoe ga ik hiermee om? Ik kan niet overal op reageren. Het is overweldigend. Allerlei stempels krijg ik opgedrukt. Opeens ben ik een 'held' en een 'rolmodel'. En voor anderen ben ik weer iemand die in een slachtofferrol kruipt, of heb ik alleen maar gewonnen omdat ik Marokkaans ben. Door diezelfde types wordt zelfs geschreven dat als het me hier niet bevalt, ik maar terug moet naar mijn eigen land. Terwijl dat nou juist is waar die speech over gaat.

Mijn politieke statement overschaduwt helaas de rest van de speech. Want voor mij zijn de woorden waarmee ik bewust jongeren aanspreek, dat als ze straks tachtig zijn en terugkijken op hun leven, ze geen spijt moeten hebben van de dingen die ze niet gedaan hebben, net zo belangrijk. Ik heb niet voor niks op mijn tegel die in Utrecht op de Walk of Fame ligt de woorden 'live your dream' geschreven. Het Gouden Kalf staat voor mij voor mijn levenslange droom, die ik heb weten waar te maken.

De maanden die volgen, heeft mijn agent Henze een dagtaak aan me. We worden bedolven onder de aanvragen, die we allemaal willen honoreren. Alle interviews en alle programma's ga ik doen, dat is de strategie. Om ruchtbaarheid te geven aan de boodschap van de speech en voor mijn zichtbaarheid. In de hoop dat er meer rollen op mijn pad komen.

Maar of dat een goed idee is?

Ik hou van Holland

'Hoeveel Nederlandse films kun je noemen die een Gouden Kalf hebben gewonnen?' vraagt Linda de Mol mij. Ik staar voor me uit. Normaal weet ik heel veel over films, kan ik je zo vertellen wie waarin speelde, wie regisseerde en welke prijzen de hoofdrolspeler heeft gewonnen. Maar niet vandaag.

Terwijl ik drie maanden daarvoor met *Rabat* zélf een Gouden Kalf heb gewonnen, zou ik toch in ieder geval die film moeten kunnen noemen. Maar het komt gewoon niet bij me op. Ik kan mijn eigen filmprijs niet herinneren.

Sinds mijn Gouden Kalf krijg ik geregeld uitnodigingen voor optredens in programma's vol bekende Nederlanders. Het winnen van dat gouden beeldje is voor de redacties in Hilversum en Aalsmeer een soort stempel van goedkeuring, zo lijkt het wel. Dankzij die prijs ben ik ineens een BN'er.

Gretig ga ik op alle uitnodigingen in. Hoe bekender bij het grote publiek, hoe beter de rollen die ik aangeboden zal krijgen door producenten, redeneer ik. Dus kom maar op met dat praatprogramma en die quiz, ik zal er zijn. Het doet een beetje denken aan het begin van mijn acteerloopbaan, toen ik zelfs ja zei tegen een musical, zonder zangkunsten ging ik er toch staan, omdat ik zó graag wilde.

Gelukkig zie ik na een paar maanden en enkele minder gelukte optredens dat mijn strategie niet werkt. Ik moet kritischer zijn als het op uitnodigingen aankomt, een regel verzinnen waarom ik bepaalde dingen wél, en andere dingen zeker níet doe. En daarbij heb ik hulp nodig, want zelf zie ik door de bomen het bos niet meer. Tot dat moment doet Henze Pegman mijn boekingen. Ik heb heel veel aan hem te danken, Henze was mijn steun en toeverlaat toen ik nog helemaal niemand was. Maar hij kan mij in deze fase minder goed helpen, merk ik; het aantal aanvragen groeit ook hem boven het hoofd. Ik heb geen agent nodig, maar een manager. Er lopen in de Nederlandse wereld van film en toneel een paar goede rond, welke zou mij verder kunnen helpen?

Alsof het zo moet zijn, loop ik er al snel eentje tegen het lijf. Ik krijg een uitnodiging voor een fotoshoot. Het is de tijd dat nieuwe online media als paddenstoelen uit de grond schieten en *Rooms* is er daar eentje van. Het is een online glossy en de fotografe van dienst blijkt Janey van Ierland. Ik ken haar naam heel goed, vooral als de oprichtster van Nummer19 management, én als de manager van onder anderen Carice van Houten en Halina Reijn.

De fotosessie is in een Amsterdams hotel. Zoals altijd zijn er veel wachtmomenten, als ik van kleding moet wisselen bijvoorbeeld, of de technici de kamer ombouwen voor een nieuwe serie foto's. Tijdens die momenten raak ik aan de praat met Janey. Ik vertel over mijn loopbaan en vooral de orkaan die is opgestoken sinds het Gouden Kalf. Ik laat blijken dat ik niet goed weet hoe ik met al die druk om moet gaan. Misschien heeft ze een paar tips, hoop ik. Maar Janey wil verder gaan dan dat.

'Als je een keer wilt praten?'

Graag! Ik had niet gedacht dat ik al tot haar doelgroep behoor, ze managet de top van het Nederlandse acteursgilde en doet ook internationale opdrachten. Zij ziet dat anders, ik ben volgens haar toe aan goed management. Er komt een vervolgafspraak in een restaurant naast Rotterdam CS. Ik vertel over mijn ambities wat betreft film en theater. Zij hoort me aan en denkt na hoe ze me van dienst kan zijn.

'Jouw probleem is dat je met hagel schiet. Dat kost veel tijd en energie en de kans dat je iets raakt is heel klein,' concludeert Janey als ik heb verteld over mijn afgang in *Ik hou van Holland*. Ik moet veel gerichter te werk gaan, vindt ze.

'Niet tegen alles ja zeggen, maar een strategie uitstippelen om een evenwichtig profiel te krijgen in de media.'

Precies wat ik wilde horen. We gaan samenwerken, besluit ik daar en dan. Janeys collega Anouk Goorman wordt mijn dagelijkse manager, Janey zelf houdt de hoofdlijnen van mijn loopbaan in de gaten.

Dat betekent ook dat ik tegen Henze moet zeggen dat onze samenwerking gaat stoppen. Die boodschap ligt als een steen op mijn maag. Hoe zeg je tegen iemand die zó goed voor je is geweest dat je afscheid gaat nemen? Henze neemt het gelukkig heel goed op.

'Ik begrijp het,' zegt hij tegen me. 'Je gaat een andere fase in.'

In de jaren daarna blijft hij komen naar al mijn voorstellingen. Wat een topper, wat een supporter.

Met Janey en Anouk ga ik in de weken daarop in gesprek over onze plannen. Wat wordt mijn volgende stap? Waar zie ik mezelf over vijf jaar? Hoe ga ik mijn doelen verwezenlijken? Het zijn vragen die ik nooit duidelijk heb beantwoord. We besluiten dat spelprogramma's voor mijn carrière van geen enkel belang zijn. Ik ben de film- en theaterwereld niet ingestapt om bekend te worden, maar om rollen te spelen en verhalen te vertellen. Bekendheid kan een gevolg daarvan zijn, maar het is niet het doel. Ik wil dat mensen mij herkennen vanwege een film, serie of theaterproductie, niet omdat ik een BN'er ben. Het is om die reden dat ik stop met het presenteren van het programma *Op de bon*. Dat werd zo goed bekeken dat mensen op straat 'Hé, Op de Bon' naar me begonnen te roepen.

Welke programma's komen wel in aanmerking? Programma's met inhoud en engagement. Deze mediastrategie lijkt misschien niet wereldschokkend, maar het geeft me het broodnodige overzicht. Het helpt me om te bepalen wie ik ben en wat mijn rol is in deze wereld. Wat is mijn naam waard? Nog zo'n vraag die mijn management mij helpt beantwoorden. En dan hebben we het niet over geld, maar waar mijn optredens iets kunnen toevoegen aan bijvoorbeeld een maatschappelijk debat.

Dus als ik gevraagd word voor het programma *24 uur met...*, het marathoninterview door Wilfried de Jong, zeg ik gelijk ja. Typisch een programma waarin ik mij veel meer thuis voel dan in de Aalsmeerse spelletjesfabriek. In die vierentwintig uur heeft Wilfried de tijd om de diepte in te gaan. Ik krijg de ruimte om mijn verhaal te vertellen en kanten van mezelf te laten zien die het grote publiek misschien nog niet kent.

Verborgen verleden is om diezelfde reden een perfecte match. In het programma ga ik op reis om een deel van mijn stamboom te onderzoeken. In mijn geval concentreren we ons op de lijn van mijn opa, de vader van mijn moeder. Waarom? Omdat het verhaal gaat dat de naam Ouariach, zoals mijn opa met zijn achternaam heet, helemaal blijkt terug te gaan naar de profeet Mohammed, vrede zij met hem. Ik heb het altijd met een korreltje zout genomen. Maar voor het programma lijkt het me een interessant gegeven om uit te zoeken. En daarvoor moet ik naar Marokko.

Omdat in Marokko pas sinds 1950 sprake is van een burgerlijke stand, is alles daarvoor via de orale traditie doorverteld. Dus ga ik in gesprek met familieleden om erachter te komen hoe ver ik terug kan in de lijn van mijn opa. Ik ga naar zijn geboorteplaats Bni Sidal, waar ik een halfzus van hem spreek die mij vertelt over een heilige met de naam Ouariach.

'Maar om verder te komen, moet je naar hadji El Arbi. Hij zal jou meer kunnen vertellen,' zegt ze.

Hij blijkt in het bezit te zijn van authentieke boeken die meer dan honderd jaar oud zijn en waar alle afstammelingen van de Profeet in staan. De naam Ouariach wordt hierin ook genoemd. Het staat er echt. Zwart-op-wit.

Als je een afstammeling bent, krijg je de titel Sharif. Van die titel is vaak geprofiteerd door mensen om de voordelen van die titel mee te kunnen pakken. Zo is een Sharif vrijgesteld van belasting. Op de markt kon je bij wijze van spreken al zo'n document kopen. Maar we staan hier niet op de markt.

Hadji El Arbi heeft echt bewijs in handen en bevestigt dat ik een afstammeling ben van de Profeet. 'Sharif Nasrdin Dchar' noemt hadji El Arbi mij. Het is moeilijk te bevatten dat ik ben verbonden met de man die door de manier waarop hij leefde en zijn volgelingen toesprak een religie vestigde die door inmiddels 1,9 miljard over de hele wereld wordt beleden. 'De boodschapper' van de islam is van een andere orde maar het is ook wat ik doe: verhalen vertellen met een boodschap. Ik had ergens in deze zoektocht gehoopt om iets van een verhalenverteller te ontdekken in mijn stamboom, maar deze ontdekking zag ik totaal niet aankomen.

Nummer19 vertegenwoordigt me vanaf dat moment ook tegenover producenten van films en series. Casting directors die een hoofdrol in de aanbieding hebben bellen het management als er interesse is. Er wordt veel tijd in mij geïnvesteerd. En ik hoef niet meer zelf mijn agenda bij te houden. Of het nou gaat om een onderhandeling, een draaidag of een interviewaanvraag, alles wordt door Nummer19 gemanaged. Zo gaat het dus als je tot de A-categorie behoort. Heerlijk zo'n management. Kom maar op met die rollen.

En dan blijft het stil.

Als je denkt dat na een Gouden Kalf de rollen voor het opscheppen liggen, kom je bedrogen uit. Ik heb zelfs weleens gehoord dat er een vloek rust op de winnaars van de categorie beste acteur. Cees Geel overkwam het; na zijn prijs voor de film *Simon* heeft hij het een paar jaar moeilijk gehad.

Niet dat ik niks te doen heb. Ik speel gastrollen in de televisieseries *'t Schaep* en *Moordvrouw*. Daarnaast speel ik de oorlogsheld Felix Halverstad in *Süskind* van Rudolf van den Berg. Een film over een joodse man die bekend werd door zijn rol bij het helpen ontsnappen van joodse kinderen uit de Hollandsche Schouwburg in Amsterdam. Walter Süskind, gespeeld door Jeroen Spitzenberger, organiseerde die ontsnappingen. Het is een soort Nederlandse versie van *Schindler's List*.

Ook al is het een bijrol, toch vind ik het mooi om onderdeel van deze grote productie te zijn. Niet alleen omdat het weer een rol is die losstaat van mijn migratieachtergrond, maar ook omdat ik mag proeven van de manier waarop er in Amerika films gemaakt worden. In Roemenië, waar *Süskind* gedraaid wordt, passen ze namelijk dezelfde werkwijze toe.

Maar het meest ben ik onder de indruk als ik de kleding van mijn personage Felix Halverstad moet doorpassen. Ik moet me melden in een loods in Amsterdam. Als ik binnenstap zie ik rekken vol kleding staan. Van legeruniformen tot kinderkleding. Het is alsof ze zijn bewaard uit de tijd van de Tweede Wereldoorlog. Ik krijg een stapel outfits mee om te passen. Het ziet er afgedragen uit en het zit wat ruim allemaal, maar dat is juist goed. Als ik in de spiegel kijk, zie ik door de kleding het tijdsbeeld.

Eén ding mist nog. De dame van de kleding speldt zichtbaar op borsthoogte van mijn jas een Jodenster op. De zespuntige gele ster met daarin in quasi-Hebreeuwse letters het woord jood.

Om de joden te onderscheiden van de overige bevolking. Op school heb ik erover geleerd tijdens de geschiedenislessen. Ik heb ook veel films en documentaires gezien over die tijd en de impact van het symbool. Het dehumaniserende effect ervan.

En nu draag ik hem.

Het heeft meer impact dan al die lessen bij elkaar. Ik voel een enorme weerstand.

In een openluchtstudio in Roemenië is de Amsterdamse Plantage Middenlaan voor een deel nagebouwd. De set brengt ons allemaal terug naar de oorlog; het is indrukwekkend om tussen een menigte te staan van figuranten die allemaal dezelfde ster dragen. Steeds vraag ik me af hoe het mogelijk is dat dit heeft kunnen gebeuren en realiseer ik me hoe belangrijk het is om de verhalen uit die tijd te blijven vertellen. En de lessen die we daaruit kunnen trekken. De oorlog, en het lot van het joodse volk in die tijd, zal nog een paar keer onderdeel worden van mijn werk.

Een belangrijke regel in mijn vak is dat kleine rollen niet bestaan, alleen maar kleine acteurs. Vandaar dat ik ja zeg tegen de rol van Hamza in de film *Wolf* van mijn *Rabat*-broeder Jim Taihuttu. Marwan Kenzari speelt daarin de hoofdrol van Majid, een optreden dat voor hem zijn internationale doorbraak zal betekenen. Ik ben in de film zijn ongeneeslijk zieke broer; al mijn scènes zijn dus in een ziekenhuisbed.

In een scène is Hamza zo ziek dat hij door zijn broertje Majid uit bed wordt getild. Vervolgens geeft Hamza in de armen van zijn broer over, een nogal heftig moment in de film. Dat ene moment moet ervoor zorgen dat het publiek gelooft dat Hamza ernstig ziek is. Om diezelfde reden moet ik flink afvallen. Ik ben van nature al slank, toch lukt het me onder begeleiding om in drie maanden nog eens tien kilo af te vallen. Op de draaidag weeg ik 59 kilo. Door ook nog mijn hoofd kaal te scheren, is het beeld compleet.

Het zijn cadeautjes die ik mezelf geef. Door het afvallen en de kale kop hoef ik bijna niets meer te doen, het ziet er echt uit alsof ik lijd. Ook al zijn het maar een paar scènes, het is al het afvallen meer dan waard. 'Alles voor de kunst,' zeg ik dan ook altijd. Ook deze film wint allerlei prijzen in binnen- en buitenland. Zowel Jim als Marwan wint in Nederland een Gouden Kalf. Jim voor zijn regie. Marwan als beste acteur. Namens Jim, die in het buitenland is, mag ik het Gouden Kalf in ontvangst nemen. Deze keer hou ik het netjes bij een tekst die hij mij doorstuurt.

Het is jammer dat het wat betreft hoofdrollen in een film of serie stil blijft. Met mijn management besluit ik ook om even geen bijrollen te spelen. We gaan wachten op die hoofdrol. Ondertussen focus ik me op wat altijd al mijn basis is geweest, het theater. Nu heb ik daar genoeg tijd voor. Alize Zandwijk is artistiek leider bij het Ro Theater. Zij neemt mij daar aan en geeft me de kans om me verder te ontwikkelen. Ik zal daar in meerdere producties gaan spelen.

Ik speel onder andere een van de hoofdrollen in de voorstelling *Branden*, geschreven door de Canadees-Libanese schrijver Wajdi Mouawad. Een prachtig stuk en een theaterhit, met lovende recensies. Het wordt uiteindelijk ook nog geselecteerd voor het Theaterfestival, als een van de beste voorstellingen van het jaar. Maar het meest ben ik blij met het verhaal; een actueel, indrukwekkend, maatschappelijk geëngageerd, ontroerend verhaal. Het gaat over hoe een tweeling, via het testament van hun overleden moeder, de opdracht krijgt op zoek te gaan naar hun vader en hun broer in een door oorlog verwoest land. Tijdens die zoektocht ontrafelen ze een geschiedenisverhaal dat zowel mij als het publiek elke avond diep ontroert.

Het begint me op te vallen dat de producties waaraan ik meewerk vaak gaan over identiteit. Over het antwoord op de vraag: wie ben ik? Met als boodschap dat het goed is om je geschiedenis te kennen. Ook in de voorstelling *Kust* is dat het geval, ook geschreven door Wajdi Mouawad. In het stuk speel ik een zoon die zijn vader wil begraven in diens land van herkomst. Ik zeul met het lijk, op zoek naar een geschikte plek. Hoe prachtig en belangrijk ik deze verhalen ook vind, toch merk ik langzamerhand dat ik iets anders wil. Niet meer elke avond de geschiedenis van een fictief personage spelen, maar op zoek gaan naar mijn eigen geschiedenis.

‘Li fet met’ (Wat geweest is, is dood)

Het theater is zo intiem, zo eenvoudig. Het leent zich bij uitstek voor persoonlijke verhalen en openhartige vertellingen. Tijdens het spelen van *Avenier* was bij mij al een plannetje opgekomen, dat ik ondertussen misschien eens moest gaan uitvoeren. Tijdens de discussies die ik had met Maria Goos over de rol van Mohammed bood ze immers aan nog eens een voorstelling te maken over het loyaliteitsconflict waarin ik terecht was gekomen. Zou dit niet een mooi moment zijn?

We hebben contact gehouden na *Avenier*. Ze is samen met haar man naar een van mijn voorstellingen gekomen. *De titel is focking lastig* is mijn allereerste solovoorstelling, bij theatergroep Likeminds. Het gaat over een jongen die op het vliegveld aan het wachten is op zijn vlucht naar Marokko. Tijdens het wachten begint hij verhalen te vertellen. Over zijn moeder. En uiteindelijk blijkt dat hij onderweg is naar Marokko om haar te begraven.

De voorstelling is voor mij een onderzoek hoever ik op het toneel kan gaan met het meer fictief maken van mijn persoonlijke verhaal, want mijn moeder is niet overleden. Toch neemt iedereen die komt kijken het voor waarheid aan. Sterker nog, sommigen komen na afloop naar me toe om me te zeggen dat ze het helemaal niet wisten over mijn moeder. Dat is ook de kracht van verhalen vertellen: als je het goed doet, neem je iedereen mee en geloven ze elk woord. Vooral in deze vorm, waarbij ik als mezelf op het toneel sta. Ik merk dat het me heel erg bevalt.

Ik speel de voorstelling tijdens de Uitmarkt in een zaaltje van de Amsterdamse toneelschool. Het is zo druk dat mensen op de grond zitten.

Het is altijd spannend als er 'belangrijke' mensen in de zaal zitten, zoals in dit geval Maria en haar man Peter. Gelukkig vinden ze het een mooie voorstelling. Als ik grappend zeg dat het tijd is om een belofte na te komen, reageert ze enthousiast.

Natuurlijk herinnert zij zich de toezegging die ze heeft gedaan. Heb ik al een idee? Ja, zeg ik, het zou mooi zijn om het verhaal van de eerste generatie gastarbeiders te vertellen. Mensen als mijn ouders, hardwerkende pioniers, ongezien en ongehoord.

Maria vindt het een prima idee. Ook al omdat ze op dat moment door het land trekt met de voorstelling *Smoeder*, waarin ze het met acteur Marcel Musters heeft over haar eigen moeder. Twee mensen, Marcel en Maria, vertellen over hun band met hun moeders. Een inspirerende manier om een verhaal te vertellen. Gewoon aan een tafel. Ieder een glaasje water. Niets meer, niets minder. Waarom kom ik niet eens langs bij een optreden?

'En neem je moeder mee,' zegt Goos.

Dus zitten mijn moeder en ik een paar weken later in een café in het West-Friese Ursem. Het is de allerlaatste voorstelling, die ook nog eens wordt geregistreerd voor televisie. Na de voorstelling spreek ik Maria, met mijn moeder erbij. Ik zie dat er bij Maria een plannetje aan het rijpen is. Waarom concentreer ik me niet op het verhaal van mijn moeder?

'Je zou je moeder eens moeten interviewen,' zegt Maria. 'Als je me het resultaat stuurt, dan gaan we kijken of ik aanknopingspunten zie.'

Mijn moeder interviewen? Hoe doe ik dat? Mijn moeder wil misschien helemaal niet praten. Zij zegt altijd *li fet met*, wat betekent 'wat geweest is, is dood'. Ze kijkt liever niet meer terug; haar blik is gericht op de toekomst. Op haar kinderen. Dat we het goed doen, dat we het goed hebben en onze dromen waarmaken.

En dan kom ik vragen om terug te gaan in de tijd en me haar verhaal toe te vertrouwen. Ik kies het moment dat ze op de bank ligt en naar een Turkse serie kijkt, in het Arabisch nagesynchroniseerd. Misschien is dit wel een goed moment om het te vragen omdat ze zich door de afleiding van de serie misschien niet bewust is van de impact van mijn vraag.

Maar voordat ik het weet, heeft ze de tv al uitgezet en draait ze zich naar mij toe.

'Ik weet dat als jij begint met "Mama, ik wil je iets vragen", er iets serieus aan de hand is,' zegt ze.

'Ik wil een voorstelling over jou maken,' zeg ik. Dan maar gelijk met de billen bloot.

Ze is even stil. Ik zie haar ogen twinkelen. Dat is altijd een goed teken. Er verschijnt een glimlach op haar gezicht. Ze schenkt rustig een glas thee in en houdt het glas met beide handen vast, alsof ze haar handen ermee wil warmen. Ze denkt na en kijkt tegelijk nieuwsgierig. Dan zegt ze: dan moeten we praten.

Betekent die formulering dat ze niet wil? Nee, ze bedoelt echt praten. Over hoe zo'n voorstelling er zou uitzien. We spreken af dat we dat snel gaan doen.

Dan zet mijn moeder de televisie weer aan. Gerustgesteld dat ik geen slecht nieuws heb.

Een week later zitten we aan de eettafel tegenover elkaar. Ik heb mijn camera meegenomen om alles te filmen. Niet alleen zodat ik niet alles hoef op te schrijven, maar ook omdat we de beelden misschien kunnen gebruiken tijdens de voorstelling. Mijn moeder besluit om die reden toch maar haar hoofddoek op te doen.

Ik vraag en mijn moeder antwoordt. Op al mijn vragen. Het is alsof er een luik opengaat, vol overgave praat ze over haar geschiedenis. Hoe ze als kind was. Dat zij het oogappeltje was van haar vader. Ze bracht hem geluk bij de in- en verkoop van producten voor zijn winkel. En dat, toen ze na een aantal jaar weer terugging naar haar familie, er weinig over was gebleven van de winkel van haar vader. Hij zei dat het geluk met haar was meegegaan toen ze eenmaal trouwde en naar de andere kant van Marokko verhuisde.

Maar ook vertelt ze over hoe haar moeder op veertienjarige leeftijd trouwde met mijn opa, en altijd heeft gezegd dat ze twintig kinderen wilde baren. En dat haar dat uiteindelijk ook echt is gelukt. Alleen heeft ze er wel van tien afscheid moeten nemen. Ze vertelt over hoe moeilijk en zwaar haar leven bij haar schoonfamilie was, maar ook hoeveel respect ze uiteindelijk van haar schoonfamilie heeft gekregen door de manier waarop zij zich opstelde; ze stond altijd klaar voor een ander.

Ze vertelt over de liefde tussen haar en mijn vader en over de reis naar Nederland. Het gaf haar vrijheid en, hoewel ze het niet breed hadden, toch het gelukkige gevoel om samen met haar man en kinderen een nieuw bestaan op te bouwen in een land dat niet het hare was. Mijn moeder is ook openhartig over haar depressie en de ziekte van mijn vader. Hoe ze van de ene op de andere dag besloot een hoofddoek te dragen. En hoe ook zij Nederland heeft zien veranderen.

Na ruim drie uur ben ik door al mijn vragen heen en kijk ik in stilte naar haar. Volledig overrompeld door alles wat ze met me heeft gedeeld. Ze kijkt naar me met een blik die verraadt dat ze op mijn volgende vraag wacht. Terwijl ik alleen maar stil kan zijn. In drie uur tijd heeft ze haar leven verteld; ik heb tranen in mijn ogen en ben ontroerd. Omdat er voor mij een nieuwe wereld opengaat. Ik realiseer me op dat moment dat ik maar heel weinig weet over mijn moeder. Omdat zij er nooit over heeft gesproken, en wij er nooit naar hebben gevraagd. Haar geschiedenis is ook mijn geschiedenis. Ik ben haar dankbaar dat ze mij haar verhaal toevertrouwt. En ik ben trots op haar.

'Ik denk dat ik alles wel heb zo.'

‘Oké,’ zegt ze, ze staat op en loopt naar de keuken. Ondertussen vraagt ze of ik nog blijf eten.

‘Nee hoor,’ antwoord ik. ‘Ik ga naar huis.’

Dan pakt ze een paar kipbastilla’s uit de diepvries, doet ze in een zakje en zegt: ‘Neem dit maar mee, dan hoef je niet te koken.’

Ik pak mijn spullen, ik geef haar nog een kus op haar hoofd en stap de auto in naar huis.

Het materiaal dat ik tijdens het gesprek met mijn moeder heb verzameld, stuur ik naar Maria. Die gaat ermee aan de slag. Maar ik heb het gevoel dat het te weinig is, dat ze nog niet voelt wat voor verhaal er in mijn moeder zit. ‘Waarom ga je niet een paar dagen mee naar Marokko,’ vraag ik Maria. Ze vindt het een goed idee. Dus boeken we beiden een ticket. We zullen een paar dagen doorbrengen in Oujda, waar mijn ouders eind jaren negentig een huisje hebben laten bouwen.

Onze reis in Marokko begint in Touissit, waar mijn ouders vandaan komen. Het miezert en het is koud. Hier begon de weg van mijn ouders, die ze naar Steenbergen zou leiden. Maria kijkt en proeft de omgeving. Daarna gaan we terug naar Oujda, waar we naar het huis van mijn oma gaan. Daar hebben enkele van mijn familieleden zich verzameld. Maria krijgt de volledige behandeling van Marokkaanse gastvrijheid. Dat betekent veel eten, nog meer thee en een boel gezelligheid. Natuurlijk zingen en dansen we, dat hoort erbij in Marokko. Zoals we ook altijd deden toen oma nog leefde. Het is aan ons om die traditie in leven te houden en dat doen we vol overgave.

Als we door onze wijk lopen valt het op dat er veel huizen staan met gesloten rolluiken. Ik leg haar uit dat die van Marokkanen zijn die in Europa wonen, maar net als mijn ouders een ‘paleisje’ in Marokko hebben. Maria kijkt ernaar en ik zie haar denken.

‘Die huizen staan voor evenzovele dromen,’ zegt ze. ‘Al die gesloten luiken, deze wijk is een begraafplaats van de verloren illusies.’

Als ik die zin later in het stuk zal uitspreken, schiet ik altijd weer vol. Omdat het precies raak is. De huizen behoren toe aan al die mensen die hebben gedacht ooit terug te keren, zoals mijn ouders dat ook ooit gedacht hebben. Ons paleisje staat negenenveertig weken per jaar leeg. Nu mijn broer, zussen en ik ouder zijn, willen we ook meer van de wereld zien. Dus bezoeken we andere landen in plaats van elke keer naar Marokko te gaan.

Ook mijn moeder vindt tegenwoordig een all-inclusivereis naar Turkije heerlijk. Daar hoeft ze zich nergens zorgen over te maken. Alles is geregeld. Het strand, het zwembad naast het hotel, en het belangrijkste, het eten. Naarmate mijn moeder ouder wordt, begint het koken haar op te breken. Elke keer weer bedenken wat te moeten maken. Met een man die niet de makkelijkste is wat dat betreft. In Turkije kan iedereen voor zichzelf opscheppen en de keuze is er in overvloed.

‘Waarom verkopen we het huis niet,’ heb ik een keer geopperd. Mijn vader werd woest toen ik die vraag stelde. Ik zal nooit echt kunnen voelen wat het huis voor hen betekent. Daarom emotioneert die ene zin van Maria me zo. In één klap maakt die duidelijk wat er met de generatie van mijn ouders is gebeurd.

Ook in Nederland gaan we verder met praten en nadenken over de voorstelling. Met het interview, de gesprekken die we hebben gevoerd en de reis naar Marokko als bagage, schrijft Maria een eerste versie. Daar schrik ik nogal van. Het is te zwaar en nog belangrijker, ik herken mijn moeder niet in het verhaal. Daarnaast vind ik het verloop van het verhaal nog niet kloppen. Maria neemt mijn feedback mee en schrijft het in het stuk. Het loopt al een stuk beter. Toch blijft het grootste probleem nog bestaan. De rol van mijn moeder en dan vooral het feit dat ze in het stuk heel gebrekkig spreekt. Maria ziet er poëzie in; ik vind het clichématig en storend. We mailen elkaar over en weer. Ik wil mijn moeder niet op die manier spelen. 'Ze is geen intellectueel,' krijg ik nog als reactie van Maria.

Hoe ironisch is het dat ik uit *Avenier* wilde stappen vanwege een cliché. En nu overkomt het me weer. Ik ben radeloos en het lukt me maar niet om Maria te overtuigen. Totdat ik tegen haar zeg dat als ik met mijn moeder praat, ik haar niet zo hoor. Eindelijk valt het kwartje. Waarop dat ook onderdeel wordt van het stuk: 'In het Arabisch maakt mijn moeder zulke mooie zinnen, die heeft de buurvrouw nog nooit gehoord.' Zo komt langzaam een stuk tot stand dat het verhaal van mijn moeder op een heel knappe manier in woorden vangt. Een titel is niet moeilijk te bedenken. We noemen het *Oumi*, 'mijn moeder'.

De stem van een generatie

Het is belangrijk je geschiedenis te kennen, zeker voor mensen met een migratieachtergrond. Het geeft me een kracht die bijna onbewust een schild vormt dat mij beschermt als er weer eens iets lelijks wordt gezegd over Marokkanen of moslims. Het negatieve beeld dat opdoemt als je over Marokkanen in Nederland hoort, is precies wat ik met mijn werk wil veranderen. Daarom is een voorstelling als *Oumi* zo belangrijk voor mij, omdat ik daarin die ambitie kwijt kan.

Oumi gaat over mijn moeder, natuurlijk. Maar het is meer dan alleen haar verhaal.

'Ik ben heel blij dat ik de stem mag zijn van een generatie vrouwen die we nauwelijks kennen,' heeft mijn moeder gezegd toen ik haar interviewde.

Zo had ik er nog helemaal niet naar gekeken, maar mijn moeder heeft helemaal gelijk: met de voorstelling *Oumi* wordt haar geschiedenis het verhaal van al die vrouwen die een halve eeuw geleden hun mannen achterna zijn gereisd naar Europa. Vrouwen die we zo weinig zien en horen in Nederland, maar waarover door velen geoordeeld wordt, zonder ze echt te kennen. Het gaat ook over de worstelingen, de verbazing, de aanpassingen die ze moesten maken, het zit er allemaal in.

Maria heeft met Theater Bellevue geregeld dat ik in het voorjaar van 2011 de voorstelling een maand lang als lunchvoorstelling in de Paloni Zaal mag spelen, waar maximaal zestig man in kan. Ze zegt dat als de pers en het publiek de voorstelling enthousiast ontvangen, haar agent en tevens impresario ervoor gaat zorgen dat er een tournee door Nederland komt. Dat lukt. Middag na middag is het publiek geboeid door het verhaal van een jonge vrouw die uit een dorpje in het Rifgebergte naar Nederland komt. Ik vertel hoe ze zich staande weet te houden. Over de steun die ze al die jaren haar man en kinderen gaf, maar ook zelf nodig heeft. Het gaat over hoe ik dankzij de voorstelling dicht bij haar kom en daardoor tegelijk mezelf ook vind.

'Knaagt er een muis aan je hart, Nasrdin?'

Oumi vraagt het aan mij in de voorstelling. Het gaat over de verlammende twijfel die ik geregeld voel.

'Ja,' zeg ik, 'bij jou?'

'Bij mij ook.'

Het verhaal geeft niet alleen een inkijkje in een Marokkaanse familie, het is ook zo universeel dat het ons allemaal aangaat. Wat me opvalt is dat de zalen vooral gevuld zijn met witte, oudere mensen. Het zijn dezelfde mensen die ook naar *Avenier* kwamen kijken. Ze laten mij inzien hoe belangrijk het is om *Oumi* te spelen. Want los van het feit dat ze de voorstelling mooi vinden, gaan bijna alle reacties over de onwetendheid wat betreft het verhaal van de eerste generatie migranten.

'Daar heb ik nooit bij stilgestaan,' wordt vaak na een voorstelling tegen me gezegd.

Die opmerking raakt me. Ik vraag me af hoe het kan dat mijn ouders en al die andere migranten bijna vijftig jaar deel uitmaken van de Nederlandse samenleving en dat er blijkbaar heel veel mensen niet stil hebben gestaan bij hun verhaal. Juist om deze reden is *Oumi* belangrijk. Omdat het tijd wordt dat dit soort verhalen onderdeel worden van het Nederlands DNA.

De recensies en de publieksreacties zijn lovend. Dus komt de tournee er. Bij elkaar speel ik de voorstelling meer dan honderd keer. *Oumi* wordt geselecteerd voor het Theaterfestival en ik mag het op Lowlands spelen in de Juliet, de theatertent waar vijftienhonderd man in kan. Omdat ik in de tussentijd een Gouden Kalf win en van de ene op de andere dag 'bekend' ben geworden, zie ik ook dat het publiek in de zaal verandert. Het wordt diverser. Steeds meer mensen met verschillende achtergronden vinden de weg naar het theater. Iets wat ook de theaterdirecteuren opvalt.

'Er zit een heel ander publiek in de zaal,' glundert de directeur van een theater in het oosten van het land na een voorstelling.

Ik kan alleen glimlachen. Missie geslaagd.

De hel

Veel stukken die ik speel, doen het goed. Maar soms maak ik ook minder slimme keuzes. Terwijl ik nog op een high zit van *Oumi*, zeg ik ja tegen een rol in *Oedipus*. Het klassieke verhaal over een prins die zijn vader vermoordt en zijn moeder trouwt, maar dan in een bewerking van Oscar van Woensel. Regisseur is Alize Zandwijk van het Ro Theater, met wie ik eerder de voorstellingen *Branden* en *Kust* heb gemaakt. Zij is een belangrijke persoon in mijn loopbaan.

Oedipus lijkt dus in mijn straatje te passen. Zeker als ik hoor dat ik samen met Jack Wouterse de titelrol deel; ik speel de jonge versie en hij de oude Oedipus. Ik had al eens met hem gewerkt in Shakespeares *Koning Lear*, ook onder regie van Alize. Toen speelde ik een bode met een paar kleine scènes, nu gaat het om een hoofdrol.

De eerste repetitiedag krijg ik echter gelijk dat ik misschien toch niet de meest geschikte acteur ben voor dit stuk. De mevrouw van de kleding meet mij een outfit aan die op zijn minst opmerkelijk is te noemen. Ik kom op het toneel te staan in een oranje slip met daaroverheen een soort flashy trainingsjack. Op mijn hoofd zit een blonde pruik met haar tot op mijn billen, op zijn plaats gehouden door een haarbandje. Om het absurde ensemble compleet te maken, draag ik ook nog een skibril.

Het waarom van deze kledij is me niet helemaal duidelijk, behalve dat ik begrijp dat Alize deze voorstelling uit de context van het klassieke Griekenland wil trekken. Alleen snap ik niet wat we precies willen vertellen met deze kleding. De antwoorden die ik krijg zijn niet bevredigend, maar ik ga toch maar mee in deze vormgeving, ik wil het best uitproberen.

We gaan repeteren en ik blijf die zes weken lang twijfelen. Maar dat doe ik natuurlijk wel vaker.

En dan wordt alles echt. Het is het moment van de montage waar we de voorstelling vorm gaan geven met belichting, geluid, kostuums en decor. Het is nog maar een paar dagen tot de try-outs. Alize kijkt hoe Jack en ik op het toneel staan.

'Dit is het niet,' zegt ze op het moment dat we een van de scènes hebben gespeeld.

'Ik voel niets bij jouw Oedipus.'

Ik kan wel door de grond zakken. Na zes weken repeteren blijkt dat er iets mis is met mijn interpretatie. Dat gevoel had ik zelf ook al, maar ik heb steeds gehoord dat het goed zou komen. Tegelijkertijd moet ik Alize gewoon gelijk geven. Ik geloof zelf niet dat ik Oedipus ben. En al helemaal niet in de outfit die ik draag.

'Ik zie mezelf acteren,' zegt Jack op een gegeven moment tegen mij.

Ik snap precies wat hij bedoelt, want ik heb hetzelfde gevoel. En dat is wat je als acteur beslist niet wilt. Je moet je karakter niet nadoen, je moet hem zijn.

In de paar dagen die we nog hebben, sleutelen we keihard aan het stuk. Bij de première hebben ook de recensenten door dat ik me niet op mijn gemak voel als Oedipus in een felgekleurd slipje. Volgens hen ben ik 'flets' en 'eendimensionaal'. Het publiek komt desondanks op de voorstelling af, *Oedipus* doet het aan de kassa best goed. Of ze iets aan mij merken weet ik niet, maar iedere avond is een kwelling. Ongelukkig op het toneel staan is de hel.

En dan gaat *Oedipus* ook nog op tournee, gelukkig slechts twee maanden. Iedere voorstelling opnieuw probeer ik iets te voelen bij mijn rol, probeer ik er betekenis aan te geven. Heel soms lukt dat, de meeste avonden sta ik met tegenzin achter de coulissen te wachten tot ik op moet. Acteren is een ambacht, maar het is meer dan je tekst opdreunen. Je moet de rol die je speelt begrijpen en voelen. Mij lukt dat deze keer niet. De angst om door de mand te vallen is sinds ik ben begonnen met acteren altijd wel aanwezig geweest. Bij *Oedipus* was dat gevoel er continu.

Gelukkig verzuurt de relatie tussen Alize en mij niet. Sterker nog, ze gaat na *Oedipus* een stuk regisseren in Duitsland. Heb ik zin om mee te doen? Ik vind het aardig dat ze me vraagt, toch heb ik geen zin zo ver van huis te zijn. Dus bedank ik.

Oedipus is een les voor mij. Om te luisteren naar mijn gevoel en niet verblind te zijn door de status van een klassiek verhaal. Bovendien sterkt het mij in de ambitie om meer zelf aan de touwtjes te trekken en verantwoordelijk te zijn voor de uitvoering en aankleding van de stukken waarin ik speel. Zodat niemand me meer een blonde pruik opzet als ik dat niet wil.

Op professioneel vlak is het een jaar van hoge hoogtes en diepe dalen. Maar in mijn privéleven haal ik mijn grootste succes. Want Amy en ik wonen weer samen. Alleen wordt dit succes gelijk overschaduwd door grote zorgen. Amy wordt weer opgenomen in het ziekenhuis.

Het Marokkaanse uurtje

Samen met de ouders van Amy zit ik in de wachtkamer van het ziekenhuis. Ik ben onrustig en stik van de zenuwen. We snappen er helemaal niks van. Waarom duurt het zo lang? Wat is er in hemelsnaam aan de hand? Tijdens een kijkoperatie zouden ze bij Amy een cyste weghalen. Het zou drie kwartier duren. Inmiddels zijn we al drie uur aan het wachten.

Dan zie ik de deuren van de operatiekamer openklappen en wordt Amy naar haar kamer gebracht. Een verpleegster komt naar ons toe en brengt ons naar Amy. Als ik de kamer binnenloop zie ik gelijk dat er iets niet klopt. De arts had ons uitgelegd dat een kijkoperatie wordt uitgevoerd aan de hand van drie gaatjes in de buik. En dat het allemaal reuze meevalt. Hoe ik Amy in bed tref valt allesbehalve mee. Wat is er in godsnaam gebeurd? Ik hou haar hand vast en langzaam begint ze bij te komen van de narcose.

Dan komt de arts binnen.

'Het is endometriose,' vertelt hij. 'Dat zijn verklevingen in de buikholte. Toen we het constateerden, hebben we haar gelijk daaraan geopereerd.'

Hij vertelt dat de buikholte nu in orde is, maar dat ze door de verkleving helaas wel de linkereierstok hebben moeten weghalen, daar was geen redden meer aan. Versuft als ze is, komt het nieuws hard aan bij Amy. In tranen doet ze haar best om een vraag te stellen. Het is dezelfde die ook door mijn hoofd spookt.

'Kan ik nog kinderen krijgen?'

De arts knikt van ja, hij ziet geen reden waarom niet. Net als nieren en longen heeft een mens ook twee eierstokken, nou ja, de helft van de mensen dan. Het overgebleven exemplaar zou genoeg moeten zijn om alsnog moeder te worden. Desnoods met een beetje hulp van de medische wetenschap.

Na een paar dagen mag Amy weer naar huis om verder bij te komen van de operatie. Dat gaat gelukkig heel goed. Op een gekke manier is er ook opluchting, want de diagnose endometriose betekent ook dat ze al die jaren niet gek is geweest. De pijn die ze al sinds haar jeugd maandelijks ervaart, heeft eindelijk een naam. Maar helaas is het ook een chronische aandoening. Er bestaat geen medicijn tegen; alleen de anticonceptiepil kan een beetje verlichting geven, maar dat heeft weer invloed op de hormoonhuishouding. Ze houdt er hoe dan ook de rest van haar leven last van.

'Zwanger worden kan ook helpen,' zegt de arts als we weer bij hem langskomen voor een check. Dat komt goed uit, onze grootste droom is om een kindje te krijgen. Maar Amy en ik zijn ook vrij traditioneel, we zullen dan eerst moeten trouwen. Een paar weken later vraag ik haar in bed ten huwelijk. Voor de tweede keer, maar nu gaan we echt doorzetten. Ik heb haar verlovingsring van een nieuw diamantje voorzien en schuif hem rond haar vinger.

Ze zegt ja.

Het betekent dat we een bruiloft moeten gaan plannen. De vraag is wat voor feest dat gaat worden. Marokkaanse en Nederlandse bruiloften verschillen nogal. Hoe gaan we daarmee om?

We besluiten tot een feest waarin de verschillen én de overeenkomsten tussen ons tot uiting zullen komen. Ik heb niet veel wensen, maar de enige harde eis die ik op tafel leg, is ook gelijk een heet hangijzer: ik wil een non-alcoholische bruiloft. Niet alleen vanwege mijn geloof, maar ook omdat ik te vaak recepties heb meegemaakt waar gasten – en soms de bruidegom – aan het einde van de avond lallend dingen zeggen die ze beter voor zich hadden kunnen houden.

Het is een concessie die Amy wel wil doen. Alleen vraagt ze zich af hoe haar vrienden zich dan gaan vermaken. Alcohol hoort voor veel Nederlanders bij een feest, zonder een glas bubbels in je hand kun je immers niet proosten. Gelukkig heb ik in Marokko en in Nederland genoeg bruiloften meegemaakt waar geen druppel alcohol aan te pas kwam die zeer gezellig waren. Het gaat lukken, verzeker ik haar.

Na het kiezen van de trouwlocatie hebben we alleen nog een trouwauto nodig. Ik kan er maar eentje bedenken, de Mercedes waarin we *Rabat* hebben gedraaid en waarin ik mijn inzichten kreeg over de liefde.

En dan is er nog één hobbel die we moeten nemen: de kus.

'Welke kus?' vraagt Amy.

Ik zeg: 'De kus bij het jawoord. Is het misschien een optie dat ik je een kus op je voorhoofd geef.'

'En dat ik dat dan ook bij jou doe?' reageert ze enigszins sarcastisch. 'Wat is er mis met gewoon een kus op mijn mond?' vraagt ze.

Ik blijf even stil.

Dan zeg ik: 'Ik weet niet of ik dat kan.'

Bij Amy valt meteen het kwartje.

'Omdat het hshoema is zeker?'

'Ja, en daarom dacht ik misschien een kus op je hoofd, op je voorhoofd, dat is toch ook mooi,' antwoord ik.

Amy loopt naar de keuken. Ze zet de waterkoker aan. Bij het aanrecht blijft ze naar de waterkoker staren.

Ik weet dat zij weet waarom ik dat niet wil, toch heb ik de behoefte om het uit te leggen.

'Het is omdat mijn ouders er dan zijn, en dat doen we bij hen thuis toch ook niet.' Dan zegt ze: 'Maar wat wil jij, Nas?'

Ik weet het niet. Ik vind het moeilijk. In situaties als deze gaat het niet om wat ik wil. Maar om wat 'de groep' wil en vindt. Daarom zijn er regels over wat hoort en wat niet. En dat zorgt bij mij weer voor een gevoel van schuld. Omdat als ik Amy wel op haar mond zou kussen, ik mijn ouders niet respecteer. Of maak ik het allemaal weer veel groter dan het is?

De nacht voor de bruiloft slapen we bij onze ouders. Heel traditioneel. Zoals het hoort haal ik haar thuis op, samen met mijn nichtjes, die die dag stuiteren van geluk omdat ze onze bruidsmeisjes zijn. Ik loop dezelfde route als vroeger, toen we nog verkering hadden en bij onze ouders woonden. Ik heb mijn trouwoutfit aan. Een zwart pak, wit overhemd, zwarte stropdas en lakschoenen. In mijn hand haar boeket.

In de woonkamer van haar ouders staan we met z'n allen te wachten. Mijn familie. Haar familie. Mijn vrienden Eric en Emile, haar vriendinnen. 'Kan ik al komen?' hoor ik Amy van boven roepen. Iedereen begint te klappen. Onze moeders zijn trots. Onze vaders emotioneel. Ik ben sprakeloos. Ze ziet er zo mooi uit, in haar prachtige witte jurk. Zenuwachtig staan we tegenover elkaar. Ik hou haar hand vast.

Als we naar buiten lopen lijkt het wel alsof de hele straat is uitgelopen om ons geluk te wensen en uit te zwaaien. We rijden in de oude Mercedes naar de locatie waar we elkaar het jawoord geven met de belangrijkste mensen om ons heen. Zonder pastoor of imam, wel met een trouwambtenaar. Zonder champagne, wel met melk en dadels, naar de Marokkaanse traditie. Maar ook lempers, een Indonesische snack van kleefrijst, een verwijzing naar de Indische achtergrond van Amy. Het hele feest is een mengvorm tussen West en Oost.

Natuurlijk zijn onze ouders erbij. Ze hebben veel meegemaakt met ons: succes, verdriet, liefde, ziekte en beter worden. Mijn ouders gaan helemaal mee in hoe we deze dag hebben vormgegeven. Ze hebben er allang geen problemen meer mee dat ik trouw met een vrouw die geen moslima is. Amy is als een dochter voor hen. Ook mijn ouders hebben zich door de jaren heen ontwikkeld. De strengheid waarin ze zelf zijn opgegroeid hebben ze ingeruild voor een meer open geest. En bij het jawoord bezegelen we ons huwelijk met een kus. Niet uit disrespect naar mijn ouders, wel uit liefde voor elkaar. En er is niemand die het me kwalijk neemt. Dus ja, soms maak ik inderdaad dingen groter dan ze zijn.

Die avond staan we met honderdvijftig gasten te dansen op de lekkere beats van Jim en als afsluiter FeestDJRuud. Hij weet iedereen aardig op te zwepen en onze gasten hebben lol. Nog steeds zonder een druppel alcohol. Als ik een paar Nederlandse gasten ernaar vraag, blijkt dat ze het niet eens is opgevallen. Sterker nog, we inspireren die dag enkele vrienden om ook alcoholvrij te gaan trouwen.

Dat wil niet zeggen dat we de zintuigen niet prikkelen. Mijn ouders waren een beetje teleurgesteld toen we vertelden één groot feest te willen geven. Sommige Neder-Marokkaanse families doen twee bruiloften: eentje hier en een in Marokko. Daar hadden we geen zin in, je trouwt maar één keer, vonden wij. Om het feest desondanks een beetje een mocroswag te geven, hebben we het 'Marokkaanse uurtje' bedacht.

De gasten horen onze verrassing al van ver aankomen. Het is Dakka Marrakchia, een soort Marokkaanse brassband, compleet met trommelaars en toeters. Als ze binnenkomen, krijgen de mannen een fez op en de dames een typisch Marokkaans sjaaltje voor om de heupen. Iedereen danst op de opzwepende muziek. Er wordt muntthee geserveerd en typische Noord-Afrikaanse koekjes.

Terwijl ik op de dansvloer helemaal losga, wordt er door een vriendin van Amy op mijn schouder getikt. Ze vraagt waar ze is.

Ik zeg: wie bedoel je? Ze zegt: wie denk je, de bruid natuurlijk! Ik zeg: wacht maar. En op dat moment gaan de gordijnen op het podium open en komt Amy tevoorschijn in een prachtige roze takchita, een Marokkaanse feestjurk.

Vol trots kijk ik naar mijn prachtige vrouw die in het middelpunt staat. Normaal houdt ze daar niet van, maar deze keer gaat ze er helemaal voor. Ze draait rond, danst en zwaait naar alle gasten. Haar vriendinnen kijken vol bewondering toe. En zowel haar moeder als mijn moeder zie ik een traantje wegpinken.

Ik stap het podium op om samen met haar te genieten van het moment. Het is precies de dag geworden zoals wij het wilden hebben. Eenheid in diversiteit, met respect en liefde voor elkaar.

Nog voordat het feest is afgelopen, gaan we er samen stiekem vandoor. Totaal uitgeput van een onvergetelijke dag stappen we in de oude Mercedes. We hoeven er dit keer gelukkig niet mee naar *Rabat*, alleen naar het vliegveld. De huwelijksreis gaat naar Ibiza.

Terwijl wij nagenieten knaagt er bij mijn ouders iets. Ze zijn in alles met ons meegegaan. Trouwen met een niet-moslima? Als ik maar gelukkig ben. Een Nederlands feest? Geen probleem. Maar geen familie? Dat kan er niet in bij ze. Met ons huwelijk breken we met een belangrijke traditie. We hebben, naast onze directe families, vooral vrienden uitgenodigd. Mensen die we al vanaf onze jeugd kennen uit Steenbergen, studiegenoten, collega's uit het theater, nieuwe vriendschappen uit Amsterdam en natuurlijk mijn broeders met wie ik *Rabat* heb gemaakt.

Niet lang nadat Amy en ik terugkomen uit Ibiza, hebben ze een verrassing voor ons. Met een smoes lokken ze ons naar Roosendaal, niet ver van Steenbergen. Als we daar aankomen, weten we niet wat we meemaken. Er is een grote zaal afgehuurd door mijn ouders, met dj en al. De ruimte is hoofdzakelijk gevuld met mijn familieleden uit heel Europa. Sommigen hebben honderden kilometers afgelegd om erbij te kunnen zijn. Stiekem vinden Amy en ik het ontzettend leuk, al hebben we hier zelf niet voor gekozen.

We hadden al nattigheid kunnen voelen.

'Doe iets moois aan en zeg Amy dat ze haar Marokkaanse jurk draagt,' had mijn moeder gezegd.

Net als mijn ouders zijn mijn schoonouders er ook bij. Op het 'echte' feest was mijn schoonvader nog ziek, hij had een moeilijke dag toen. Nu kan hij het dunnetjes overdoen, en dat laat hij zich geen twee keer vertellen. Er zijn ook een paar vriendinnen van Amy. Ze genieten van de Marokkaanse muziek; ze dansen op de opzwepende ritmes van de traditionele trommels.

Als we naderhand doodmoe in bed liggen, kan ik de glimlach niet van mijn gezicht krijgen. We zijn van twee culturen, wat een rijkdom. Ik weet dat een hoop mensen alleen de problemen zien, maar op een avond als deze krijg ik hoop.

Toch heb ik tegelijkertijd een schuldgevoel. Deze avond heb ik met heel veel mensen gesproken, en weer eens gemerkt dat ik de taal van mijn ouders aan het kwijtraken ben. Ik spreek gebrekkig Darija, het typisch Marokkaanse dialect van het Arabisch; mijn zinnen rammelen, geregeld zoek ik naar woorden.

Al snel daarna krijgen mijn overpeinzingen over identiteit en taal een nieuwe dimensie. Amy is zwanger. Onze grootste wens is in vervulling gegaan. De arts in het ziekenhuis had gelijk: met één eierstok lukt het ook. En nog belangrijker: de zwangerschap betekent dat Amy niet meer steeds voor medische controles langs de gynaecoloog hoeft.

Nu mogen we zoals de meeste mensen gewoon naar een verloskundigenpraktijk voor de echo's. Maar deze zwangerschap betekent ook dat we potentieel een volgende belangrijke culturele knoop moeten doorhakken.

Amy en ik turen met toegeknepen ogen naar de echo. Daar zien we het hoofdje en aan de rand een beentje. Alle aanstaande ouders doen dat, maar bij ons speelt er nog iets. Ik kijk vooral naar het middel van de foetus. Is het een jongetje? Want dan moeten we beslissen of we hem besnijden of niet. Voor moslims is dat een non-issue. Ik ben besneden, net als mijn broer, mijn vader en mijn ooms. Het hoort bij onze cultuur, het is wie we zijn.

Toen ik Amy de eerste keer ten huwelijk vroeg, hebben we het er al over gehad. We waren toen in Boedapest en lagen aan het indrukwekkende art-nouveauzwembad van het Gellért Hotel. Omdat we wilden trouwen, moesten we beslissen over een aantal zaken. Daarbij kwam het krijgen van een zoontje ook ter sprake. Mijn mening stond vast: natuurlijk gingen we een jongetje besnijden. Amy vond dat belachelijk, je gaat niet in een gezond lichaam snijden. Waarom zou je?

Ik mompelde iets over cultuur, geschiedenis en traditie. Over hygiëne en mannelijkheid.

We hebben het toen niet op kunnen lossen. Niet lang daarna ging onze relatie door een mindere periode en leek het probleem vanzelf te verdwijnen. Maar nu we écht zijn getrouwd en Amy daadwerkelijk zwanger is, komt de vraag als een boemerang terug.

Dan wijst de gynaecoloog naar de korrelige zwart-witbeelden op de monitor. Amy en ik buigen nog wat verder naar voren om het goed te kunnen zien.

'Gefeliciteerd,' zegt ze. 'Jullie krijgen een dochtertje.'

Carré

Als Amy vijf maanden zwanger is, krijg ik een telefoontje van regisseur Abdelkarim El-Fassi. We hebben elkaar ontmoet in Casablanca bij een vertoning van de film *Rabat*. Sindsdien spreken we elkaar regelmatig en delen we dezelfde ambitie. Ook hij houdt zich bezig met het verhaal van de eerstegeneratiegastarbeiders. Hij heeft een documentaire gemaakt over zijn vader. Die gaat binnenkort in première. Zou het niet een leuk idee zijn als ik een stukje *Oumi* opvoer in de bioscoop voorafgaand aan de voorstelling? De twee verhalen zouden elkaar goed aan kunnen vullen.

Dus sta ik een paar weken later in een Rotterdamse bioscoop en speel een scène. Daarna begint *Mijn vader de expat*, de film van El-Fassi. Zoals we al dachten, vullen beide verhalen elkaar perfect aan. Mijn ouders zitten ook in de zaal en hebben de tijd van hun leven. Ook andere bezoekers reageren enthousiast.

Het bevalt zo goed, dat Abdelkarim en ik beginnen te fantaseren. Zouden we met deze combinatie van voorstelling en documentaire niet het land in moeten trekken? Misschien met een Marokkaanse zangeres erbij en een spoken word-optreden door een dichter? Abdelkarim gaat met het idee aan de slag en voor we het weten ligt er een complete productie, die klaar is voor een reis langs de zalen. Alleen liggen de rechten van *Oumi* bij Maria Goos. Zij moet haar toestemming geven om het stuk te gebruiken. En dat doet ze.

Normaal gesproken regelt een impresariaat een jaar van tevoren een speellijst voor de theaters. Wij hebben echter geen impresariaat en doen al het werk zelf. Door mijn ervaring in het theater heb ik een netwerk van theaterdirecteuren opgebouwd. Ik bel ze een voor een en informeer of ze nog ergens een gaatje in de programmering hebben. Dat blijkt het geval; voordat we het weten, hebben we tien speeldata.

We nemen ook contact op met de media, in de hoop dat we bij een talkshow mogen aanschuiven zodat nog meer mensen gaan weten dat we dit gaan doen. En dat lukt ook. Maar wat in beginsel een tof gesprek lijkt eindigt in een debacle als we worden overvallen met de vraag of wij het ook van belang vinden om ons als moslims uit te spreken tegen IS.

Een typisch voorbeeld van hoe de media inspelen op de onderbuik in de samenleving. Abdelkarim en ik zijn uitgenodigd om te praten over onze voorstelling, een voorstelling waarmee we onze ouders en daarmee de eerste generatie eren. Op geen enkele manier heeft het iets te maken met die afschuwelijke en extremistische groepering. En toch worden we er op nationale tv aan gelinkt. Situaties als deze maak ik daarna helaas vaker mee en ze doen pijn. Ik voel het in elke vezel in mijn lichaam. Want weer gaat het over dat stempel, die door andere opgedrongen identiteit. Weer moeten we ons daartegen weren.

Gelukkig gaat het met de kaartverkoop heel goed en boren we met deze familiegeschiedenissen een heel nieuw publiek aan. Soms zie ik hele Marokkaanse families op de eerste rij. Fantastisch. De feedback die ik krijg uit de gemeenschap is dat ze blij zijn dat deze belangrijke verhalen eindelijk worden verteld.

Het animo is zelfs zo groot dat de grotere zalen zich beginnen te melden. Wat begon als een bescheiden idee om twee voorstellingen te combineren, begint een groot succes te worden. Daardoor durven we ook steeds groter te denken. De programmeur van Carré is meteen verkocht als hij de voorstelling ziet. We gaan met hem en de directeur praten hoe we in Carré een nog mooiere avond kunnen organiseren.

Daar hoeven we niet lang over na te denken: we willen Najib

Amhali! Als hij mee wil doen en een kwartier stand-upcomedy kan verzorgen, dan is de avond helemaal af. Hij doet mee, wat een held. De man waar ik altijd naar heb opgekeken, zegt ja. Hij was in mijn tijd de enige Marokkaan op het grote toneel. En de man die als eerste cabaretier ooit drie keer de Ziggo Dome uitverkocht. Het zegt veel over zijn betrokkenheid bij het onderwerp en zijn karakter. Het moet de climax worden van een tournee die veel mensen voor het eerst naar het theater heeft laten komen.

Die ene avond in Carré worden er uiteindelijk zelfs twee. Aangezien Carré een koninklijk theater is, zou het toch wel heel bijzonder zijn als de koninklijke familie ook zou komen kijken. Maar hoe krijg je zoiets voor elkaar? In het kader van nee heb je en ja kun je krijgen, besluiten we op YouTube een filmpje te plaatsen waarin Abdelkarim met zijn vader en ik met mijn moeder op een wat ludieke manier de koning en de koningin uitnodigen.

Nooit gedacht dat er een reactie op zou komen.

Maar veel mensen delen het filmpje en de media pikken het op. Voordat ik het weet, heb ik een adviseur van de koning aan de lijn met de vraag of we serieus zijn over de uitnodiging.

'Natuurlijk zijn we serieus,' zeg ik stotterend.

'Dan gaan we dat regelen,' hoor ik aan de andere kant van de lijn.

Helaas is koning Willem-Alexander die dag niet beschikbaar, maar koningin Máxima wel. Alsof dat nog niet genoeg is, wil BNNVARA graag een registratie van mijn voorstelling *Oumi* maken tijdens de avond in Carré. Weer zo'n bucketlistmoment. Hoeveel registraties van cabaretvoorstellingen zag ik wel niet op tv? Onder andere die van Najib. Met een theatervoorstelling wordt dat bijna nooit gedaan. Toch heb ik er altijd van gedroomd dat *Oumi* ooit op tv zou komen. In het theater bereik je nooit zo veel mensen als op tv. Vaak worden er registraties gemaakt van twee voorstellingen zodat je in de montage nog kunt kiezen. Ik heb die keuze niet. Ik heb maar één kans om het goed te doen. En dat in een uitverkocht Carré, met koningin Máxima in de zaal. Samen met mijn vader en moeder kijken ze vanuit de koninklijke loge naar mij.

Tegen het einde van de voorstelling zeg ik:

> Mijn moeder lacht en zwaait vriendelijk in het rond. Alle mensen lachen en zwaaien vriendelijk naar mijn stralende moeder. Onbedoeld is zij het middelpunt van het premièrefeest. Onbedoeld is zij de koningin van het bal. En net als bij een koningin, waar zij is, waar zij loopt ontstaat vanzelf ruimte. Als een slotgracht tussen mijn moeder en alle andere mensen.

Nu vallen die woorden samen met de realiteit. Na afloop betreedt mijn moeder het toneel, onder luid applaus van het publiek. In de foyer schudt ze handen met Máxima. Bij de première van *De geschiedenis van de familie Avenier* heeft mijn vader al eens naast Wim Kok gezeten. 'Dat is gewoon de premier van ons land van vroeger,' was het eerste wat hij vol verbijstering na de voorstelling tegen mij zei. Mijn moeder spreekt nu met de koningin.

Het zijn diezelfde twee jonge mensen uit Touissit die in Steenbergen hun geluk kwamen zoeken. Wie had dit ooit gedacht?

Geef me lachgas

In 2014 speel ik avond na avond de voorstelling *Gejaagd door de wind*. Een theaterbewerking van de filmklassieker *Gone with the Wind*, waarbij ik de rol speel van Rhett Butler. Een sluwe man met een niet al te goede reputatie. Tegen de achtergrond van de burgeroorlog in Amerika en de nasleep ervan ontvouwt zich een haat-liefdeverhouding tussen hem en Scarlett O'Hara, gespeeld door Anna Drijver.

Allemaal leuk en aardig, ik ben in mijn hoofd met heel iets anders bezig. Met Amy, die op dat moment hoogzwanger is, heb ik de afspraak dat we elkaar na een voorstelling altijd even bellen.

Na een avond spelen in Helmond haast ik me na het applaus naar mijn kleedkamer. Deze keer belt ze me niet maar stuurt een bericht.

'Het gaat wel goed, maar kom maar snel naar huis.'

En ik weet gelijk: het is zover. Maar ik ben in fucking Helmond! Dat is bijna twee uur rijden. Zo snel als ik kan pak ik mijn spullen en spring ik in de auto. Die boete kan me gestolen worden. Deze keer geef ik gas.

Het is inmiddels na middernacht als ik mijn straat inrij. Amy is buiten, samen met verloskundige Sarah op me aan het wachten. Ze staat met haar benen wijd, buik naar voren, haar rechterhand steunend net boven haar heup en met haar linkerhand onder haar buik alsof ze die een beetje optilt.

'Wat doe jij nou hier,' zeg ik.

'Even een luchtje scheppen,' zegt ze sarcastisch. 'Wat denk je dat ik hier doe? We moeten gaan.'

In de auto op weg naar het ziekenhuis zie ik voor het eerst hoe ze met een echte wee omgaat. Ik puf mee zoals ik heb geleerd bij de zwangerschapsyoga.

De geboortekamer van het Erasmus Ziekenhuis waar Amy gaat bevallen, is huiselijk ingericht en dat zorgt bij mij in ieder geval voor enige ontspanning. Maar het gaat niet om mij, het gaat om Amy, die allesbehalve ontspannen is. Ze begint steeds meer in paniek te raken. Zo ken ik haar niet. Hardop spreekt ze de doemgedachten uit die in haar opborrelen. Ze is bang dat de bevalling misgaat. Maar dan komt de volgende wee alweer. En deze keer achter elkaar; een weeënstorm.

Amy heeft daardoor geen pauzes meer om even bij te komen. Langzaamaan wordt ze radeloos van de pijn. Ze schreeuwt het uit. Om de pijn te verzachten krijgt ze lachgas. Ze wil meer.

'Lachgas! Geef me lachgas!'

Na tweeënhalf uur de weeën te hebben opgevangen, komt eindelijk het moment dat ze mag persen. Ik hou haar rechterbeen vast. De kracht die vrijkomt is niet in woorden uit te drukken. Het is een oerkracht die ik magisch mooi vind. Ik zie het hoofdje tevoorschijn komen.

'Ze heeft zwartje haartjes,' zeg ik tegen Amy.

Ze antwoordt met: 'Hou je bek.'

Natuurlijk moet ik me stilhouden, dit is niet het moment om een gezellig praatje te houden. Amy is keihard aan het werken, haar lichaam is een klein mensje eruit aan het persen.

De bevalling loopt zo voorspoedig dat Sarah vraagt of ik ons kindje als eerste wil aanpakken. Natuurlijk wil ik dat. Het moment dat onze dochter ter wereld komt, legt Sarah haar in mijn armen. Nieuw leven. Een nieuw mensje.

Ze is zo mooi, met haar donkere oogjes. En ze is warm en glibberig. Ik leg haar op de borst van Amy en kijk naar hen. Ik kan mijn ogen niet geloven. Ik buig me over haar heen. En ik fluister Allahoe akbar in haar rechteroor. Mijn opa deed het toen mijn vader geboren werd, mijn vader deed het bij mijn geboorte en nu doe ik het bij mijn dochter.

Amy kijkt vol trots naar haar dochter; het lijkt alsof al haar pijn verdwenen en vergeten is. Een bron van liefde opent zich. Er ligt een klein hoopje mens op de borst van mijn vrouw. Totaal overgeleverd aan ons. Haar ouders. Haar papa en mama. En we noemen haar Dina. Dina Amina Dchar.

Dina Amina

Ik ben volledig in de wolken. Met z'n drieën rijden we terug naar ons appartement. Steeds kijk ik even achterom, alsof ik niet kan geloven dat ze er echt is. Toen ik twee jaar geleden te gast was in het programma *24 uur met...* en Wilfried de Jong mij vroeg wat mijn grootste droom nog was, antwoordde ik niet met 'acteren in Hollywood', maar met 'vader worden'.

Ik hoopte dat mijn ouders nog onderdeel zouden zijn van het leven van mijn kind. Dat ze haar nog zouden zien opgroeien. Die droom is werkelijkheid geworden. Ik ben gezegend met het feit dat mijn ouders nog in relatief goede gezondheid zijn. Dat ze vanmorgen vroeg al voor de deur van de ziekenhuiskamer stonden om hun kleindochter te bewonderen.

Het krijgen van een kind zorgt er ook voor dat perspectieven veranderen. Eerst waren mijn ouders de belangrijkste mensen in mijn leven. Nu is het mijn dochter.

Ik besef nu pas echt wat mijn ouders voor mij gedaan hebben. Zij hebben vier kinderen grootgebracht. Met de weinige middelen die zij hadden, hebben zij ervoor gezorgd dat wij het beter hadden dan toen zij kinderen waren. Nu is het aan mij om ervoor te zorgen dat mijn dochter het beter gaat krijgen dan ik het ooit heb gehad.

Voor mij gaat dit over haar plek in deze maatschappij. Een maatschappij die steeds meer verhardt. Een samenleving die alsmaar meer verdeeld raakt. Hoe ga ik ervoor zorgen dat ze straks sterk in haar schoenen staat? Wat geef ik haar mee van wat ik ooit heb meegekregen van mijn ouders, en wat niet?

Ik heb heel liefdevolle en zorgzame ouders die achter me

staan. Zij hebben me vleugels gegeven om te vliegen. Ze zijn trots op me. Toch hebben ze nooit tegen me gezegd dat ze van me houden, ook al weet ik dat ze dat doen. Ze hebben het niet meegekregen van hun ouders. Misschien is het iets cultureels. Dat het in Marokko niet gebruikelijk is om zoiets tegen je kinderen te zeggen. Ik weet het niet. Dit is iets wat ik anders ga doen. Ik zeg dagelijks tegen Dina dat ik van haar hou.

Ik merk in deze periode ook dat mijn kijk op de buitenwereld verandert. Ik ben altijd bezig geweest met wat er op de wereld gebeurt, maar nu gaat het niet meer alleen om mij.

Een paar maanden voor Dina's geboorte vroeg een politieke leider zijn aanhangers of ze in Nederland meer of minder Marokkanen willen.

'Minder, minder, minder,' scandeerde zijn aanhang wild-enthousiast.

De politieke leider werd met zijn partij bijna de grootste in Nederland. Dat betekent dat heel veel mensen het eens zijn met zijn racistische gedachtegoed. Hoe zorg ik ervoor dat Dina zich hiertegen kan weren? Door in ieder geval zelf het voorbeeld te geven. Naar aanleiding van die uitspraak besluit ik op sociale media een foto van mezelf te plaatsen met mijn Nederlands paspoort, met als bijschrift: 'Mocros be like, born here.'

De foto gaat viraal. Media pikken het op en heel veel mensen met een Marokkaanse achtergrond nemen het voorbeeld over en posten ook een foto met hun Nederlandse paspoort.

De behoefte om me te mengen in het maatschappelijk debat wordt sterker. Zowel op Twitter als op Facebook laat ik meer en meer van me horen. Ik wil er alles aan doen om de wereld waarin Dina opgroeit een stukje mooier te maken. Het klinkt misschien heel naïef, maar op dat moment geloof ik dat als ik me uitspreek en mijn mening op sociale media ventileer, dat het invloed heeft. Steeds meer mensen gaan me volgen. Steeds vaker worden de dingen die ik schrijf gedeeld. En ondanks het feit dat ik altijd respectvol blijf in mijn formulering, zorgt het ook steeds vaker voor haatreacties. Dat hoort er helaas ook bij.

Die zomer, terwijl ik nog geniet van de roze wolk waarop ik zit, hangen er ergens anders op de wereld heel donkere wolken. Israël schendt het internationaal recht en pleegt oorlogsmisdaden met de aanvallen op de Gazastrook. De hele wereld lijkt de straat op te gaan. Ook in Rotterdam wordt er een demonstratie georganiseerd. Een van de organisatoren vraagt of ik een toespraak wil houden.

Eerst zeg ik nee. Maar als ik denk aan mijn dochter, dat als zij straks ouder is en leest over deze demonstratie en dat haar vader stil bleef op een moment dat hij zijn stem had kunnen laten horen, verander ik van gedachten. Een paar dagen later sta ik op het Schouwburgplein in Rotterdam met knikkende knieën een menigte van meer dan tienduizend man toe te spreken. Als alle toespraken zijn geweest, lopen we in een gigantische stoet over de Erasmusbrug. Het oversteken van die brug is symbolisch voor de brug die geslagen wordt vanuit Rotterdam naar Gaza.

In de tijd erna vragen mensen mij vaak: Nas, ben je niet bang dat je hierdoor misschien niet meer benaderd wordt voor projecten? Ik weet dat ik me op gevaarlijk terrein begeef, als ik me hierover uitspreek. In Nederland krijg je uit bepaalde kringen al heel snel het stempel 'antisemiet' op je gedrukt. Maar dat weerhoudt me niet om het onafgebroken onrecht dat zich daar afspeelt aan te kaarten. Als producenten niet met mij willen werken vanwege het feit dat ik me uitspreek voor mensenrechten, dan zegt dat meer over hen dan over mij. Daarnaast weeg ik mijn woorden altijd goed af. En als ik iets zeg of schrijf, dan komt dat altijd vanuit mijn hart. Ik geloof dat je daarmee het meeste bereikt.

Tegelijkertijd ben ik sinds de geboorte van mijn dochter veel meer bezig met financiën dan ooit tevoren. Ik heb er nooit echt om gegeven, maar door Dina voel ik opeens de verantwoordelijkheid om ervoor te zorgen dat zij het goed heeft. Dat ze een dak boven haar hoofd heeft. Dat ik haar meer kan geven dan ik ooit heb gehad. Ik wil niet dat zij van klasgenoten te horen krijgt 'dat kunnen je ouders toch niet betalen'. Zoals ik als kind meermaals te horen heb gekregen. Dus aan de ene kant ben ik activistisch en aan de andere kant mag mijn activisme niet ten koste gaan van opdrachten. Mede door nog een kinderwens kunnen we ook niet eeuwig in het appartementje van zeventig vierkante meter blijven wonen. Dus er is werk aan de winkel.

Als Dina vier maanden is, begint het Nederlands Film Festival, waar de misdaadthriller *Infiltrant* van Shariff Korver zijn Nederlandse première beleeft. En ik speel erin. Sterker, na de film *Rabat* is dit eindelijk mijn eerste volgende hoofdrol. Het wachten heeft zin gehad. En, ik ben verlost van de vloek van het Gouden Kalf. Ironisch genoeg moet ik voor deze film vijftien kilo aankomen, terwijl ik voor *Wolf,* de vorige film waarin ik speelde, juist tien kilo ben afgevallen. Dat betekent veel trainen en nog veel meer eten. Het lukt me uiteindelijk om op de eerste draaidag vijfenzeventig kilo te wegen.

De film gaat over politieagent Sam, zoon van een Nederlandse moeder en een Marokkaanse vader. Hij verandert van identiteit om te infiltreren in een Marokkaanse maffiafamilie. Hij wordt opgenomen in de familie en voor het eerst heeft hij het gevoel dat hij ergens thuishoort waardoor hij in een loyaliteitsconflict terechtkomt. Opnieuw een verhaal dat gaat over de vraag: wie ben ik en waar hoor ik bij. Langzaam begint die vraag een rode draad in mijn werk te worden. En de rol van politieagent zal mij ook blijven achtervolgen.

Infiltrant is een bijzonder project. Mede door de energie van de cast en crew. Ik vind het te gek om te werken met mensen die net van de Filmacademie komen. Het doet me denken aan *Rabat.* Daarnaast leer ik tijdens deze productie Walid Benmbarek kennen als mijn tegenspeler. In de film ontstaat een vriendschap tussen zijn en mijn personage, net als in het echt. Hij wordt een vriend die ik steeds meer als broer ga zien.

De film beleeft zijn wereldpremière tijdens het prestigieuze internationale filmfestival van Toronto. Dat is voor een Nederlandse film uitzonderlijk. Shariff Korver en ik zijn uitgenodigd om de première bij te wonen. En het is fantastisch. Ik waan me even tussen de wereldsterren. Niet dat ik ze tegenkom, maar toch. Ik kan niet geloven dat onze film te zien is op een festival tussen de grote Hollywoodfilms. Een paar maanden later zijn we ook welkom op het internationale filmfestival in Dubai, waar we opnieuw als sterren worden ontvangen. In Nederland zijn de recensies ook lovend.

In deze periode beleef ik veel 'eerste keren'. Het begint met mijn eerste kindje, een eerste hoofdrol na *Rabat*, de eerste uitnodigingen voor grote internationale filmfestivals, en nu ook mijn eerste televisieregistratie, van *Oumi* in Carré.

Dina, die dan net ook haar eerste stappen begint te zetten, kijkt ook mee.

'Dat is papa,' zegt Amy tegen Dina. Als ze me herkent begint ze naar de tv te zwaaien.

De tv-registratie is een mijlpaal waar ik ongelooflijk trots op ben. Ik begon als groentje in de wereld van theater, film en televisie, maar wanneer ik nu terugkijk op de afgelopen jaren, dan zie ik dat ik volwassen ben geworden.

Helaas gaat niet alles goed. Wat betreft de zakelijke kant blijk ik nog wel een groentje. Ik mag dan afgestudeerd zijn als bedrijfseconoom maar auteursrechten zijn andere koek. Door een gebrek aan kennis en ervaring maak ik de fout om contracten te tekenen zonder na te denken over waar de rechten liggen, wie de producent is, en dus wie er geld verdient aan de voorstelling. Ik nam genoegen met een cao-salaris, wat helemaal prima is als je geen aandeel hebt in de totstandkoming van een verhaal, maar dat lag in mijn geval anders.

Het zijn de dingen die je pas achteraf beseft. Fouten waar ik andere makers voor wil behoeden: geef je eigen verhaal nooit zomaar weg, want vroeg of laat gaat het pijn doen. Eerst denk je nog: ik wil niks liever dan spelen, want mensen moeten dit zien, horen, voelen. En dan kantelt er iets, omdat je avond na avond voor volle zalen staat, en je beseft dat het verhaal toch niet van jou is, en je geen eigenaar bent. Maak afspraken voordat je ook maar een woord op papier zet. Neem een agent in handen die weet hoe deze wereld werkt. En vertrouw je verhaal alleen toe aan mensen die je vertrouwt, en dan nog mogen ze het alleen maar even lenen, even vasthouden, maar nooit hebben. Het is een les over principes, respect, integriteit en over geld. En ik ben blij dat ik hem leer, want ik besluit het vanaf nu anders te doen. Gelukkig heb ik nog veel meer verhalen te vertellen.

Zo heb ik altijd de droom gehad om van het verhaal van mijn vader een film te maken. Ik heb die droom laten varen omdat ik inmiddels weet hoe moeilijk het is en hoelang het duurt om zoiets voor elkaar te krijgen. Wat veel sneller gaat is het maken van een voorstelling. En nu ik zelf vader ben geworden, zie ik een perfecte invalshoek om het verhaal van mijn vader te vertellen. Ik schrijf een plan uit waarbij ik de zwangerschap van Amy als kapstok gebruik om daar mijn zoektocht als toekomstig vader naar antwoorden op grote vragen aan op te hangen. Met als belangrijkste vraag: is Nederland wel het land waar ik mijn kind wil opvoeden? De antwoorden vind ik in de geschiedenis van mijn vader.

Met het plan ga ik naar mijn management. Zowel Anouk als Janey vindt het een mooi idee en Anouk zorgt voor een afspraak met Angelique Finkers. Ze beheert een impresariaat en is misschien wel de ideale persoon om dit plan aan de theaters te verkopen. Voor ik het weet zitten we samen in het Nieuw

Rotterdams Café in Rotterdam en vertel ik haar over mijn plan. Met name het maatschappelijke engagement spreekt haar heel erg aan en ze besluit met me in zee te gaan.

'O en de theaters willen altijd wel graag een titel, heb je die al?' vraagt ze me nog.

Ik zeg 'ja. De titel is *DAD*. Dina Amina Dchar.'

Terwijl Angelique bezig is met de verkoop van de voorstelling, ga ik op zoek naar een regisseur. Die vind ik in Floris van Delft. Ik had al veel van zijn werk gezien en daar was ik al van gecharmeerd, maar persoonlijk ken ik hem niet. Tot ik hem last minute vraag om de eindregie te doen voor *Mijn vader de expat* en *Oumi*. Wat betekent dat hij zich twee dagen voor we beginnen met spelen buigt over de timing, spanningsboog, het licht, geluid en de overgangen. Floris blijkt ook een heel fijn en integer mens te zijn waarmee ik direct een klik voel. En dus is de keuze snel gemaakt om hem te benaderen voor *DAD*.

Als hij het plan leest is hij niet alleen meteen enthousiast maar gelukkig ook beschikbaar in de periode dat de voorstelling gemaakt moet worden. Dat is pas een jaar later.

Het voordeel van Floris is dat hij ook een schrijver is. We spreken af dat we in de tussentijd nog een paar keer samenkomen om ideeën uit te wisselen. Hij geeft mij het advies om notities te maken van alles wat interessant zou kunnen zijn voor de voorstelling.

'En aangezien het verhaal van je vader een belangrijke lijn gaat zijn, is het handig om het goed op papier te hebben. Misschien is het een idee om hem te interviewen?' zegt hij.

Dat had ik al eens bij mijn moeder gedaan, nu moet ik hetzelfde doen bij mijn vader. Maar hij is geen prater. Dus stel ik het interview uit. Ik heb nog alle tijd. Eerst even focussen op iets anders.

Amy blijkt zwanger te zijn. Sneller dan wij verwacht hadden, maar heel welkom. Als Amy en ik samen naar de echobeelden kijken en de verpleegster aangeeft dat het een jongetje is, zijn we dolblij. Een koningskoppel. Dina krijgt er een broertje bij!

Het is juist in deze periode dat één e-mail mijn leven op zijn kop zal zetten.

Iederı, deel ı

Een van de redenen dat ik acteur ben geworden is om mijn stem te laten horen. Vaak letterlijk, op het toneel of in de film, maar soms ook in figuurlijke zin. Ik heb een mening over sommige ontwikkelingen in onze maatschappij, vooral waar het gaat over de multiculturele samenleving. Als ik mijn bekendheid kan gebruiken om over bepaalde thema's een discussie los te maken, dan doe ik dat graag.

Het begint bij de voorstelling *Kust*, van het Ro Theater in 2012. Daarin speel ik een jongen die te horen krijgt dat zijn vader is overleden. Hij gaat op zoek naar een geschikte plek om hem te begraven en daarom draagt hij het lichaam naar zijn geboorteland. Maar alle graven zijn daar vol, het gevolg van een burgeroorlog die het hele land traumatiseert.

Natuurlijk is het een metafoor, *Kust* is een zoektocht naar identiteit. Waar je begraven wilt worden, is waar je hart ligt. Maar terwijl we het spelen, breekt in Syrië een burgeroorlog uit en zijn de vele doden en graven ineens echt. Het nieuws over het leed in Syrië grijpt me aan. Ik zit vaak tot diep in de nacht filmpjes te bekijken van mensen die daar de straat opgaan om hun stem te laten horen; ze willen democratie en mensenrechten, maar hun eigen leger schiet ze dood. Het is het begin van een zeer bloedige en langdurige binnenlandse strijd. Eerst is het voor Nederland nog een ver-van-mijn-bedshow, maar dan komen de vluchtelingen richting Europa, weg van het geweld en de onderdrukking.

Die mensen moeten we opvangen, vind ik. Een beschaafde natie als Nederland kan niet anders dan de rechten van deze mensen wél respecteren en medemenselijkheid tonen. Maar er gebeurt iets anders.

Overal in Nederland breken discussies los. Waar moeten die vluchtelingen dan heen? Niet bij mij in de buurt, lijkt het antwoord van veel Nederlanders. Sommige media voeden de negatieve gevoelens met vette krantenkoppen, *De Telegraaf* spreekt over een 'tsunami aan vluchtelingen'.

Als er ergens een opvangcentrum dreigt te komen, komen sommige plaatselijke bewoners in opstand. In het kader van burgerparticipatie worden er in verschillende gemeenten inspraakavonden georganiseerd, waarbij de grootste monden de meest verschrikkelijke dingen schreeuwen over de oorlogsslachtoffers die bij ons veiligheid zoeken.

De spreekwoordelijke druppel is voor mij een dergelijke avond in Steenbergen. De plaats waar ik ben geboren en waar mijn hart ligt. Mijn ouders en schoonouders wonen er nog altijd. De bijeenkomst haalt zelfs het journaal. Wat ik hoor, doet me huiveren.

In een zaaltje zie ik mensen die ik van vroeger ken. Ik heb met ze gevoetbald, op school gezeten, ze kwamen boodschappen doen in de supermarkt waar ik heb gewerkt. Ze laten er geen misverstand over bestaan: geen vluchtelingen in Steenbergen. Want die Syriërs zijn allemaal verkrachters en moordenaars. Ze staan met spandoeken met 'Ouders, denk aan je kinderen, kom in verzet' en met 'Ik wil geen hoofddoeken' erop. Mijn moeder loopt in Steenbergen rond met een hoofddoek.

En dan staat er in de zaal een vrouw op die het gelukkig opneemt voor vluchtelingen. De stem van empathie en redelijkheid, ze herstelt mijn geloof in de mensheid weer een beetje.

Maar dan loopt het uit de hand. De hele zaal keert zich tegen haar. Het lijken wel hooligans bij een voetbalwedstrijd. Met handen in de lucht scanderen ze herhaaldelijk 'Daar moet een piemel in'. Op een ritme alsof ze een lied aan het zingen zijn.

Die avond wordt er bij haar thuis zelfs een steen door de ruit gegooid.

Het is de druppel, dat zoiets in mijn stadje kan gebeuren; een gemeenschap die 'tolerant' is, zo dacht ik altijd. Hoe moeten ze naar mij en mijn familie hebben gekeken? Het doet me terugdenken aan de keer dat mijn vader de schuurdeur aan het schoonschrobben was omdat er met dikke stift 'vieze stinkturken, ga terug naar je eigen land' op was gekalkt. Dat was bijna dertig jaar geleden.

Waarom hoor je vooral de mensen die de boel proberen te verdelen, ontwrichten en ontbinden? Er moeten toch ook genoeg mensen zijn die hier veel gemoedelijker in staan? Er is zoveel aan de hand in Nederland, hoe wil je de geschiedenisboeken ingaan? Als een angstig land dat de grenzen sluit voor mensen die je hulp hard nodig hebben? Wordt het niet eens tijd om als collectief op te staan?

Amy hoort me aan. Ze is inmiddels vier maanden zwanger van ons tweede kindje en voelt mijn frustratie.

'Schrijf het van je af,' zegt ze. 'Vaak helpt dat bij jou.'

Ze heeft gelijk.

Een paar dagen later zit ik achter mijn laptop en begin te tikken. '"Onbekend maakt onbemind" is wat er tegenwoordig aan de hand is in Nederland. En daar moet verandering in komen,' schrijf ik.

> Nederland is niet meer hetzelfde als zestig jaar geleden, het is een plek met een enorme diversiteit. En dat is wat mij betreft vooral een kracht. Belangrijk is om eenheid te creëren in diversiteit. Het gaat mij om de toekomst. Ik ben vader van een dochter van anderhalf jaar en in mei word ik weer vader. Als ik straks terugkijk op m'n leven, dan wil ik in ieder geval mijn best hebben gedaan om een

> mooiere toekomst te creëren. En misschien is de toekomst van onze kinderen wel wat ons allemaal verbindt. Ik ben ervan overtuigd dat de meeste mensen de negativiteit, het extremisme, zowel rechts als religieus, het framen door de media, meer dan zat zijn. En ik denk dat het tijd is om dat te laten zien en te laten horen. Door samen de straat op te gaan. Hand in hand, schouder aan schouder, mens achter mens. Want daar gaat het nu om. Dat we elkaars rug hebben. Dat we er voor elkaar zijn.

Ik stuur de tekst in een mail aan Touria Meliani, directrice van Tolhuistuin, een locatie voor culturele evenementen in Amsterdam. Ze heeft mij ooit gezegd dat ze zich graag wil inzetten voor diversiteit. Dezelfde tekst gaat naar mijn vriend Julius Ponten van Habbekrats, de producent van onder andere *Rabat* en *Wolf*. Beiden reageren positief.

Een week later zitten we in Tolhuistuin om te brainstormen. In het zaaltje zitten zo'n twintig mensen, die via Touria, Julius of mij betrokken zijn geraakt bij de pogingen om een tegengeluid te geven. Ik ontmoet er Samuel Levie, worstenmaker en initiatiefnemer van een organisatie die ons voedsel duurzamer en gezonder maakt, en Nadia Zerouali, kookboekenschrijver en culinair ondernemer. Regisseur Hesdy Lonwijk, een goede vriend van me, is er ook bij. Met zijn zessen zijn we de harde kern van een nieuw initiatief.

Wat we willen organiseren is een wandeling, dwars door Amsterdam. Geen demonstratie, maar een viering; dus noemen we het een parade. Het liefst met zo veel mogelijk mensen. Alleen, hoe krijg je duizenden mensen op de been? We moeten de zwijgende meerderheid enthousiast maken. Gelukkig kennen we allemaal mensen uit de wereld van media, politiek en cultuur. Die moeten ons helpen onze boodschap te verspreiden. Maar wat is die precies?

Rachida Abdellaoui is speechschrijfster en werkt dan nog voor de directie Communicatie van de gemeente Amsterdam. Zij had een kritisch opiniestuk over ons klaarliggen om naar de media te sturen. Waarin ze wilde schrijven dat we geen concrete boodschap en geen concreet plan hebben. Toch verstuurt ze het niet. Het voelt voor haar niet goed om op die manier een punt te maken. En dus stuurt ze het naar mij. Het zegt veel over haar. Ze is niet uit op eigen gewin en geeft ons advies vanuit een goede intentie. In het Arabisch is daar een woord voor: *nasiha*. Ze hoopt juist dat we ook echt impact gaan hebben. Ik ben haar erg dankbaar en vraag haar vervolgens ook mee te denken.

Met haar erbij komen we langzaam tot een verhaal. We zijn niet tegen, maar juist voor iets. Voor gelijkwaardigheid en eenheid. Voor vrijheid. Voor empathie. Voor diversiteit. En voor hoop. We noemen het Ieder1. De geboorte van een nieuw initiatief is een feit. En voor de geboorte van mijn zoon is het aftellen.

Malik Hamza

Het kan nu ieder moment gebeuren. Amy is hoogzwanger. Amy, Dina en ik lopen na een middagje in het Kralingse Bos nog even langs de winkelstraat bij ons om de hoek om een ijsje te halen. Ik wil niet weer in een situatie terechtkomen zoals met Dina; dat ik ergens ver weg ben en dan 'het bericht' krijg. Hoewel ik een week eerder in het kader van Dodenherdenking nog de eenmalige voorstelling *Voor ik vergeet* speelde voor Theater na de Dam, is mijn agenda nu leeg. Sinds een week ben ik, los van de vergaderingen voor Ieder1, veel thuis.

Het is heerlijk weer, dus we besluiten op het terras ons ijsje te eten, maar nog voordat we er echt van kunnen genieten staat Amy verschrikt op en kan alleen maar 'o jee' zeggen. Ik zie gelijk wat er aan de hand is. Er stroomt water langs haar been. Dina roept 'mama plassen'. Maar mama is niet aan het plassen, mama haar vliezen zijn gebroken.

Ik ren naar binnen bij de ijsboer en vraag om servetjes. De mensen die er zitten kijken ons verbaasd aan. Ik ben even helemaal van mijn à propos en begin met de servetten de stoel te poetsen.

'Volgens mij moeten wij nu maar naar huis, schat,' zegt Amy.

Waarmee ze eigenlijk wil zeggen dat dit niet het moment is om een stoel te gaan poetsen. Even voelt het alsof we in een film zitten. De mensen op het terras wensen ons succes en rustig lopen we naar huis. Gelukkig is het niet ver. Maar bij Amy blijft er water stromen. Sarah, dezelfde verloskundige als bij Dina, is snel ter plaatse en adviseert vooral te blijven liggen. Onderweg naar het ziekenhuis zet ik haar stoel op ligstand. Het feit dat er nog water stroomt betekent dat onze zoon nog niet helemaal is ingedaald en dat kan ervoor zorgen dat de navelstreng om zijn nekje gaat zitten.

In het ziekenhuis besluit de arts om de weeën op te wekken. En ook al heeft Sarah helemaal geen dienst, toch blijft ze om Amy erdoorheen te helpen. Bij de geboorte van Dina nam, mede door de weeënstorm, de angst het over. Maar nu is er geen storm en is Amy volledig in control en in zichzelf gekeerd.

Na een paar uur mag ze gaan persen. Even moet ze nog inhouden omdat de navelstreng om zijn nekje lijkt te gaan. Maar als de arts dat verhelpt, komt onze zoon net na middernacht ter wereld. En hij is prachtig. Ook deze keer krijg ik hem als eerste in mijn handen en leg ik hem op de borst van Amy. Ik buig me over hem heen. En fluister 'Allahoe akbar' in zijn rechteroor.

Ik heb altijd gezegd dat als ik ooit een zoon mag krijgen ik hem dan vernoem naar een van de belangrijkste strijders van de islam: Hamza. Maar de Arabische letter H klinkt in het Nederlands niet mooi. Daarnaast zal er misschien wel Hammie van gemaakt worden als roepnaam en dat wil ik al helemaal niet. Ik weet wat het betekent als je naam continu verkeerd wordt uitgesproken, of als er spot mee wordt gedreven. Nasi en Nasibal ben ik vaak genoeg genoemd. Het is niet voor niks dat ik bij voorbaat al zeg: 'zeg maar Nas'. Ik wil niet dat mijn zoon hetzelfde gaat meemaken, dus komen we op de naam Malik, wat in het Arabisch 'koning' betekent en een van de 99 namen van Allah is. Voor een tweede naam stelt Amy voor om Hamza te kiezen. En zo is ook zijn naam geboren: Malik Hamza Dchar.

Malik is een jongen die, in tegenstelling tot Dina, bij de geboorte al van zich liet horen. En dat heeft hij de eerste maanden van zijn leven volgehouden. Niet bewust natuurlijk maar doordat hij veel last had van krampjes. Daardoor heb ik veel nachtelijke uren met hem op het toilet gezeten. Dat is de enige plek in ons appartementje waar hij kan huilen zonder Amy of Dina wakker te maken.

Amy heeft al vaker gezegd dat het tijd wordt om te verhuizen, maar nu moet het echt gebeuren. Er is even zoveel aan de hand in mijn leven. Zoveel tegelijk. De komst van Malik. De bom van liefde die daarmee vrijkomt. De slapeloze nachten. De zorg voor Dina, die inmiddels twee jaar oud is. De stress van Iederı. De lelijkheid op Twitter. En ik word ook nog eens gecast voor een hoofdrol in een nieuwe serie voor RTL: *De 12 van Oldenheim*.

Ik probeer te genieten van de momenten met mijn gezin. We zijn compleet. Een meisje en een jongen, dat is wat we altijd hebben gewild. Maar een jongen betekent ook iets anders. Besnijden of niet besnijden?

Ik ben altijd heel stellig geweest hierover. Maar vanaf het moment dat ik mijn zoon in mijn armen heb, verandert er iets in mij. Ik lijk het steeds meer eens te zijn met Amy. In een gezond lichaam snij je niet. Maar hoe kan ik zo denken terwijl ik weet wat de islam hierover zegt? Wat zegt dit over mij als moslim? Wat ook een rol speelt, is dat ik met een niet-islamitische vrouw ben getrouwd. Daardoor zijn bepaalde zaken niet vanzelfsprekend en moeten we het erover hebben. Met een moslima als echtgenote waren deze beslissingen waarschijnlijk minder beladen en was de uitkomst al bepaald.

Gelukkig hoef ik niet lang mijn hersens te breken want God heeft allang bepaald wat er gaat gebeuren. De kinderarts geeft ons het advies om Malik te besnijden. Of het nou uit religieus standpunt is of vanuit medisch standpunt, het had zo moeten zijn. *Alhamdoelilah*.

Ondertussen wordt er hard gewerkt aan de parade van Iederı en hebben we een datum. Zondag 25 september is de grote dag en zullen we hopelijk met heel veel mensen van de Bijlmer naar het Museumplein wandelen om de diversiteit in ons land te vieren.

Iederı, deel II

Nog voor we met een parade de diversiteit kunnen vieren stuiten we al op veel weerstand. Dat de racisten en extreemrechts afwijzend zouden reageren had ik wel verwacht. Maar niet het commentaar van links. We zijn te lief met de zoete filmpjes die we maken om mensen mee te laten doen. Een wandeling? Sommigen willen hardere actie, en vinden dat er niks te vieren valt. Want er zijn misstanden. Verschillende progressieve figuren tweeten dat Iederı alles met de mantel der liefde bedekt en wil doen alsof er niks aan de hand is. Ik raak hierdoor in de war. We staan aan dezelfde kant, we strijden voor hetzelfde, alleen kiezen wij een andere vorm. Vanuit liefde en positiviteit willen wij ons punt maken.

Er volgt een intense tijd. Terwijl ik met Malik en Dina op pad ben, kan ik het niet laten om zo nu en dan op mijn mobiel te kijken, om de mails over de organisatie van de parade in de gaten te houden. Maar ook om alle reacties op Iederı te lezen. Waarbij bijna alles op mij gericht is, omdat ik het gezicht ben van het initiatief.

Het doet veel met me. Wat zou ik graag zo nu en dan even uit deze voortdenderende trein willen stappen. Dankzij de geboorte van mijn zoon zou ik op een roze wolk moeten zitten, zoals ik deed bij Dina. Niets daarvan. Het voelt alsof ik in het oog van een storm ben beland en er aan alle kanten aan me wordt getrokken. Ik heb ook geen andere keus, ik moet doorgaan. Iederı is mijn kindje. Zoals ik de verantwoordelijkheid neem voor mijn dochter en zoontje, moet ik dat ook doen voor Iederı.

En dat is wat ik doe. Bij elke vergadering, elke uitnodiging, elke gelegenheid om over Ieder1 te praten, zit ik aan tafel.

Ondanks de kritiek van links en rechts begint er mede door ons enthousiasme een balletje te rollen. Het begon allemaal met een simpele e-mail, maar langzamerhand begin ik te merken wat voor krachten we hebben losgemaakt. De parade van Ieder1 komt steeds dichterbij en steeds meer mensen beginnen onze boodschap van verbroedering te delen. Er komt zelfs interesse uit de politiek, GroenLinks wil graag met ons praten. Ook andere partijen melden zich. Dat is mooi, maar we willen ons niet in een politiek hokje laten proppen.

Burgemeesters maken filmpjes om mensen op te roepen om mee te lopen. De organisatie achter Lowlands vraagt me een speech te houden op hun podium over onze plannen. Samen met Rachida ga ik aan de slag. De speech die hieruit voortvloeit, pikt de redactie van *De Wereld Draait Door* weer op, dus mag ik zes dagen voor de parade van Ieder1 ook op televisie mijn boodschap en uitnodiging delen. Een betere promo kunnen we niet krijgen. Voor het oog van een miljoen kijkers vertel ik dat Nederland van iedereen is:

'Een land dat acceptatie verkiest boven assimilatie. Gelijkwaardigheid boven superioriteit; de kracht van woorden gebruikt om te verbinden in plaats van te breken.'

Ik vertel dat de antwoorden niet gaan komen vanuit de politiek, maar vanuit het volk.

'Laten we opstaan voor datgene waarin we geloven. Laten wij er staan op zondag en laten we lopen. Geïnspireerd, vanuit ons hart. Want alleen dan bereik je iedereen.'

Als ik bij *De Wereld Draait Door* mijn tranen niet kan bedwingen, omdat deze zaak mij na aan het hart ligt, staat de emmer bagger alweer voor me klaar. Op Twitter zie ik mensen sneren dat ik het als acteur op een huilen zet om naïeve kijkertjes ertoe over te halen om mee te doen. Cynisme en haat, ik zal er nooit aan gewend raken. Wel is mijn huid dikker dan vroeger en kan ik het verdragen.

'Weg met moslims voor een beter Nederland,' tweet de een.

'Iedereen die Nasrdin Dchar heet of moslim is, kan dood vallen met zijn hypocriete gelul,' is een ander pareltje. Wat te denken van 'Je bent een schande voor het gastland waarin jij woont om ons te dwingen moslims te accepteren'.

En dit alles als reactie op een boodschap van verbroedering. Ik heb niemand beledigd. Ik heb mensen slechts opgeroepen en aangesproken op het feit dat een betere samenleving in onze eigen handen ligt. De mensen die zich op deze manier uiten, geloven niet in verbroedering.

Natuurlijk is niet iedereen zo verbitterd; de positieve reacties zijn in de meerderheid. Het is hartverwarmend hoe er uit die hoek op de speech wordt gereageerd.

De dag zelf begint anders dan verwacht. De bedoeling is dat Amy met Dina in de kinderwagen meewandelt. En dat mijn zusje Salima op Malik past. Alleen krijgt Dina buikgriep en heeft ze de hele nacht overgegeven. Die ochtend wordt Amy ook ziek wakker, het virus heeft ook haar te pakken. Dus besluiten ze thuis te blijven en ga ik alleen.

Wat ik voor vertrek maar niet met Amy deel, want ik wil haar niet misselijker maken dan ze al is, is een tweet van die ochtend: 'Nasrdin Dchar zielige mislukte inteeltrat! Gespeelde traantjes. Hoop dat je eindigt met een paar kogels in je lelijke kop.'

Ik probeer de woorden zo snel mogelijk weer los te laten. Gelukkig maar, de dag overtreft mijn verwachtingen. Als ik aankom op het plein naast station Bijlmer Arena, staat alles en iedereen klaar. Ik voel de spanning bij Touria, Nadia, Hesdy, Julius en Samuel. Mijn zenuwen gieren ook door mijn lijf. Ons doel is minimaal drieduizend mensen op de been te krijgen. Gaat dat lukken?

Langzaam beginnen de deelnemers zich te verzamelen. Wanneer het startschot wordt gegeven, weet ik niet wat ik zie. Er staan bijna vijfduizend mensen op het plein. Vrijwilligers delen gele vlaggetjes en ballonnen uit met daarop het getal 1. De harde kern loopt voorop met een groot spandoek: 'Nederland is van Ieder1'.

De weergoden zijn ons goedgezind want de dag begint stralend. Tijdens de wandeling loop ik constant heen en weer langs de enorme stoet. Alsof ik alle mensen die meelopen wil groeten en bedanken. Ik klim in palen en op parkeerautomaten om een indruk te krijgen van de mensenmassa, die alsmaar groter wordt. Gaandeweg de tocht sluiten zich steeds meer mensen bij ons aan. Soms staan bij een station langs de route grote groepen mensen te wachten om met ons mee te doen.

Ik zie voor mijn ogen werkelijkheid worden wat ik in mijn mail heb geschreven. Zo veel liefde, alleen maar blije gezichten, het geeft me kippenvel.

Meerdere brassbands zorgen voor muziek tijdens de wandeling. Vanuit Rotterdam komen zelfs mensen helemaal gekleed als bij het zomercarnaval. De droom was een parade met jong en oud, zwart en wit, gelovig en ongelovig, homo en hetero. Ze zijn er allemaal. De jongste is vier weken en ligt in een draagzak bij haar mama. De oudste is een vrouw van in de tachtig. Ondanks het feit dat ze slecht ter been is, vindt ze het belangrijk om een stuk mee te lopen.

Ik spreek met een joodse man die na lange tijd weer zijn keppeltje durft op te zetten. Een hadji die alleen maar naar me kan lachen, omdat hij het prachtig vindt wat hij om zich heen ziet. Ik ontmoet een homoseksuele jongen van Algerijnse afkomst die op het punt stond om uit Nederland te vertrekken maar toen hij van Ieder1 hoorde, besloot te blijven. En ik spreek met de twaalfjarige Samia. Zij is de winnares van de Amsterdamse Debatbattle 2016 en houdt die middag ook een speech waarmee ze diepe indruk maakt op alle aanwezige mensen met haar boodschap 'om te denken met je hart'.

We zijn met onze parade nationaal nieuws. Alle kranten schrijven erover. Op Twitter zijn we trending. De minder-minder-minderpoliticus schampert dat we het best tweehonderd kilometer verder kunnen lopen, dan zijn we de grens over. Ik zie het als een compliment. Sommige media pikken dat op en maken van onze mooie mars een politiek heet hangijzer; *de Volkskrant* kopt dat het een 'controversiële wandeling' is. Wat is er controversieel aan het vieren van de diversiteit in ons land?

Hoewel we volgens de politie uiteindelijk met tienduizend man door Amsterdam lopen, wordt er vanuit rechtse hoek alles aan gedaan om de manifestatie te framen als een mislukking. Als we uiteindelijk in het centrum van Amsterdam aankomen, waar een groot podium is voor toespraken en muziek, begint het te regenen en steeds harder te waaien. Het is voor veel deelnemers reden om, na een kilometerslange tocht, huiswaarts te keren. Dus loopt het Museumplein na de eerste optredens snel leeg.

We hebben als plan om een luchtfoto te maken vanuit een helikopter waarbij we met alle aanwezigen samen een grote 1 willen vormen. Omdat er al zo veel mensen zijn vertrokken, kunnen we alleen de omtrek van dat cijfer maken. Die foto wordt door sommige media gebruikt om aan te tonen dat de hele manifestatie een mislukking is. Wij weten beter. De mars is een uiting van verbroedering en liefde geworden. Niemand neemt ons dat af.

De volgende dag word ik wakker met een gevoel van voldoening. Ik ben vooral trots op ons team, we hebben binnen korte tijd het onmogelijke mogelijk gemaakt. Het was precies zoals we ons hadden voorgenomen, een positieve impuls in een totaal verzuurd debat.

Als ik de foto's terugkijk, besef ik pas hoeveel mensen we bij elkaar hebben gekregen. Ze kwamen van overal en nergens. Er was ook een bus uit Steenbergen naar Amsterdam gekomen, wat mijn vertrouwen in mijn geboorteplaats herstelt.

Als ik de reacties lees op sociale media en via WhatsApp, zie ik dat veel mensen vinden dat we het hier niet bij moeten laten. Ik ben het niet van plan.

Maar het optuigen van een permanente organisatie, zoals ik vaak lees? Dat zie ik niet zitten. Hier en daar hoor ik zelfs de suggestie om rond onze groep initiatiefnemers een politieke partij op te richten. Dat wil ik al helemaal niet. Ik heb bovendien al een ambitie en een droom, die ik beslist niet wil opgeven. Dus ook als Ieder1 doorgaat, zal ik in de toekomst slechts een bescheiden rol spelen.

Het is me niet in de koude kleren gaan zitten. Hoe mooi de parade ook was, ik heb er ook een kras aan overgehouden, de afgelopen periode was intens en nam op momenten mijn hele leven over. Ik ga op mijn eigen manier verder met het verspreiden van de boodschap. Zoals ook de rest van de harde kern dat gaat doen. Een keuze die hoognodig is nadat ik de afgelopen tijd zelfs als ik thuis was constant met mijn hoofd bij Ieder1 zat.

Tijd om met dat schuldgevoel af te rekenen door prioriteiten te stellen. Maar er is meer schuldgevoel dat ik meedraag.

Laatste puzzelstukje

Twee maanden na de geboorte van Malik ontvang ik een mail die ik sinds het winnen van het Gouden Kalf wel vaker krijg. Met de vraag of ik een evenement wil presenteren, als gastspreker wil aanschuiven of een prijs wil komen uitreiken. Deze mail is van John Tijssen, die ik ken als schrijver van de *Steenbergse Courant.* Hij nodigt me uit voor een publieksgala georganiseerd door de gemeente Steenbergen, de plek waar ik ben geboren en getogen, met als doel het bevorderen van verbinding tussen haar inwoners. 'Waarbij het vooral ook de bedoeling is om mensen in het zonnetje te gaan zetten, die zich op uiteenlopende manieren inspannen om Steenbergen positief op de kaart te zetten en zich inzetten voor het welzijn van de lokale samenleving,' schrijft John. Hij laat weten dat ze me er graag bij hebben om te laten zien hoe trots Steenbergen op mij is.

Ik ben vereerd. Het gala wordt gehouden in de grote kerk van Steenbergen. Dat is een prachtige kerk, waarvan de torens tot ver buiten het dorp te zien zijn. Als ik naar binnen loop schieten allerlei gedachten door me heen. De laatste keer dat ik in deze kerk was was met de uitvaart van Tom. Negentien jaar geleden. Toen was de kerk ook vol met mensen. Toen waren we in rouw. Nu is de kerk vol met mensen die wat te vieren hebben. Ik zie veel bekenden. Maar nog veel meer onbekenden. Veel handen schudden. Veel lachen naar mensen. Veel foto's.

Als op een gegeven moment een koor het podium op loopt, lijkt het alsof mijn hart even stilstaat. Tussen de koorleden staat Liza, de moeder van Tom. Ze zingt alsof haar leven ervan afhangt, vol passie en plezier. Vanaf dat moment kan ik alleen maar aan Tom denken. Aan die avond dat hij voor mijn deur stond. Ik word overvallen door een gevoel van schuld. Al negentien jaar loop ik met dit gevoel. Iets in mij zegt: 'Kom, Nas, laten we naar huis gaan.' Maar ik blijf.

Aan het einde van de avond zie ik wat lege stoelen. Ik ga even zitten en bekijk het feest van een afstand. Het is een mooie avond. En terwijl ik zo naar al die mensen kijk, komt er iemand naast me zitten. Het is Liza. Mijn adem stokt. We groeten elkaar. Ze vraagt hoe het met me gaat. Stotterend geef ik antwoord. Ik voel me ongemakkelijk. Ik voel dat er iets staat te gebeuren.

'Mag ik jou iets vragen over Tom?' zegt ze.

Mijn hart gaat tekeer. Zie je nou, Nas, je had gewoon naar huis moeten gaan.

'Natuurlijk mag dat,' antwoord ik. Ik probeer me zo normaal mogelijk te gedragen.

'Jij zou toch met Tom naar een feestje gaan?'

Op dat moment lijkt het alsof alles om ons heen stilvalt. Het geluid. De muziek. De mensen. Alsof we alleen met zijn tweeën in die kerk zitten.

Wat moet ik zeggen? Het enige wat er uit mijn mond komt is: 'Ja.'

En ik denk: Ja, ik zou met hem naar een feestje gaan. Ja, we zouden samen op de fiets gaan. We zouden misschien wel gesprekken voeren over het leven. We zouden lachen. We zouden feesten. Hij zou waarschijnlijk wat drinken. Ik zou een beetje op hem letten. En we zouden samen weer naar huis fietsen. Maar zo is het niet gegaan.

En op dat moment, daar in de grote kerk, waar het lijkt alsof het licht ineens weer aan is gegaan, en de muziek weer door de speakers bonkt, neem ik een besluit waarvan ik de gevolgen niet kan overzien. Ik vraag haar of we naar een rustiger plek kunnen gaan. We lopen naar een soort pastoorskamer die vol staat met opgestapelde tafels en stoelen. Ik sluit de deur. Ik zet twee stoelen neer en we gaan zitten.

Liza is stil. Ik ook. Was dit dan het moment om met dat schuldgevoel en de schaamte af te rekenen? Ze kijkt me alleen maar aan. Ik weet niet zo goed waar ik moet beginnen. Maar toch begin ik. Haperend. Stotterend. Ik vertel alles. Over de introductieweek. Over de afspraak die ik met Tom had. Over dat ik me zo bezwaard voelde om tegen hem te zeggen dat ik te moe was om naar het feestje te gaan. Eindelijk vertel ik het. Ik vertel zelfs dat ik hem buiten heb laten staan. Dat mij dat op dat moment de beste oplossing leek. Doen alsof ik niet thuis ben. En ik vertel dat ik opgelucht was toen hij op zijn fiets stapte en wegreed. Ik vond dat ze alles moest weten. En terwijl de tranen over mijn wangen lopen, blijf ik maar sorry zeggen.

'Sorry, echt sorry. Ik hoop zo dat u het mij kunt vergeven. En dat Tom het me vergeeft. Het spijt me echt verschrikkelijk.'

Liza blijft heel rustig. Ik zie de tranen in haar ogen. Met de ene hand aait ze over mijn rug. Met haar andere houdt ze mijn hand vast. Waarom is ze niet boos? Waarom geeft ze me niet een klap of scheldt ze me uit? Ze doet niks van dat.

'Weet je, Nas,' zegt ze. 'Zo vaak heb ik zijn laatste dag gereconstrueerd. En daar hoort ook het feestje bij. Maar altijd ontbrak er een deel. Jij hebt mij vandaag het laatste puzzelstukje gegeven. En Tom heeft het je allang vergeven.'

Na het horen van haar woorden barst ik in tranen uit. Een zwaarte valt van mijn schouders. Ik had nooit gedacht dat deze dag ooit zou komen. Want waarom zou ik zijn ouders ook nog eens moeten opzadelen met hoe ik die laatste dag van zijn leven met hem ben omgegaan? Het was gewoon beter om het de rest van mijn leven voor me te houden. En dat is wat ik al die jaren heb gedaan. En nota bene in de grote kerk in Steenbergen vertel ik Liza alles. Op een avond dat in het kader staat van verbinding.

Liza vraagt of ik bij haar thuis langs wil komen, omdat ze zeker weet dat haar man Kees, die op dat moment ongeneeslijk ziek is, het ook nog graag van mij zou willen horen. Het komt goed uit, want dat weekend blijf ik slapen in Steenbergen. Op zaterdag vier ik mijn verjaardag en op zondag klop ik bij hen aan.

Het is lekker weer, dus we gaan buiten zitten. Kees ziet er zwak en kwetsbaar uit. Hij heeft er vrede mee dat hij niet zo lang meer te leven heeft. Sterker nog, het lijkt alsof hij niet kan wachten. Hij is ervan overtuigd dat hij dan eindelijk weer samen zal zijn met zijn zoon Tom. Dat weet hij zeker. En terwijl hij spreekt, kijk ik naar Liza. En ik denk: wat kan het leven toch hard zijn. Maar toch zie ik in haar nog zo veel leven. En liefde.

Ik vertel Kees het verhaal. Hij is ook blij met het laatste puzzelstukje. Ik ben altijd in de veronderstelling geweest dat Tom, nadat hij bij mij weer op zijn fiets stapte, naar het feestje is gereden. Maar Kees vertelt dat hij eerst nog langs huis is geweest. En dat Kees op dat moment bezig was in de tuin. Echt gesproken hadden ze elkaar niet, behalve dat Tom aangaf dat hij het zo vreemd vond dat ik er niet was. Daarna is hij naar het feestje gegaan en laat thuisgekomen. En de volgende ochtend vroeg, onderweg naar zijn werk, is hij geschept. Voor Kees was dat moment in de tuin de laatste keer dat hij zijn zoon levend heeft gezien.

Ik vind het bijzonder hoe open we over alles spreken. En hoe rustig ook. Vooral Liza heeft een rust over zich die ik moeilijk kan verwoorden. Ze begrijpt nu eindelijk waarom ik zo intens verdrietig was. Ze vraagt of ik even mee wil naar binnen.

Ik vind het gek om naar binnen te lopen op precies dezelfde manier als toen ik naar binnen liep om afscheid te nemen van Tom. Door de keuken naar de woonkamer. Als ik de woonkamer binnenloop, kijk ik recht in zijn ogen. Een grote, prachtige foto hangt aan de muur. Toen hij in de kist lag heb ik maar een seconde naar hem gekeken. Nu neem ik de tijd.

Ik kijk naar zijn blonde krullen, zijn rode wangen. Ik realiseer me hoe jong hij er nog uitziet. Hij is zeventien jaar gebleven. Ik ben ouder geworden. Zijn ouders zijn ouder geworden. De wereld is ouder geworden. We zijn allemaal doorgegaan met leven en hij heeft geen idee wat voor impact zijn dood op mijn leven heeft gehad. Of misschien wel. Als we weer naar buiten lopen, heeft Liza nog iets voor me. Ze vraagt Kees of hij het nog even wil halen.

In de tussentijd vertel ik Liza dat ik door Tom mijn hart heb gevolgd en daardoor ben gaan doen wat ik doe. Acteren. Het leven is zo onvoorspelbaar. Dus beter haal je er alles uit. Ik heb altijd het gevoel gehad dat hij dat heeft gedaan, ook al heeft hij een kort leven gehad. Dan komt Kees terug met in zijn handen een vel papier. Hij geeft het aan me.

Hij zegt: 'Het is een aandenken aan Tom.'

Een striptekening, zoals alleen hij die kon maken.

Wat heb ik te vieren?

Als gezicht van Ieder1 krijg ik veel uitnodigingen om lezingen te houden. Het is een nieuwe discipline voor mij. Hoe schrijf je een toespraak die mensen boeit en ze nog wat meegeeft ook?

Rachida weet er alles van. Met haar besluit ik ook na de parade samen te blijven werken. We voeren gesprekken over mijn kijk op de maatschappij. Zij werkt die dan uit in een speech. Het is een effectieve manier om onze stem te blijven laten horen.

Een van die lezingen waar ik voor word gevraagd is de Martin Luther King Lezing, die sinds 2008 wordt gehouden. Zeven sprekers gingen mij voor, onder wie oud-premier Jan Peter Balkenende, Mpho Tutu, de dochter van Nobelprijswinnaar Desmond Tutu, en Lodewijk Asscher.

Martin Luther King is voor mij een groot voorbeeld. Niet alleen vanwege zijn vreedzame strijd tegen onderdrukking en voor gelijkheid, maar ook door zijn manier van speechen. Mijn fascinatie voor MLK begon toen ik veertien was en een spreekbeurt moest houden.

Ik koos het onderwerp rassenhaat. Niet het meest voor de hand liggend voor een jongen van veertien. Toch was ik toen al geïnteresseerd in onderwerpen als slavernij en racisme, en in het verleden en heden van de zwarte gemeenschap in Amerika. In het lezen over dit onderwerp stuitte ik op belangrijke historische figuren als Mohammed Ali en Malcolm X maar ook dominee Martin Luther King en zijn 'I have a dream'-speech. In mijn spreekbeurt stipte ik op kinderlijke wijze het ontstaan van de Ku Klux Klan aan, de betekenis van fascisme, de rol van Mussolini en Hitler, en om met een positief geluid de spreekbeurt af te sluiten, vertelde ik over Martin Luther King. En dat allemaal in tien minuten. Als cijfer kreeg ik een 9.

Het jaar daarop was het weer spreekbeurttijd. Een nieuwe groep. En daarmee een nieuwe leraar. Ik had kunnen besluiten het deze keer over een luchtiger onderwerp te houden. Voetbal of koalaberen. Maar nee. Mijn solo-brainstorm-sessie leidde me opnieuw naar rassenhaat. Inmiddels 15 en nog steeds vond ik dit thema het belangrijkste. Bovendien kende ik het verhaal nog steeds uit mijn hoofd. Het zal meegespeeld hebben in mijn afweging. Cijfer? Een 6. De leraar had er lucht van gekregen dat ik de spreekbeurt vorig jaar op identieke wijze al had gehouden, inclusief overtuigingskracht en groot enthousiasme. Hij kon het niet waarderen.

Vijfentwintig jaar later in 2017, op de geboortedag van Martin Luther King, hou ik in de plenaire zaal van de Vrije Universiteit Amsterdam niet mijn spreekbeurt maar mijn lezing. Met als titel: *Een droom voor iederee*n. Een pleidooi voor saamhorigheid in onze diverse samenleving om polarisatie en angstcultuur tegen te gaan.

En bij deze eervolle lezing zal het niet blijven. Niet lang daarna word ik gevraagd voor de Vrijheidslezing op 5 mei, een absoluut hoogtepunt. De lezing wordt live op tv uitgezonden voor honderdduizenden kijkers. Weer een mogelijkheid om mijn verhaal te vertellen voor een groot publiek. Daarnaast biedt die toespraak ook de gelegenheid om mensen toe te spreken die de beslissingen nemen in Nederland. Premier Rutte zal aanwezig zijn, en hem heb ik wel een paar dingen te zeggen.

In een diverse samenleving als Nederland moet de politiek het goede voorbeeld geven. Het kabinet dient te blijven hameren op het bestrijden van racisme en discriminatie. Niet meer dan vanzelfsprekend. Maar toen Rutte ooit de vraag kreeg waarom er bij sollicitaties nog steeds sprake is van kansenongelijkheid voor mensen met een migratieachtergrond, maakte hij een laf excuus. Ja, die ongelijkheid was er, gaf hij toe, maar 'migranten moesten zich maar invechten'. Woorden hebben kracht, helemaal als ze komen vanuit de macht. Het enige wat ik kan doen is er woorden tegenover plaatsen. En dat doe ik in mijn toespraak:

> Wat heb ik te vieren? Wat voor impact heeft het als je elk jaar 4 en 5 mei herdenkt door te zeggen dat vrijheid geen gegeven is, maar ondertussen vluchtelingen in tenten in Griekenland laat verrekken? Of als we zeggen dat we de vrijheid van religie moeten koesteren, maar tegelijkertijd de ogen sluiten voor een steeds groter wordende haat voor de islam? Ooit wilden de nazi's het land ontdoen van de joden, nu praten politici over het de-islamiseren van Nederland. Wat voor impact heeft het als Nederlandse jongeren niet aan een baan kunnen komen omdat ze Mohammed of Aisha heten? Of als je door de politie wordt aangehouden omdat de auto waarin je rijdt niet 'past' bij hoe je eruitziet? Wat voor impact heeft het op al die jongeren die dit aan den lijve ervaren als de baas van ons land vindt dat zij zich maar moeten invechten.

Aan het einde van mijn toespraak richt ik me tot de jongeren:

> Wacht niet op acceptatie of een aai over je bol. Pak je vrijheid. Meet je niet aan het frame dat de wereld je oplegt. Schud het van je af en sta op het toneel van je eigen leven, met een rol die je zelf creëert. Omdat alleen jij weet wie je bent, wie je wilt zijn en waar je in gelooft.

Of Mark Rutte iets met mijn woorden heeft gedaan, weet ik niet. Waarschijnlijk niet, maar het voelt goed om ze uit te spreken. En belangrijker dan dat Rutte de woorden hoort, sta ik er voor de jongeren.

Natuurlijk zijn mijn ouders er ook bij. En hoewel ik heel kritisch ben op Rutte, kan mijn vader het niet laten. Hij wil graag op de foto met hem. Ooit zat mijn vader naast Wim Kok, en dat moment heeft hij toen niet kunnen vastleggen. En nu hij naast de huidige premier zit zal hij zich deze kans niet laten ontnemen. Wat zijn zoon ook van deze man vindt, deze selfie gaat er komen.

Behalve de toespraak mag ik ook meehelpen een uitzending rond de vrijheidslezing te organiseren. Een van de mensen die ik er graag bij wil hebben is Channa Walvisch. Minder dan een jaar geleden reageert Channa onder een van mijn Facebook-posts. Voor mijn gevoel staat op dat moment de wereld in brand en worden we om de oren geslagen met oorlogsretoriek. Ik besluit een brief aan mijn kinderen te schrijven. Met als belangrijkste boodschap om te leven met een groot hart. Channa schrijft terug.

Ze schrijft over hoe ze haar vader verloor tijdens de oorlog. Niet lang voor zijn dood heeft ze een brief van hem gekregen, die sterke overeenkomsten vertoont met de mijne aan Dina en Malik. Daarin vraagt hij haar om niet te gaan haten en haar hart te openen naar de mensen om haar heen. Ondanks het feit dat hij weet dat hij zelf gaat sterven door een regime van haat.

Ineens komt er door die brief een oorlogsverhaal mijn leven binnen. De woorden van Channa gaan ook over er niet mogen zijn, angst voor de ander. Ik vraag Channa om mee te doen met de uitzending. Ze zit aan tafel bij Art Rooijakkers om te vertellen over haar oorlog en haar bevrijding. Een prachtig podium dat ze op een integere manier gebruikt. De dag ervoor, tijdens de dodenherdenking legt ze samen met haar kleinzoon een krans bij het oorlogsmonument op de Dam.

Hoe het lot mensen samenbrengt. Als ik die brief voor mijn kinderen niet op Facebook had gedeeld, had ik Channa nooit leren kennen, en had zij dit indrukwekkend moment, de kranslegging, misschien wel nooit meegemaakt. We houden contact, ze is mij dierbaar geworden.

DAD

De camera staat weer in de woonkamer van mijn ouders. Ik heb mijn vragen voorbereid. Maar nu is het mijn vader die voor de camera zit. Bescheiden als hij is, en in tegenstelling tot mijn moeder, zie ik bij hem het ongemak. Het heeft maanden geduurd voor ik hem zover krijg.

'Jij weet toch alles al,' zegt hij steeds. 'Je moeder heeft je alles verteld.'

Hij heeft gelijk, mama heeft mij veel verteld. Maar nu wil ik het van hem horen. Zijn verhaal. In zijn woorden.

In het begin is hij wat terughoudend, mede door de camera. Ik stel hem gerust dat ik niks met de beelden ga doen. Dat die er alleen maar zijn zodat ik niet alles mee hoef te schrijven. Natuurlijk had ik het ook gewoon kunnen opnemen met een dictafoon. Maar stiekem vind ik het wel tof om het op beeld te hebben. Al is het maar voor mijn eigen kinderen.

Als hij zich begint te ontspannen, komen langzaam de woorden en de verhalen. Over hoe hij als oudste kind al de verantwoordelijkheid had over zijn broertjes en zusjes omdat zijn vader steeds maanden weg was voor werk.

Over zijn droom om ooit als keeper profvoetballer te worden. Over hoe hij wat bijverdiende door voor de ingang van de plaatselijke bioscoop, gebouwd door de Fransen, snoepjes en nootjes te verkopen en hoe hij later zijn eigen winkeltje had. Dat hij door de posters die aan de bioscoop hingen van cowboyfilms ervan droomde ooit zelf een cowboy te worden.

Hij vertelt over zijn moeilijke band met zijn vader. Nooit heeft hij daar iets over gezegd. Tijdens het interview komt het eruit.

'Ik weet dat er liefde was vanuit hem naar mij. Maar de manier waarop hij liefde gaf was een verkeerde. Als ik had gedaan wat hij wilde, dan had ik nu met lege handen gestaan. Dan was ik nooit naar Nederland gekomen. Ik moest mijn eigen plan trekken. Ook al wist ik dat hij mij daar niet in zou steunen. Ik wist dat het voor ons allemaal het beste zou zijn. En gelukkig heeft het goed uitgepakt. Want ik heb hem daardoor altijd kunnen helpen met alles. Met zorg, met kleding, met een huis, met de rest van de familie, mijn broers en zussen. Maar hij heeft mij nooit echt...'

Zijn kin begint te trillen.

Als hij zich herpakt zegt hij: 'Gelukkig is God mijn getuige.' Het raakt me om mijn vader zo eerlijk en open te zien praten. Wat had ik hem nog een laatste gesprek met zijn vader gegund.

Hij vertelt over zijn reis naar Europa en hoe hij eenmaal in Nederland, als jonge knappe Noord-Afrikaanse man, heel veel aandacht krijgt. Maar hij doet er niks mee.

'Lachen, praten, tot ziens, klaar,' zegt hij. 'Al mijn vrienden zeiden tegen me: man, als ik in jou schoenen had gestaan, had ik het wel geweten. Maar ja. Ik had een vrouw in Marokko die op mij wachtte. En waar ik heel veel van hield.'

Wat mij ook raakt is wanneer hij vertelt over zijn ziekte. Een ziekte die hij tot op de dag van vandaag misschien wel nooit echt heeft begrepen. 'De zenuwen', zo noemt hij het. Uiteindelijk heeft het ook allemaal te maken met angst, die van alles in zijn lichaam triggert waardoor hij het benauwd krijgt. Dat zei hij vroeger ook altijd als hij zich weer eens in zijn kamer terugtrok en ik aan hem vroeg wat er met hem was. 'Ik heb het benauwd,' zei hij dan. Hij is afgekeurd. Maar hij wilde zo graag werken.

'Laat me naar een specialist gaan die me kan helpen,' zei hij tegen zijn dokter.

Toen hij bij de specialist kwam, begon ze vragen te stellen over Marokko. Hoe hij het in Marokko vindt. En of hij terug zou gaan naar Marokko als hij WAO zou krijgen. Zichtbaar geëmotioneerd vertelt hij hoe boos hij werd op de specialist.

'Nee. Mijn leven is hier. Mijn vrouw en kinderen zijn hier. Wat moet ik in Marokko doen? Er is daar geen werk. Ik wil hier graag beter worden. En werken.' Die dag krijgt hij een stempel en ontvangt hij zijn WAO. Hij had toen bijna dezelfde leeftijd als dat ik nu heb.

Als ik tegen het einde van ons gesprek vraag of hij het niet jammer vindt dat hij zijn dromen nooit echt heeft kunnen verwezenlijken, zegt hij: 'Hoezo, ik heb gevoetbald, ik heb een winkeltje gehad en mijn zoon is een soort cowboy geworden.'

Dank je wel, papa, dat je me je verhalen toevertrouwt. Ik geef hem een kus op zijn voorhoofd en begin mijn camera in te pakken.

'Insha'Allah wordt het weer net zo mooi als *Oumi*,' zegt hij.

'Insha'Allah, papa,' antwoord ik terug.

Bijna mijn hele professionele leven ben ik afhankelijk van anderen geweest. Schrijvers, scenaristen, producenten, regisseurs en theatermakers duwden me allemaal in een bepaalde richting. Vaak leverde dat mooie dingen op, soms ging het mis.

Nu ga ik het anders doen. Nu ben ik de baas over mijn eigen verhaal. Ik bepaal deze keer wat ik met mijn rechten doe. Met mijn impresario Angelique verdeel ik fiftyfifty het risico, dus deel ik ook met haar de winst als het goed uitpakt. En voor de inhoud krijg ik hulp van Floris, maar ik heb wel het laatste woord. Omdat ik de voorstelling samen met hem ga schrijven en maken, vind ik het ook zo eerlijk om de rechten fiftyfifty te verdelen. Floris gaat ermee akkoord, dus kunnen we aan de slag.

Na bijna een jaar aan materiaal te hebben verzameld, beginnen we samen aan vijf weken repetitie. Ik heb een overvloed aan ideeën opgeschreven. Het zijn zinnen, beelden, flarden. Maar ook gebeurtenissen die ik heb meegemaakt en kan gebruiken voor in de voorstelling. Zoals de geboorte van Dina, de inspraakavond in Steenbergen, de parade van Ieder1, de tweets, de brief aan mijn kinderen en natuurlijk het interview met mijn vader. We destilleren daaruit verschillende thema's en schrijven die op post-its, die we op een wand plakken.

Langzaam ontstaan er ruwe ideeën voor scènes en een verhaallijn gekoppeld aan de kernvraag van de voorstelling: Is Nederland het land waar ik mijn kind wil opvoeden? Twee weken later ligt er een basaal script. Floris is geniaal om daar de ruis uit te halen. Als geen ander kan hij tot de kern doordringen. Al repeterend leggen we in drie weken de basis voor de voorstelling.

Die repetities zijn in de zaal van het Maastheater in Rotterdam. De zaallichten zijn aan, het lijkt nog lang niet op wat het publiek uiteindelijk gaat zien. We zijn nog uitgebreid aan het experimenteren. Decorbouwer Robin Vogel, die ook het decor heeft gedaan van *Oumi*, heb ik nu weer gevraagd om een ontwerp te maken. Floris en ik willen in ieder geval een trap omhoog. Alsof die de hemel in gaat. En er moet een tafel komen. Daaraan ga ik gesprekken voeren met mijn vader en met Amy. Personages die ik zelf ga spelen. Maar ik speel ook mijn fictieve beste vriend Mike en zijn vader Harry.

Repeteren is hard werken. Al je gêne moet je buiten laten, net als de angst om op je bek te gaan. In de repetitieruimte heb je de gelegenheid om alles uit te proberen. Die les heb ik al geleerd bij Rotjong. Alleen door te doen, merk je of iets werkt of juist niet.

Ik leer de scènes uit mijn hoofd en speel zoals ik denk dat het goed is. Floris kijkt, beoordeelt en geeft aanwijzingen. Samen proberen we antwoord te krijgen op een paar lastige vragen. Hoe speel ik mijn vader? Op wat voor manier staat hij, hoe klinkt hij? Speel ik hem met een Marokkaans accent, of geven we meer subtiele aanwijzingen over zijn achtergrond?

We willen bij een karikatuur wegblijven, het publiek met weinig middelen laten geloven dat ik hem ben. Na wat uitproberen weten we hoe: zijn houding! Floris geeft me de opdracht om te spelen alsof ik het koud heb. Dus ga ik in een beetje gebogen houding staan. Het werkt boven verwachting goed. Zodra ik dat doe, weet het publiek dat ik hem ben. Sta ik rechtop, dan ben ik weer zijn zoon.

Dat klinkt eenvoudig, maar zo werkt het wel. Theater is een magische plek waar je het publiek met minimale middelen mee kunt nemen naar een totaal andere wereld. In dit geval naar Marokko en weer terug in Nederland. Als je de juiste snaar raakt, geloven ze je.

De eerste try-out is zenuwslopend. Ik moet vijf keer naar de wc voor we beginnen. Het publiek dat komt kijken, weet dat ze een voorstelling in ontwikkeling gaan zien, maar voor mij maakt dat niet uit, het moet perfect zijn. Try-outs zijn er vooral om te kijken of de voorstelling werkt zoals we hebben bedacht. Lachen de mensen op de momenten die wij grappig vinden? Of zijn ze juist oorverdovend stil? Je kunt veel aflezen aan de reacties in de zaal.

In *DAD* hou ik bijvoorbeeld een spreekbeurt. Niet over rassenhaat maar over Marokko. Ook die heb ik ooit echt gehouden op de lagere school. Alleen krijg ik tijdens een try-out de slappe lach tijdens deze scène. Het publiek reageert er heel leuk op. Dus die 'spontane' slappe lach wordt nu een onderdeel van het stuk, die houden we erin.

Je ontregelt met zulke intermezzo's even de boel. Dat soort interacties met de zaal noem ik cadeautjes. Bij *DAD* hebben we daar ook gelegenheid voor. We hebben een vorm gevonden waarbij we steeds wisselen tussen een dialoog en door de vierde wand breken. We creëren een intieme setting waarbij het voor het publiek lijkt alsof ze bij mij aan de keukentafel zitten.

In deze vorm is het logisch dat ik iemand die zich bijvoorbeeld verslikt een glaasje water aanbied. Maar we bedenken ook situaties om letterlijk met het publiek in gesprek te gaan. Zo nodig ik tijdens de voorstelling iemand op toneel uit om Marokkaanse thee te leren maken. Met als doel om met die persoon een belangrijk en persoonlijk gesprek te voeren over Nederland.

We beginnen in de kleine en middelgrote zalen. Dat vind ik prettig, er zit minder druk op en ik kan in die intieme setting in het stuk groeien. In de reprise verhuist het stuk naar de grote zalen.

Deze strategie betekent dat we in het begin niet veel inkomsten zullen hebben, we schrijven nauwelijks zwarte cijfers. Pas later gaan Angelique en ik verdienen, als het goed is. Gelukkig zitten we op één lijn wat dit plan van aanpak betreft.

Het is altijd spannend wat een tweede solo gaat doen. Na *Oumi* ligt de lat hoog. Het laatste wat je wilt is dat mensen gaan vergelijken en zeggen: *Oumi* was beter. Gelukkig gebeurt dat niet. Mensen zijn vanaf de eerste try-out enthousiast. Er is veel waardering voor mijn openheid. De worsteling die ik laat zien, komt binnen bij het publiek en maakt hen bewust van hun eigen positie in Nederland. En door de lichtheid en humor waarmee het verteld wordt, gaat het publiek makkelijk mee in het verhaal en komt de voorstelling nog beter tot haar recht.

Ook de recensenten zijn lovend. Net als *Oumi* wordt ook *DAD* geselecteerd voor het Theaterfestival en ik mag het tijdens het festival spelen in een uitverkocht Carré. En alsof dat nog niet genoeg is wordt *DAD* ook nog eens door het publiek verkozen tot beste voorstelling van het jaar.

De reprise is een succes. Ik speel voor overwegend volle zalen. En als kers op de taart mogen we van *DAD*, net als *Oumi*, een tv-registratie maken die BNNVARA uitzendt.

Opsporing Verzocht

'Is het weer zover?' vraagt Amy mij als ik voor de zoveelste keer mijn telefoon pak en met gefronste wenkbrauwen ijverig begin te tikken.

Ze heeft altijd gelijk door wanneer het weer raak is. In de periode dat we de parade van Ieder1 organiseren maar ook daarna zit ik veel op Twitter. Het sociale medium lijkt me in deze fase van mijn leven een effectieve plek om mijn ideeën over de politiek en de samenleving te delen. Daar kan ik bijvoorbeeld het andere geluid laten horen over ongelijkheid in de samenleving, racisme of wijzen op de vreemdelingenhaat van sommige politici.

Maar in de praktijk levert het vooral eindeloze en nutteloze discussies op. Mensen halen opmerkingen compleet uit hun context om te bewijzen hoe kwaadaardig ik wel niet ben. Ik leef op zulke momenten meer in die digitale wereld dan dat ik geniet van de echte wereld om me heen.

Als er weer een storm op Twitter voorbijraast, ben ik vaak niet te genieten. Want de waarheid doet er niet toe op Twitter, mensen geloven wat ze willen geloven. Niet zelden word ik er gestrest en onrustig van.

Vaak proberen mensen mij op Twitter in een hoek te drukken. Ik zou antisemitisch zijn, omdat ik mij heb uitgesproken voor een vreedzame oplossing van het Israëlisch-Palestijnse conflict. Natuurlijk is het onzin, ik probeer de wereld er alleen aan te herinneren dat Palestijnen ook mensenrechten hebben.

Anderen denken dat ik aandacht zoek en een controverse wil creëren om meer kaartjes te verkopen voor mijn voorstellingen.

Dat levert me een van de merkwaardigste beschuldigingen ooit op: ik zou niet uit eten zijn geweest.

Op een avond speel ik in IJmuiden. Zoals gebruikelijk ga ik altijd voor de voorstelling nog even wat eten met mijn technicus. Deze keer in een visrestaurant, want IJmuiden.

De ober komt naar ons toe, wijst naar mij en zegt: 'Ik ken jou ergens van.' Ik antwoord zoals ik meestal doe, door te zeggen: 'Dat kan.' Daarna eten we gewoon door. Als we klaar zijn om af te rekenen, zit de ober er nog steeds mee dat hij me niet kan plaatsen.

'In ieder geval niet van *Opsporing Verzocht*,' zegt hij.

Een foute grap, vind ik. Toch lach ik het op dat moment weg. Als we buiten staan, zijn zowel mijn technicus als ik er stil van.

'Dat kan echt niet,' zegt hij dan. Doelend op de grap die de ober maakte.

Ik ben blij met zijn reactie. Want ik wist even niet waar ik het zoeken moest. Ontgoocheld loop ik terug naar het theater. En ik had nog wel zo lekker gegeten. Een bittere nasmaak hou ik eraan over. Toch kan ik het niet loslaten. Ik deel het voorval op Twitter en vraag de mening van mijn volgers. Wat vinden jullie hiervan?

Een van de mensen die reageren, is een rechtse opiniemaker. Hij ziet zijn kans schoon. Hij spint mijn tweet zo dat het niet meer gaat over het voorval, maar vooral over mij. Ik zou de aandacht zoeken om in talkshows te komen, om op die manier weer meer kaarten te verkopen. Hij weet namelijk dat ik voor lege zalen zou spelen, daarom zou ik om aandacht verlegen zitten.

Ik nodig hem uit om erover te praten. Misschien kunnen we een dialoog op gang brengen. Dan kan ik hem vertellen dat Marokkaanse Nederlanders wel vaker dit soort 'grappig' bedoelde racistische opmerkingen naar hun hoofd geslingerd krijgen. En dat het vervelend is.

De rechtse opiniemaker wil helemaal geen dialoog. Hij wil dat ik de bon laat zien van het bewuste restaurant, pas dan gelooft hij mij. Waarom is mij een raadsel, die bon bewijst immers niets.

Natuurlijk ga ik niet op commando die rekening bij hem inleveren, hij heeft niets te eisen. Toch is deze situatie dan al onder mijn huid gekropen. Dagenlang heb ik zijn trollenleger achter me aan en word ik afgeschilderd als leugenaar. Als ik die telefoon nou eens een keer gewoon uitzet, dan zou ik mijn tijd tenminste aan leukere dingen kunnen besteden. Nu hebben ze me toch weer zo geraakt dat ik besluit om zelfs het restaurant te bellen.

Als ik de ober aan de lijn krijg, vraag ik hem of hij zich nog kan herinneren wat hij tegen mij zei. De man weet het nog goed en herhaalt zijn opmerking over *Opsporing Verzocht*. We hebben vervolgens een goed gesprek waarbij hij aangeeft dat hij zich van geen kwaad bewust was. En dat hij juist een hekel heeft aan racisten. Het was gewoon een flauwe grap. Wat hij niet weet, is dat ik het gesprek opneem, zodat ik bewijs heb. Die opname bewaar ik, al zal ik het nooit gebruiken omdat ik het niet eerlijk vind naar de ober toe.

Niet veel later komt de opiniemaker naar mijn voorstelling kijken in theater De Meervaart in Amsterdam. De zaal zit bomvol, zoals hij nu met eigen ogen kan zien. Na de voorstelling komt hij zonder toestemming achter de coulissen.

Via mijn technicus probeert hij informatie los te trekken over de bewuste avond in IJmuiden, maar mijn technicus zegt niks. Dus gaat hij op zoek naar mij. Zelden heb ik zo'n ongemakkelijke ontmoeting meegemaakt. Achter op het zijtoneel, te midden van mijn collega's, vraagt hij naar de bon. Het voelt bijna alsof in dat moment Twitter mijn leven komt binnenlopen. Het platform krijgt opeens een gezicht, dringt de echte wereld binnen. Dwingend, ongewenst en met niet meer reden dan om een negatief sentiment te creëren en voeden. Hij blijft vragen naar de bon. Die krijgt hij niet. Omdat er verder niks zinnigs uit komt, bedank ik hem vriendelijk voor zijn komst. Bovendien gaat het hem echt niet om de bon, of de waarheid.

Dat blijkt een paar dagen later, dan verschijnt een stuk van hem online over dit voorval. Het is uiteraard negatief. Ik troost me met de gedachte dat hij wel eerst anderhalf uur naar mij heeft moeten luisteren tijdens de voorstelling. Dat is belangrijk, ik heb mijn verhaal gedaan en hij kon niet anders dan het horen. Natuurlijk schrijft hij daar met geen woord over, zijn wereldbeeld kon eens instorten.

De grote vraag is waarom zo'n opiniemaker en anderen zo heftig op mij reageren. Ze maken er soms zelfs een missie van om me te proberen te vangen in een leugen. Ik kan me niet aan de indruk onttrekken dat het vaak komt omdat ik Marokkaan ben en moslim. Daarvoor ben ik te vaak op mijn afkomst en mijn geloof aangesproken.

Als ik een idee neerleg bij de NPO voor een programma, is aanvankelijk iedereen bij de publieke omroep enthousiast, maar na een paar overlegrondes gaan ze het toch maar niet maken. De reden? Ze hebben al een programma in ontwikkeling 'met twee Antillianen', krijg ik per e-mail te horen. Dat blijken later overigens Ghanezen te zijn. De boodschap is duidelijk: liever niet te veel allochtonen tegelijkertijd op televisie.

Of die keer dat ik een boeking binnenkrijg voor een spotje op de radio. Opdrachtgever is het ministerie van Volksgezondheid en de bedoeling is om mensen te informeren over de zorg. Op het afgesproken tijdstip ga ik naar de studio en spreek de tekst in. Dat heb ik vaker gedaan, ik weet dat ze graag meerdere takes doen met verschillende intonaties en snelheden om keuze te hebben.

Deze keer krijg ik na mijn eerste poging een bijzonder verzoek.

'Je spreekt wel erg ABN, zou je het tekstje nog één keer willen doen, maar dan iets meer allochtoons?'

Ik laat deze zin even tot me doordringen. Hoe klinkt dat, allochtoons? Ik kan niet geloven dat mij dit wordt gevraagd. Ik maak mezelf wijs dat ik het verkeerd heb verstaan en dat de regisseur iets anders bedoelt, misschien 'op andere toon'?

Nadat ik even stilval, herpak ik me en zeg: 'Oké, op een andere toon.'

Twee weken na de opname krijg ik bericht, ze gaan mijn stem toch maar niet gebruiken. Want ik klink niet 'allochtoons' genoeg.

Ook als ik in programma's kom praten over een film of voorstelling wordt regelmatig mijn afkomst en geloof er met de haren bijgesleept. Zoals wanneer ik bij *Op1* aanschuif om te praten over een serie waarin ik een rechercheur van Afghaanse origine speel. In de serie krijgt Amsterdam te maken met een reeks aanslagen waarbij het eerste uur, ook wel 'het gouden uur' genoemd en tevens de titel van de serie, cruciaal is. We maken op geen enkele manier een link met de islam, mijn karakter laat zich er totaal niet over uit, maar de presentator wil het toch hebben over 'kwalijke uitwassen' van de islam.

Ik wil weglopen, maar doe het niet. Ik zet mijn glimlach weer op en probeer het gesprek te draaien naar de fantastische serie die we hebben gemaakt. Daar ben ik net mee bezig, als een andere gast zich erin mengt.

'Er zijn ook goede Marokkanen,' is zijn bijdrage aan het gesprek.

We hadden het helemaal niet over Marokkanen. En ook niet over de islam.

Het is slechts een greep uit de gesprekken die ik heb in de echte wereld en online. Niet lang daarna geef ik mijn Twitter-account op. Tot grote vreugde van Amy, die me avond aan avond nijdig ziet tikken op het kleine schermpje. Tijd die ik ook met haar en mijn twee kleine kinderen had kunnen besteden. De rust die dat geeft, is weldadig. Het is tijd voor familie. En de timing is perfect, want we zijn net verhuisd naar ons grotemensenhuis en kerst staat voor de deur.

Kerstboomgate

Bij mijn ouders thuis vierden we vroeger nooit Kerstmis. Het is geen onderdeel van ons geloof, want het is in de basis natuurlijk een christelijk feest. Zelfs het kerststukje dat ik op school maakte, ging naar de buren.

Maar als volwassen man maak ik andere keuzes. Stiekem ben ik dol op kerst en alle tradities die daarbij horen. De liedjes, de films, het kerststukje, de kaarsen, de kerstboom, de gezelligheid, het samen zijn met familie en vrienden. Buiten is het koud, binnen voel je de warmte. Zeker sinds Amy en ik kinderen hebben, halen we ieder jaar half december een boom in huis en tuigen die feestelijk op. Hoe meer bling, hoe beter. We maken geen geheim van onze boom, sterker nog, ik plaats in 2018 een foto op Instagram van mij in djellaba bij de boom die ik net heb opgetuigd. Daarbij plaats ik een tekst dat ik een paar vastendagen aan het inhalen ben die ik heb gemist tijdens de ramadan.

Een prachtig staaltje integratie van verschillende culturele tradities, zo vind ik zelf. Ik ben er best tevreden over. Anderen zijn het daar totaal niet mee eens.

In de post regent het in de uren en dagen daarna commentaren van mensen die het een schande vinden dat ik bij een kerstboom poseer. Nou ben ik het wel gewend dat berichten op sociale media altijd de nodige bagger opleveren, maar meestal komt de kritiek uit andere hoek. Deze keer lijkt het alsof ik half Marokkaans Nederland over mij heen krijg. Mijn eigen gemeenschap nota bene.

Ik ben 'verkaasd' zoals dat tegenwoordig heet, waarmee mensen bedoelen dat ik te ver ben doorgeschoten in mijn integratie.

Dat ik die foto heb geplaatst, betekent dat ik geen moslim meer ben, zo weten sommige volgers heel zeker. Ik ben met die boom veel te ver gegaan, vinden zij. Anderen schrijven dat ze 'alle respect' voor mij zijn kwijtgeraakt. En natuurlijk komt het woord hshoema ook meermaals aan bod. Ik moest me schamen.

Dit zijn nog de enigszins nette reacties. Er zijn ook de nodige beledigingen en bedreigingen richting mij, mijn ouders en mijn gezin. Allemaal omdat deze reageerders menen dat ik het geloof heb beledigd, simpelweg door een boom te kopen en er een paar ballen in te hangen. Als dat al zo zou zijn, leert datzelfde geloof ons dan niet zoveel meer? Dan horen we toch 'nasiha' te geven? Wat betekent advies geven met een schone intentie, netjes, met wijsheid, en bij voorkeur buiten het gehoor van anderen?

Ik probeer het nog uit te leggen. Dat mijn kerstboom geen religieuze uiting is, maar een symbool van gezelligheid. Het heeft weinig zin, een rel is geboren. En als de media zich ermee gaan bemoeien, zet ik de reacties op de foto uit. Om de reageerders tegen zichzelf te beschermen, zodat de media de comments niet als stok kunnen gebruiken om mee te slaan. Ondanks het feit dat ik verschillende uitnodigingen krijg voor radio en tv om erover te praten, doe ik dat niet. Islamologen buigen zich op verzoek van sommige kranten over mijn boom; is de kritiek van sommige moslims terecht, is dit een vorm van blasfemie? Zover ik weet zegt de Koran niets over kerstbomen en kerstballen. Een populaire imam van de Blauwe Moskee in Amsterdam neemt het gelukkig voor mij op. 'Geniet van de mooie foto's en probeer een keer naar foto's te kijken zonder te oordelen,' zegt hij bij RTL.

We leven in het tijdperk van de ophef, zoveel is duidelijk. Naast de haat is er gelukkig ook veel liefde. Vanuit de islamitische gemeenschap zijn het vooral privéberichten. Mij openlijk steunen is nog een brug te ver. Ik krijg tientallen foto's van moslims toegestuurd waarop ze laten zien dat ze zelf ook een kerstboom hebben staan. Dus zo gek is het niet. Alleen kom ik er openlijk voor uit.

Wat me opvalt is hoe stellig sommige mensen kunnen zijn over hun geloof. Ze weten heel zeker hoe God het allemaal heeft bedoeld, zonder ooit te twijfelen aan hun persoonlijke interpretatie van heilige teksten. Mijn beleving van het geloof is anders; het gaat in golfbewegingen en is meer een zoektocht.

Ik ben een trotse moslim, mijn geloof is krachtig, ik haal er energie uit. Maar het zorgt ook geregeld voor botsingen en conflicten met mezelf. Vaak heb ik last van schuldgevoel tegenover God. Tijdens het bidden bijvoorbeeld. Wat zeg ik eigenlijk? Mijn begrip van het Arabisch is gebrekkig, zeker als het gaat om het klassieke en poëtische Arabisch in de Koran. Ik ken de woorden van de gebeden uit mijn hoofd en spreek ze uit zoals ze mij zijn geleerd door mijn vader, zonder dat ze mij echt iets zeggen. Zit mijn hart er dan wel in?

Iemand die belangrijk is in het hervinden van mijn geloof, is Walid Benmbarek. De carrières van Walid en mij vertonen nogal wat overeenkomsten. We zijn rond dezelfde tijd begonnen met acteren en we hebben veel dezelfde soort rollen gespeeld. Maar waar ik me op een gegeven moment vol op het acteren heb gestort, is hij daarnaast altijd ander werk blijven doen. Als compagnon in een afbouwbedrijf installeert hij soms eerst een plafond, om daarna naar de set te gaan om een rol te spelen. Daarnaast is hij altijd met fitness bezig geweest. Het resulteert in werkweken van soms tachtig uur, waarin hij ook nog tijd maakt voor zijn gezin.

En voor het gebed, want dat is hij altijd blijven doen. Dat is bij mij anders. De fases van wel bidden en niet bidden wisselen elkaar af. Voor hem is het een vanzelfsprekendheid. Dat inspireert mij om mijn gebed weer op te pakken. Ik kies de ramadan als startpunt, om weer vijf keer per dag de voorgeschreven gebeden te verrichten. Dat is wennen. Doordat ik de hele dag moet werken, veeg ik ze soms op een hoop om mijn plicht te vervullen. Sinds het moment dat ik weer ben begonnen met bidden, heb ik geen dag gemist. Mijn schuldgevoel richting God wordt langzaam kleiner en mijn liefde voor Hem groeit.

Het thema liefde gebruik ik ook in mijn nieuwe solovoorstelling. Met Floris ben ik al druk bezig met de ontwikkeling daarvan. In de Marokkaanse gemeenschap is het nog steeds een taboe om het over liefde te hebben. Juist daarom wil ik er een voorstelling over maken. Ik gebruik de relatie tussen Amy en mij als metafoor voor hoe ik de maatschappij het liefst zie: als een samenleving die ondanks de nodige obstakels er alles aan doet om de verschillen die er zijn te overbruggen. Zodat we meer ja tegen elkaar gaan zeggen, zoals we dat doen als we elkaar het jawoord geven. En zo is ook de titel van mijn nieuwe solovoorstelling geboren: *JA*.

In dezelfde periode starten ook de opnames van een nieuwe serie. Ik weet op dat moment nog niet wat voor impact deze productie zal hebben in Nederland en zelfs daarbuiten.

Mocro Maffia

Vergezeld door mijn bodyguard loop ik een Amsterdamse boksschool binnen. Hij duwt de touwen uit elkaar, zodat ik de ring in kan klimmen. Daar is Adil 'K.O.' El Haddaoui aan het trainen, gespeeld door Walid Benmbarek. Hij stopt met het rammen tegen de pads van zijn trainer als hij mij ziet. Ben ik gekomen om hem om te leggen? Nee, ik bied aan om samen te vertrekken. Weg uit het harde leven dat we leiden in de Amsterdamse onderwereld, naar Dubai, om helemaal opnieuw te beginnen. Een opmerkelijk aanbod, zeker omdat ik al dood ben. Ik heb een wapen in mijn mond geduwd gekregen, waarna de kogel zich door mijn hersens boorde.

Een van de vreemde dingen aan het maken van films en series is dat je het verhaal vaak niet in chronologische volgorde opneemt. Dus als ik mijn laatste scène ooit voor *Mocro Maffia* speel, is dat een gebeurtenis die plaatsvindt voordat ik sterf door een executie. Adil neemt mijn aanbod aan. Die avond zullen we voor het laatst naar een bijeenkomst van onze groep gaan, zo spreken we af. Waar ik de kogel zal krijgen. Die ik dus eigenlijk al heb gehad als ik de ring in ga.

Zo komt er voor mij een einde aan vijf seizoenen *Mocro Maffia*. Een ervaring die ik niet had willen missen, al was het maar vanwege de getalenteerde mensen met wie ik de serie maakte. Sommigen daarvan zijn op beeld te zien, anderen zullen de kijkers nooit kennen. Ze doen de make-up, kiezen de kleding uit, regisseren, leiden de opnames of bedienen de camera's. De serie heeft inmiddels meerdere prijzen gewonnen, mede dankzij hen. Toch had ik dit avontuur bijna aan me voorbij laten gaan.

Als Achmed Akkabi bij mij een serie pitcht over een groep snoeiharde Marokkaanse drugshandelaren, ben ik even uit het veld geslagen. Zeker als hij vertelt dat hij absoluut een rol voor mij ziet in deze televisieserie. *Mocro Maffia* moet het ook nog eens gaan heten. Het voelt alsof het indruist tegen alles waar ik voorsta. 'Vertrouw me,' zegt Achie. 'Dit pakt anders uit dan je denkt. En het gaat heel groot worden.' Natuurlijk vertrouw ik Achie, we zijn bevriend, maar ik blijf mijn twijfels houden.

Mocro Maffia is geïnspireerd op een non-fictieboek over een groep Marokkaanse criminelen die rond 2010 de drugshandel in Nederland overneemt. Er breekt een bloedige en langdurige oorlog uit om te bepalen wie de handel gaat beheersen. In de jaren daarna grijpt een aantal drugshandelaren de macht. Achie heeft het boek gelezen en is ervan overtuigd dat er een bijna mythische vertelling in zit die we kunnen verfilmen. Hij is niet de enige. De rechten voor de verfilming zijn al verkocht. Alleen loopt de optie van de kopers snel af en ze hebben nog geen concrete stappen gemaakt. Dus ruikt Achie zijn kans. Het lukt om bij RTL interesse in de serie te wekken, en zo komt er een klein budget vrij om het idee verder uit te werken. Samen met scenaristen bedenkt Achie een verhaal over een groep criminelen. Voor mij heeft hij de rol bedacht van Chaouki 'Potlood' Chadli, een soort boekhouder van de onderwereld. Achie wil zelf Jaouad 'Paus' Ancharad gaan spelen, de opkomende leider van een criminele organisatie.

Ik spreek in deze periode veel met mijn manager Anouk over de nog altijd aanwezige twijfel. Aan de ene kant lijkt dit een prachtige kans om als acteur een andere kant van mezelf te laten zien. Nooit eerder speelde ik een onderwereldfiguur. En dan ook nog met een paar van mijn beste vrienden. Aan de andere kant wil ik niet bekendstaan als de acteur die vooroordelen bevestigt. Ze snapt mijn twijfel, het is altijd spannend om in een geheel nieuw project te stappen. En dan ook nog eens een met een nogal controversiële lading. Pas als ik weer uren met Achie bel en hij mij vertelt over wat hij precies wil met deze serie, weet hij mij te overtuigen.

Een paar weken later meld ik me in Amsterdam, waar we met alle acteurs een lezing hebben. RTL heeft namelijk ja gezegd. Ze willen *Mocro Maffia* gebruiken voor hun nieuwe platform Videoland, dus we gaan langzamerhand van start. Alsof het een theekransje is, zitten we allemaal aan een grote ronde tafel en pakken we het script. Met de producent, de schrijvers en de regisseur erbij lezen we de eerste drie afleveringen. Scène na scène krijg ik een steeds betere indruk van wat dit kan gaan worden. Het kwartje valt. Ik heb het script uiteraard al gelezen, maar nu ik hoor hoe de dialogen worden uitgesproken door de personages, begint het verhaal echt te leven. Dit zijn geen platte gangsters, maar echte mensen met echte struggles, omringd door families en vrienden. Levens die om meer draaien dan alleen drugs verkopen. En tegelijkertijd gaat het ook over wat voor effect de onderwereld op deze levens heeft. Hoe families worden verscheurd. Hoe het snelle geld altijd lonkt. En hoe hard en meedogenloos die wereld is. Achie had gelijk, de 'golden boy' heeft weer eens de juiste keuze gemaakt. Natuurlijk moet ik dit doen, weet ik die ochtend ineens heel zeker. Het verhaal verheerlijkt de drugswereld niet, maar laat juist zien wat voor nachtmerrie het is. Ze verdienen veel geld aan de handel, maar de prijs die ze betalen is afschuwelijk hoog.

We willen zo dicht mogelijk tegen die werkelijkheid aan zitten. Dat betekent dat we voor de camera's kiezelhard zijn voor elkaar. De rode draad door de levens van deze mensen is gevaar en angst. Niet alleen voor zichzelf, maar ook voor de mensen om hen heen. Omdat we vrij expliciet zijn in beeld en taal, is het te hard om het op RTL4 uit te zenden en is het alleen te zien op Videoland. Tijdens het draaien voelen we allemaal dat we met iets bezig zijn wat nog niet eerder gemaakt is in Nederland.

Mijn rol is aanvankelijk relatief bescheiden. Potlood is een boekhouder, iemand die de criminele verdiensten bijhoudt en de nodige bedragen witwast. In vergelijking met de rest van de bende is dat redelijk onschuldig. Maar als zijn zwangere vrouw op klaarlichte dag voor hun woning koelbloedig wordt geliquideerd door zijn vroegere maat Paus, wordt ook hij langzamerhand het criminele leven in gezogen. Potlood wil maar één ding: wraak. Zijn behoefte om de mensen te straffen die hem dit hebben aangedaan, wordt zelfs de motor die Potlood voortbeweegt. En zoals we weten is er een belangrijke regel in de maffia: 'Once you are in, you will never get out.'

Mocro Maffia maakt een geweldige impact. De serie is een grote hit, tot verbazing van RTL. De zenderbazen waren weliswaar positief, maar dit succes zagen ze niet aankomen. De recensies zijn goed en de kijkcijfers nog beter. Veel mensen nemen speciaal voor *Mocro Maffia* een abonnement op Videoland. Alle lagen van de bevolking kijken: jong, oud, zwart, wit en alle tinten daartussen. Voor Achie is *Mocro Maffia* een prachtig debuut als maker. Tijdens het draaien van *Rabat* droomde hij er al van om ooit een eigen serie te maken. Acht jaar later doet hij het. De serie, dat is hij; mijn vriend heeft zijn ziel en zaligheid in dit avontuur gestopt. Steeds heeft hij geduwd en getrokken om precies te maken wat hem voor ogen stond. Hij snapt de serie als geen ander, weet precies waarom een bepaald personage wel of niet iets doet. Zonder hem zou het niet zo'n succes zijn als nu. Soms moet ik mezelf wel even in mijn arm knijpen, dat dit dezelfde jongen is die groen als gras de set van de korte film *11:59* kwam oplopen, ambitieus en klaar voor het grote werk.

En hij geeft anderen een eerste kans op succes. Achie denkt namelijk anders dan de meeste televisiemakers. Zijn focus ligt op de straat. Wat gebeurt daar? Hoe praten mensen? Wat speelt er in de levens van jongeren? Al deze invloeden verwerkt hij in

Mocro Maffia. Zijn scherpe blik werkt onder andere door in de casting. Hij volgt niet de geijkte paden. Hij denkt na over hoe we met de serie verschillende doelgroepen kunnen bereiken. En dus cast hij bijvoorbeeld rapper Sevn Alias (Sevaio Youssef Mook), die onder jongeren enorm veel volgers heeft. Maar ook de jonge Oussama Ahammoud, die nog geen dag in zijn leven heeft geacteerd, krijgt zelfs de hoofdrol en speelt in de serie het karakter Muis. Eigenlijk draait het hele eerste seizoen om hem, je wilt als kijker niet dat dit groentje in de criminaliteit terechtkomt. En natuurlijk is dit exact wat er gebeurt.

Wat *Mocro Maffia* een extra lading geeft, is de actualiteit. Geregeld kun je in de krant lezen over deze wereld, als een ruzie over een partij coke weer eens met vuurwapens wordt uitgevochten. Liquidaties en afrekeningen zijn inmiddels geen uitzondering op de regel meer. Zelfs aanslagen worden er gepleegd. Het gaat zo ver dat journalisten en advocaten voor hun leven moeten vrezen of zelfs het leven moeten laten. Het is verschrikkelijk en doodeng hoe de onderwereld langzaam de bovenwereld binnendringt, maar daardoor des te belangrijker dat deze serie er is. Omdat we een wereld laten zien waar je niet in terecht wilt komen. En ik ben blij dat dat gelukt is. Zowel politieagenten als misdaadjournalisten beamen dat.

Toch is er ook kritiek. Vooral vanuit de Marokkaanse gemeenschap. Omdat ik een crimineel speel, zet ik Marokkanen in een slecht daglicht. Van kerstboomgate naar *Mocro Maffia*-gate. Mijn leven lang heb ik gestreden tegen vooroordelen over Marokkanen. In actualiteitenprogramma's en talkshows heb ik me uitgesproken tegen het eeuwige stigma. Ik liep mee met demonstraties en manifestaties, en organiseerde ze zelfs. Ik heb theatervoorstellingen gemaakt met als doel juist een ander beeld te laten zien dan de heersende clichés. Ook in films en series speel ik vaak de andere kant van de medaille. En nu word ik op deze rol afgerekend: 'Je bent een sell-out', 'Je hebt je ziel verkocht'. En de reactie die ik inmiddels het meest heb ontvangen: 'Je moet je schamen.' Oftewel 'hshoema'. Het woord dat mijn hele leven steeds weer terugkomt. Een woord waar ik een haat-liefderelatie mee heb. Want ik vind het prachtig als hshoema gaat over fatsoen en respect. Maar ik haat het als het gebruikt wordt als stok om mee te slaan. Het blijft fictie wat we maken. Ik weet zeker dat dezelfde mensen dit soort berichten niet naar de echte criminelen sturen. Want zij zorgen voor het slechte beeld, niet wij.

Mocro Maffia heeft juist het omgekeerde laten zien. Het is niet alleen een van Nederlands meest succesvolle series, maar ook een met een enorme diversiteit. Want dat blijft in de Nederlandse film- en tv-wereld nog een grote uitdaging. De serie is een springplank geworden voor jong talent met een migratieachtergrond en is inmiddels verkocht aan twaalf landen. We hebben een Gouden Kalf gewonnen.

Nog belangrijker is het feit dat ik veel berichten krijg van jongeren met namen als Ilyas, Souffian en Mohammed. Niet omdat ze een crimineel willen worden, maar omdat ze een carrière als acteur willen.

De keren dat ik op een dm reageer antwoord ik wel zo eerlijk mogelijk. Het is leuk dat er door een serie als *Mocro Maffia* zo veel jongeren willen acteren. Maar belangrijker is de drijfveer. Ik ben me ervan bewust dat we in een tijd leven waarin veel jongeren 'bekend', 'beroemd' en 'insta-famous' willen worden. En dus stuur ik terug: 'Als je het voor "de fame" wilt doen, dan kun je het beter laten.' 'Acteren is anderen in je ziel laten kijken. Ben je bereid je bloot te geven? En om vlieguren te maken?' 'Wat heb je ervoor over om verhalen te vertellen, die dichtbij en veraf staan?' En de belangrijkste vraag: 'Wil je ook nog steeds acteur worden als je weet dat niemand je werk ooit zal zien of waarderen?' Want je moet het willen doen voor de kunst. Pas als je weet dat je hart bij acteren ligt, moet je ervoor gaan. De jongeren die dan overblijven adviseer ik om naar de toneelschool te gaan. Daar leer je de technieken. Daar leg je een basis die ik mezelf in het veld heb aangeleerd. Ik weet dat er een heel nieuwe generatie aan talent aan komt. Klaar om magie te creëren. Op het toneel, de televisie en het grote scherm. Het is niet lang geleden dat ik in hun schoenen stond.

Adem

Toen ik begin twintig was, ging ik veel met Eric en Emile naar de bioscoop in Antwerpen. Elke keer als we in de zaal zaten, wees ik naar dat grote scherm, en zei ik tegen ze: 'Er komt een dag en dan ben ik daar te zien.' Het is me gelukt. Niet één keer, maar steeds weer opnieuw. Al mijn dromen zijn uitgekomen. Elke ambitie die ik had, is verwezenlijkt. En dan nog voor mijn vijfenveertigste.

En ook al zijn er weer nieuwe dromen en ambities bij gekomen, toch voel ik veel minder druk dan vroeger om elke kans aan te moeten grijpen. Ik ben kritischer en me meer bewust van de keuzes die ik maak. Daar komt bij dat ik sinds de geboorte van mijn kinderen minder last heb van mijn oude demonen. De gedachtes zijn er wel, die zullen nooit weggaan. Als ik nu een pijntje heb, denk ik nog steeds gelijk dat het een tumor of een hartaanval is. Maar ik raak er niet meer door in paniek. De gedachten mogen bestaan. Maar ze krijgen mij niet meer stuk. En dat komt voor een groot deel omdat ik nu vader ben. Het gaat niet meer om mij, zij zijn het belangrijkste. Ze nemen in mijn hoofd zo veel ruimte in dat er weinig gelegenheid voor mij is om nog te tobben over mijzelf. De kalmte die ik daardoor heb gevonden, is fantastisch. Ik hoef van mezelf ook minder dingen. Mijn maatschappelijk engagement is er nog steeds, maar ik voel niet meer de drang om telkens mijn stem te laten horen. Natuurlijk gebeuren er nog steeds dingen in de wereld waar ik me kwaad om maak, alleen weet ik ook dat ik met mijn 'voordracht' de wereld niet ga veranderen. Het bezorgt me vooral hoofdpijn en stress. Liever stop ik al die energie in een voorstelling.

Het voelt altijd weer goed om terug te keren naar het theater. Om de geur van de planken en de gordijnen op te snuiven en door de coulissen te lopen. Waar ik bij een serie als *Mocro Maffia* een dag lang op de set ben voor hooguit een paar minuten beeld, kan ik in het theater met minimale middelen mijn verhalen vertellen, terwijl ik direct contact heb met het publiek. Dus blijf ik plannen maken voor voorstellingen. Na *Oumi* en *DAD* ga ik met Floris aan de slag en maken we de voorstelling *JA*. Mijn derde solovoorstelling gaat over Amy, mijn grote liefde. Met als grote verschil dat ik deze keer 'het interview' niet op me neem, wat ik wel deed bij mijn moeder en vader. Deze keer interviewt Floris Amy. Ik sta te dicht bij Amy en als ik het zou doen, zou ik de belangrijkste details missen.

Floris stuurt me de hoofdlijnen van hun gesprek. En weer kom ik dingen te weten die ik niet wist. Zoals hoe zij de fases van onze relatie vanuit haar perspectief heeft beleefd. Hoe het voor haar was om met een moslim te trouwen. Hoe zij vanuit haar kant antwoorden moest geven aan haar omgeving. En zijn we dan nu een islamitisch gezin? Ik lees dat ze voelde dat we na onze breuk een meer gelijkwaardige relatie hadden. Wat me doet beseffen dat ik door mijn ambitie heel veel ruimte innam in de relatie. Dat ik nooit bezig was met haar kant van het verhaal. En dat zij ook een verhaal heeft. Mijn agenda was in mijn drukste periode onmogelijk. Maar Amy maakte alles mogelijk. Dan maar niet dat etentje met vriendinnen, zodat ik die avond kon filmen. De antwoorden die Floris bij Amy ophaalt raken me. Met Amy's zachtheid en warmte, maar ook haar kracht, in mijn leven vond ik mijn balans en kon ik al mijn dromen najagen. Ik kan alleen maar hopen dat ze niet te veel heeft opgeofferd voor mij. Ik veroverde haar terug met 'you complete me'. Maar is dat andersom eigenlijk ook zo? Deze inzichten zijn me veel waard en neem ik mee.

Met *JA* is de trilogie compleet.

Al tijdens het opvoeren van *JA* krijg ik het idee om mijn drie persoonlijke voorstellingen in één keer achter elkaar te spelen. Ze passen perfect in een avondvullend programma. Bijna vijf uur spelen met twee pauzes: het is topsport, maar het moet kunnen. De twee mannen van theaterbureau De Mannen zijn enthousiast, samen gaan we in het najaar van 2019 nadenken over hoe we deze marathon kunnen organiseren. Door de goede reacties die we krijgen uit de theaters, besluiten we vanaf september 2020 de boel op de planken te brengen. Dan hoor ik op het journaal iets over een virus in China. Eerst woedt corona alleen in Azië, dan maakt het virus de overstap naar Europa. We horen verhalen uit Spanje, Italië, Oostenrijk. In Nederland steken we de kop nog in het zand, ik vier zelfs nog carnaval. Een paar dagen later is het raak, het aantal gevallen begint zo snel op te lopen dat de regering maatregelen moet nemen. Heel Nederland gaat van de ene op de andere dag dicht, dus ook de theaters, waar mensen dicht op elkaar zitten en het virus makkelijk doorgeven.

We moeten de knoop doorhakken. Gaan we in september spelen of niet? Hoewel er richting de zomer minder besmettingen met corona zijn, lijkt het toch geen goed idee. Virologen voorspellen dat de ziekte in het najaar weer terugkomt. Dus blazen we alles af. Geen trilogie, geen avondvullend programma. Maar er staan wel speelbeurten op de agenda, nogal wat theaters hebben avonden voor ons gereserveerd. Wat kunnen we daarmee doen? Samen met Floris ga ik brainstormen. We hebben het antwoord al snel: een eindejaarsconference. Nu ben ik geen cabaretier, maar ik denk dat ik er toch een heel eigen draai aan kan geven. Materiaal is er genoeg, het jaar 2020 heeft twee grote thema's: corona en racisme. Want het is ook het jaar van George Floyd, de Afro-Amerikaan die door agenten wordt omgebracht door verstikking, voor het oog van een draaiende camera. Het is over de hele wereld de aanzet om de straat op te gaan tegen racisme. Met Black Lives Matter in de voorhoede. Een naam voor de voorstelling hebben we daarmee ook al snel, we noemen het *Adem*.

De voorstelling bestaat uit drie delen en elk deel speelt zich af op oudejaarsavond. Het zijn steeds de laatste twintig minuten van het jaar. De laatste momenten voordat het nieuwe jaar wordt ingeluid. In het eerste deel zit ik op een wc waar ik mezelf heb opgesloten om me even terug te trekken. Tijdens corona zaten we door de lockdowns zo op elkaars lip dat de wc het enige toevluchtsoord werd waar ik even scrollend met de telefoon in mijn hand op adem kon komen. Maar wat als we oudejaarsavond bij mijn ouders zouden vieren, hoe zou dat er dan uitzien? Hoe verhouden we ons tot elkaar met betrekking tot die anderhalve meter afstand? De stoep en raambezoeken. En wat voor effect heeft de angst voor een besmetting? Het is in dit tweede deel dat ik met mijn ouders het gesprek aanga over de dood en wat dat in deze gekke tijd betekent. Geen repatriatie naar Marokko, maar gewoon in Nederland begraven worden. Als ik aangeef dat er in Nederland inmiddels ook islamitische begraafplaatsen zijn, is mijn moeder er oké mee, maar mijn vader wil er nog steeds niks over horen. In het derde deel vier ik oudejaarsavond met mijn fictieve beste vriend Mike. Een terugkerend personage in mijn solovoorstellingen. Met hem ga ik het gesprek aan over racisme. Waar een voorval tijdens carnaval een belangrijk onderdeel van is.

Eigenlijk ben ik helemaal geen carnavaller. Toch besluit ik in dat jaar om met mijn vrienden mee te gaan naar Bergen op Zoom. Het is gezellig en we hebben plezier. Totdat mijn vrienden tegen het einde van de avond, als er ook al aardig wat alcohol in zit, grappen beginnen te maken over Marokkanen. Nu wil ik best om mezelf lachen, maar in dit geval hield het niet op. Het verwarde me, want dit was geen ober of een anonieme trol, het waren mijn vrienden. Waarom zagen ze niet in dat het voor mij heel naar is om steeds maar weer dit soort humor aan te horen? Waarom zien ze niet in dat racisme vaak de vorm van 'grappen' aanneemt? Hoewel we het later hebben uitgepraat, is het een haakje in mijn voorstelling geworden om het te hebben over alledaags racisme en het gevoel van uitsluiting.

In september hebben we de première, maar net als we willen beginnen, gaan de theaters weer dicht. Het lijkt alsof we al dat werk voor niets hebben gedaan. Gelukkig hoort de redactie van het praatprogramma *De vooravond* van mijn voorstelling. Ze nodigen me uit om een kleine scène uit de voorstelling op televisie te komen doen. In een korte periode dat de theaters weer gedeeltelijk open zijn kunnen we de conference een paar keer spelen. Tot de theaters weer helemaal dichtgaan. Nog weiger ik de handdoek in de ring te gooien. We hebben iets belangrijks gemaakt, en natuurlijk wil ik dat mensen dat zien. Dus trek ik de stoute schoenen aan en benader ik Sander van Eeden, hoofd informatieve programma's bij BNNVARA. Kunnen we geen registratie maken van *Adem*? Hij was ook verantwoordelijk voor de tv-registraties van *Oumi*, *DAD* en *JA*. 'Dan brengen we het theater bij de mensen thuis. Maar wel anders dan de traditionele registraties.' Sander is benieuwd wat ik daar precies mee bedoel. 'Ik wil een registratie die je echt het gevoel geeft dat je erbij bent, heel dicht op de huid,' zeg ik. Er is geen publiek, dus kunnen we de camera op het toneel hebben. Ieder nadeel heeft zijn voordeel, zou je kunnen zeggen. En daarnaast wil ik nog een stap verder gaan. Het spelen voor een publiek betekent ook dat je het niet even over kunt doen zoals op een set. Dat element wil ik ook gebruiken, door de drie delen waaruit de voorstelling bestaat afzonderlijk op te nemen in drie lange takes met een steadycam. In *11:59* was het een take van bijna tien minuten. Dat was al een enorme uitdaging. Nu worden het drie takes van twintig minuten. Sander is enthousiast en na wat overleg en een financiële injectie van de omroep gaan we aan de slag.

Om dit voor elkaar te krijgen moet alles van tevoren goed geproduceerd worden. Dus vraag ik Julius Ponten, mijn makker van *Rabat* en Ieder1, om het te produceren en het samen met Floris te regisseren. Omringd door een geweldige crew repeteren we drie dagen lang en draaien we in theater DeLaMar. De straten zijn verlaten, maar in het theater is er reuring. We moeten wel flink aan de bak om te zorgen dat we een voorstelling maken die de intimiteit uitstraalt die we tijdens corona zo missen. De registratie is een soort dans van mij met de cameraman. Julius heeft het podium omgetoverd tot een filmset. Over licht en cameravoering is tot in detail nagedacht. Alleen dan krijgen we het effect dat we willen.

Adem bereikt uiteindelijk meer dan tweehonderdduizend mensen. Dat is even heel wat anders dan dertig man in het theater. Het heeft ook de deur geopend voor andere theaterregistraties dat jaar. Corona is nog wel even onder ons, begint heel Nederland te begrijpen, dus moet de cultuur improviseren. Als corona weer de grote verdwijntruc doet, lijkt het alsof we het ergste hebben gehad. In overleg met mijn impresariaat neem ik de grote sprong, we gaan het nog een keer proberen met de trilogie. Mijn grootste productie ooit speel ik in de slechtste tijd ooit. Ik speel weer voor vrijwel lege zalen. Eerst mag er maar maximaal 150 man in. En dat in een zaal waar normaal gesproken zevenhonderd man in kan. Maar als de theaters weer helemaal opengaan, merken we ook dat steeds meer mensen naar mijn *Familiekroniek: OUMI, DAD, JA* komen kijken. Dat waar ik altijd in heb geloofd, begint nu werkelijkheid te worden. En het wordt alles wat ik me erbij heb voorgesteld. De voorstelling is een totaalbeleving waarbij alle zintuigen worden geprikkeld. Nadia Zerouali, die ook tot de harde kern van Ieder1 behoorde, is samen met Samira Dahmani en hun Couscousbar verantwoordelijk voor al het culinaire genot. Als het publiek binnenkomt krijgen ze een dadel en een glaasje melk om gelijk in Marokkaanse sferen te komen, waarna ik tot de eerste pauze *Oumi* speel. Dan is er voor het publiek een Marokkaans soepje. Daarna volgt *DAD* en na de tweede pauze, waarin de mensen couscous als hoofdgerecht opgediend krijgen, volgt *JA*. Na vijf uur stappen ze het theater weer uit met een hoofd vol met verhalen, nieuwe inzichten en een volle buik.

Honderdtwintig pagina's tekst, die ik avond na avond moet zien te onthouden. Het is intens, en ook voor mij een belevenis. De kaartverkoop trekt zo goed aan dat de laatste tien voorstellingen uitverkocht zijn. Het publiek wil weer het leven vieren door naar het theater te gaan. Bij de laatste voorstelling haal ik mijn ouders en Amy op het toneel. Tien jaar geleden begon ik dit avontuur met het verhaal van mijn moeder in *Oumi*, daarna kwam het leven van mijn vader aan bod in *DAD*, en tot slot het liefdesverhaal van Amy en mij in *JA*. Natuurlijk moet ik hen eren. Zij hebben mij hun verhalen toevertrouwd. Ik heb ze met Nederland mogen delen.

Maar er blijken meer manieren te zijn om mijn boodschap met de wereld te delen. Nadat ik met Walid heb meegedaan aan *Hunted*, een spannend kat-en-muisspel uitgezonden op NPO3, komt er iets nieuws op mijn pad dat me een van de meest intense momenten van mijn leven bezorgt.

De sprong van mijn leven

Het is mijn beurt. Ook al zegt mijn hele lichaam nee, toch doe ik mijn tuigje om. Want het kan niet zijn dat ik, als een van de twee coaches van de groep, niet ga springen. Als ik de stellage op loop, word ik vastgemaakt aan het elastiek. Ik was al bang, maar vanaf dat moment neemt de angst het volledig over. Helder nadenken gaat niet meer. Ik tril alsof het buiten min dertig is. Ik ben alle controle over mijn lichaam en mijn hoofd kwijt. Erik probeert me moed in te praten door te zeggen dat het normaal is wat ik voel en hoe mijn lichaam reageert. Maar het komt niet binnen. Toch krijg ik het voor elkaar om met mijn voeten aan de rand te gaan staan. Het is een sprong van tweehonderdtwintig meter diep. In James Bond deed de stuntman het. Niet alleen zijn alle ogen op mij gericht, maar ook de camera's. Ik hoor Walid nog zeggen dat ik niet moet nadenken maar het gewoon moet doen. Maar mijn gedachten zijn er al vandoor met me. Ze zijn overal. Het lukt me niet. Ik wil het niet. Ik durf niet. Trillend op mijn benen doe ik een stap terug.

Sinds *Ik hou van Holland* en het gesprek dat daarop volgde met Janey over welke programma's wel en niet te doen, heb ik nooit meer meegedaan aan een spelprogramma. Toch is er in de tussentijd een nieuw programma bij gekomen dat mijn interesse wekt: *Hunted*. In dit spel moeten de kandidaten uit handen blijven van de 'hunters', een speciale opsporingsdienst. Als ik gebeld word, zeg ik meteen ja. Niet omdat ik met mijn hoofd op televisie wil, maar omdat ik dit wil meemaken. Omdat het om duo's gaat, mag ik nog iemand erbij vragen. Natuurlijk bel ik Walid.

Onze vriendschap is inmiddels zo hecht dat ik hem als een broer zie. Hij is enthousiast. Om de eindstreep te halen moeten we zeven dagen lang uit handen blijven van de hunters. Het is een onvergetelijk avontuur. We hebben lol maar we beleven ook zenuwslopende momenten, waarbij we de hunters gelukkig wel te slim af blijven. Tot en met de eindstreep. Een paar maanden later krijgen we een bericht van producent SimpelZodiak. Of Walid en ik het misschien leuk vinden om te verkennen of we samen iets kunnen ontwikkelen. We hebben genoeg ideeën, dus kom maar op met die afspraak.

Walid en ik zitten ontspannen aan tafel als ons gevraagd wordt wat ons leuk lijkt om te maken. We antwoorden dat jongeren door de coronacrisis, de economische crisis en de druk van sociale media veel te verduren hebben. En daar willen we iets mee doen. Aan de hand van een avontuurlijk reisprogramma waarbij het doel is hun weerbaarheid te versterken. We geven aan dat wij hier niet als presentatoren willen fungeren, maar samen met de jongeren het avontuur willen beleven. O ja, misschien is het tof als we tijdens die reis ook allerlei uitdagingen krijgen om bijvoorbeeld angsten te overwinnen? Want die heb ik nogal. De producent knikt, lacht en schrijft mee. Terwijl we verder brainstormen, voelen we allemaal: hier zit iets in. SimpelZodiak geeft aan alles te gaan verwerken en dat we daarna snel een vervolgafspraak maken. Kort daarna komen we weer samen en wordt ons de eerste versie van de pitch gepresenteerd. Het is alles waar we op hoopten. Walid en ik nemen acht jongeren als een soort coaches op sleeptouw. In een nog onbekend land moeten we met weinig middelen de dagen zien door te komen en krijgen we te maken met allerlei heftige uitdagingen die ons als groep dichter bij elkaar brengen of juist breken. Onze taak is om met de hele groep de eindstreep te halen.

We pitchen het bij Videoland en vanaf dat moment gaat het heel snel. Ze zijn enthousiast, alleen vinden ze dat er nog wat mist aan het verhaal. Erik Wegewijs van het tv-programma *Special Forces* is op dat moment ook in gesprek met Videoland over een soortgelijk programma. We bundelen de krachten. Erik zal als gids fungeren en de groep zowel richting geven als mentaal inspireren. Langzaam vallen alle puzzelstukjes op de juiste plek en uiteindelijk wordt er door Videoland een go gegeven voor het maken van een programma waarvan Walid, Erik en ik medebedenkers zijn. De titel wordt: *The Life Trail.* Vanaf dat moment worden wij bewust niet meer meegenomen in het creatieproces. Wij willen er namelijk net zo blanco instappen als de jonge kandidaten. Het enige wat we weten is de locatie: Zwitserland.

Aangekomen in Zwitserland weet ik nog niet dat dit een *life-changing experience* zal zijn. We zijn hier voor de jongeren, maar het blijkt voor mij persoonlijk net zo goed een leerschool. Naast hypochondrie heb ik al mijn hele leven last van hoogtevrees. Als we vroeger met school naar een attractiepark gingen, was ik altijd degene die op de tassen lette omdat ik nergens in durfde. Naarmate ik ouder werd, veranderde dat een beetje en stapte ik steeds makkelijker in een achtbaan. Maar er is één ding waarvan ik altijd heb gezegd dat ik dat nooit van mijn leven zal doen. Nooit, never nooit! En dat is bungeejumpen.

Als de camera's lopen en we met alle kandidaten in de bus stappen, rijden we de bergen in en zien in de verte een dam. Het blijkt de drie-na-hoogste dam te zijn van Zwitserland. Daar voegt Erik Wegewijs zich bij de groep en lopen we samen naar de wereldberoemde Verzasca-stuwdam, waar ook een scène is opgenomen voor de film *GoldenEye* uit de James Bond-reeks. Ik zie een soort stellage met daaraan een enorm elastiek. Meteen wordt het me duidelijk waarom we hier zijn en wat onze eerste uitdaging gaat zijn: bungeejumpen. De schrik zit er gelijk in.

Nee, denk ik. Nee, nee, nee. Walid daarentegen is van het soort dat op zulke momenten juist denkt: ja, ja, ja. Ook al vindt hij het ook heel spannend, toch doet hij het. Hij zet een stap vooruit en met zijn armen wijd springt hij van de stellage af, de diepte in.

En nu het mijn beurt is, doe ik een stap terug. Ik kan het niet. Ik moet denken aan die eerste meeting bij SimpelZodiak, waar ik aangaf graag mijn angsten te willen overwinnen. Dat was makkelijk praten. Nu krijg ik de kans, maar ik doe het niet. Hoe kunnen die jongeren mij als coach nog serieus nemen als ik de eerste uitdaging al niet aanga? Teleurgesteld in mezelf loop ik de stellage af. Walid geeft me nog een knuffel. Ik voel me een loser.

Drie dagen later staan we met zijn allen bij een gondel. Erik verdeelt de groep in tweeën. De groep van Walid wordt meegenomen en ik blijf met mijn groepje achter met Erik. Hij vertelt ons dat we nog een kans krijgen om te springen. Maar dan vanuit een gondel. En op de een of andere manier voel ik de weerstand niet zoals op de dam. Erik heeft ons de dagen ervoor vaak gewezen op het feit dat als je angst voelt, je dan juist moet gaan. 'Angst is go,' zei hij steeds, als een soort mantra. En met dat in mijn achterhoofd stap ik die gondel in.

'Kom op, Nas, jij kan dit. Jij gaat het gewoon doen.' Ik herhaal deze zinnen keer op keer. Ondertussen blijven mijn demonen ook aan me knagen. 'Je hart gaat nu wel heel hard tekeer, dat kan nooit goed zijn. Straks gaat het mis, dender je keihard naar beneden, of krijg je een hartaanval, of je valt flauw.' Ergens halverwege stopt de gondel op een hoogte van ongeveer 134 meter. Hij bungelt een beetje heen en weer. 'Shit, straks storten we neer.' Niet naar luisteren, Nas. Focus! 'God, help me alsjeblieft.' En ik blijf maar tegen mezelf praten, zeggen dat ik het kan. Dat er niks met me gaat gebeuren. Dit is het moment om eindelijk eens af te rekenen met al die doemgedachten en angsten die mij mijn hele leven al vergezellen. 'Ach, hou toch op, Nas, drie dagen geleden durfde je ook niet, en terecht. Waarom zou je dit doen. Straks gaat het mis.' Nee, niet luisteren. Ik probeer op mijn ademhaling te letten. Diep inademen door mijn neus, uitademen door mijn mond. Herhalen. Focus. Ik kijk om me heen. Het is prachtig en verschrikkelijk tegelijk. De natuur is zo mooi, maar de hoogte is doodeng. We hangen tussen de bergen boven een meer. Je kunt alleen de koeienbellen horen klinken. Verder is het doodstil.

En dan is het mijn beurt. Ik manoeuvreer me naar de uitgang. Een cameraman hangt aan de zijkant van de gondel om een goed shot te maken. Aan mijn pols zit een GoPro. Ik word aangemoedigd door de mensen die met mij in de gondel zijn, maar hun stemmen klinken ver weg. Ik ben helemaal in mezelf gekeerd. 'Ik wil het doen, ik wil het zo graag doen.' Ik sta op de rand bij de uitgang van de gondel en hou me vast aan de leuningen. 'Niet naar beneden kijken, maar vooruitkijken,' wordt nog als advies tegen me gezegd. Die kende ik al van de vorige keer, toen het niet lukte. Ik word ongeduldig. Als ik te veel tijd krijg om na te denken, kan de angst het overnemen, net als de vorige keer. Dat mag niet weer gebeuren. 'Can I go?' vraag ik aan de begeleiders. Ik voel mijn hart in mijn keel. Zelden klopte het zo hard. 'Angst is go,' hoor ik Erik weer zeggen. De begeleiders checken een laatste keer of alles goed vastzit. 'Can I go?' vraag ik nog een keer, nu dwingender. En dan krijg ik het teken. Ik kijk recht vooruit. Ik haal diep adem. Ik zeg *bismillah*. En ik spring.

Ik spring de sprong van mijn leven. Zo voelt het. Ik schreeuw mijn longen uit mijn lijf. Het echoot via de bergwanden door de stille omgeving. 'Allahoe akbar,' is wat er als eerste uit mijn mond komt. Steeds weer. Allahoe akbar. Allahoe akbar. Als ik tot stilstand kom, hang ik ondersteboven. Ik hang op een meter of vijftig boven het meer. Omringd door bergen. En ik realiseer me wat ik heb gedaan. Een van mijn grootste angsten heb ik overwonnen. Het voelt alsof al die doemgedachten met mij de diepte in zijn gestort. Al die angsten, al dat schuldgevoel, al die twijfels. Alleen hadden zij geen elastiek. De zwaarte die ik altijd heb meegedragen is tijdens die sprong van me afgevallen. Ik voel me licht.

En dan word ik overvallen door mijn emoties. Ik begin intens te huilen. Niet van verdriet. Maar van opluchting. Ik heb het gedaan. Het is me gelukt. Ik heb mezelf overwonnen. En het voelt zo ongelooflijk goed. Ik huil van geluk. Nooit meer, zeg ik tegen mezelf. Nooit meer zullen ze van me winnen. En tegelijkertijd besef ik, terwijl ik daar hang, dat ik ondanks al mijn irrationele gedachten altijd al in het diepe gesprongen ben. In de liefde met Amy, met wie ik twee prachtige kinderen heb, in mijn werk met alle rollen die ik heb gespeeld en voorstellingen die ik heb gemaakt, in de maatschappij met de parade die ik heb geïnitieerd en de lezingen die ik heb gegeven. Steeds weer sprong ik in het diepe, het onbekende tegemoet.

Deze sprong is niet alleen voor mij, maar ook voor mijn kinderen, en al die jongeren die onderweg zijn zichzelf te ontdekken. Iedereen heeft iets te overwinnen. Met deze sprong wil ik ze laten zien dat je je nooit moet laten tegenhouden. Sta sterk in je schoenen en weet wie je bent. Doe niet wat de buitenwereld van je verwacht, maar volg je intuïtie en kies je eigen weg. Durf groots te dromen. Creëer je eigen kansen en blijf kleine stapjes zetten richting je bestemming. Ook al heb je niemand die voor je uit loopt, al ben je de eerste op dat pad en al verklaart iedereen je voor gek. Juist dan. Want er is niks wat meer voldoening geeft dan dat. Laat je niet tegenhouden door wie dan ook. En laat je zeker niet tegenhouden door jezelf. Want als het aan mijn doemgedachten en angsten had gelegen, dan was ik niet gesprongen, had ik dit uitzicht nooit gezien en deze inzichten nooit gekregen.

Alsof het niks is

'Malik, opschieten, we moeten echt gaan.' Het is 8.25 uur in de ochtend. Om halfnegen moeten we op het voetbalveld staan. Malik komt naar beneden gelopen. Hij moest mama nog even een kus geven. Terwijl hij op de bank zit, doe ik hem zijn sokken aan. Scheenbeschermers eronder. En ik strik de veters van zijn voetbalschoenen strak aan. Hij zit in de selectie van 'jongens onder zeven jaar'. Vandaag heeft hij zijn eerste echte wedstrijd. Als we in de auto zitten op weg naar de vereniging zegt hij: 'Papa, ik voel kriebels.' 'Dat is heel normaal, jongen,' antwoord ik. 'Dat heeft papa nog steeds als hij het toneel op gaat. Dat betekent dat je het belangrijk en leuk vindt. En dat je het beste uit jezelf gaat halen. Maar weet je wat nog veel belangrijker is? Dat je plezier hebt en ervan geniet.'

Nou ben ik degene die voetbalschoenen poetst, een korte broek en een shirtje klaarlegt, zijn bidon vult en een banaan in zijn tas stopt. Nu mag ik langs de kant mijn kind aanmoedigen zoals mijn vader dat bij mij deed. Ik vind het geweldig en spannend tegelijk. Ik zou hem zo graag willen helpen door het veld op te lopen en mee te doen. Maar dit is nu zijn reis. 'Kom op, Malik,' roep ik vanaf de zijlijn. Als hij zijn eerste doelpunt scoort, en met zijn armen wijd over het veld rent als een echte voetballer, gaat zijn blik als eerste naar mij. Ik zou het liefst willen schreeuwen van geluk. Maar ik hou me in. Ik doe mijn duim omhoog. Hij ook. Die wedstrijd winnen ze met grote cijfers. En Malik scoort drie keer.

In de middag ga ik met Amy naar het Isala Theater. Niet omdat ik daar moet spelen, maar als toeschouwer. De foyer staat vol met ouders en familieleden. Vandaag is het zover. Dina heeft maanden geoefend voor dit moment. Haar allereerste dansvoorstelling. Al weken kijkt ze ernaar uit. En ik ook. 'Papa, het is uitverkocht,' zegt ze steeds. Ik weet hoe geweldig het is als een zaal tot in de nok vol zit. Zij gaat dat nu ook meemaken. Ik kijk om me heen als ik plaatsneem in de grote zaal van het theater. Vijfhonderdvijftig man kan erin. Alleen maar blije en trotse gezichten.

Het zaallicht gaat uit. Het gordijn gaat open, en de voorstelling begint. Allerlei verschillende dansstijlen komen voorbij in choreografieën voor jong en oud. Het is wachten op het moment dat Dina met haar groep opkomt. Zoals bij Malik ben ik nu ook weer een beetje gespannen. Als ze er maar van gaat genieten, zeg ik tegen mezelf. Na een lichtovergang herken ik de eerste klanken van het lied waarop zij haar choreografie heeft geleerd. Met haar groep loopt ze vanuit de coulissen het toneel op. Daar staat ze dan. Mijn kleine grote meid. De sterren van de hemel te dansen. Alsof het niks is.

Nasrdin

Woord van dank

Ik sluit dit boek af met grote dankbaarheid voor het leven dat ik leid. Mijn hart is vol trots voor alles wat ik heb bereikt maar bovenal voor de onvoorwaardelijke liefde die ik koester voor mijn familie en gezin.

Dina en Malik, het is jullie vreugde en onbevangenheid die mijn dag kleurt. Jullie zijn de reden dat ik altijd naar het beste in mezelf streef. Omdat ik weet dat jullie naar me kijken zoals ik naar mijn ouders keek.

Mijn ouders, ik ben dankbaar voor alles wat jullie voor mij en ons hebben gedaan. De grote en de kleine dingen. Altijd hebben jullie me aangemoedigd om mijn hart te volgen. Ik beschouw het niet als vanzelfsprekend. Jullie onvoorwaardelijke liefde en vertrouwen hebben de basis gelegd voor wie ik vandaag ben als mens en als acteur.

Amy, mijn alles, mijn vrouw, mijn rots in de branding. Je hebt altijd achter me gestaan, me gesteund en me geholpen mijn dromen waar te maken. Jouw liefde en steun hebben me door stormachtige periodes heen getild en me het vertrouwen gegeven om altijd te blijven geloven in mezelf.

En ook tegen Nederland wil ik zeggen: geloof in jezelf. Want een land met zelfvertrouwen kiest altijd voor inclusiviteit en gelijkheid. Een land waar iedereen zich thuis voelt en gerespecteerd wordt, ongeacht kleur, ras, geloof of afkomst. Dit is mijn hoop.

En met die woorden sluit ik mijn verhaal af. Moge het inspireren om te blijven geloven in jezelf, om lief te hebben en om te streven naar een betere wereld.

Insha'Allah.